Preguntas de madres

Preguntas de madres

Doctor Ernesto Plata Rueda †

Profesor de Pediatría, Titular y Emérito de la Facultad de Medicina de la Universidad Nacional de Colombia.

Doctor Francisco Javier Leal Quevedo

Pediatra Universidad del Rosario. Bogotá, Colombia.

Inmunólogo clínico, Universidad Autónoma de Madrid, España.

EDITORIAL MEDICA panamericana

BOGOTA - BUENOS AIRES - CARACAS - MADRID - MEXICO - SAO PAULO

Leal Quevedo Francisco Javier
Plata Rueda. Preguntas de Madres/Francisco Javier,
Leal Quevedo.-- 4a. ed.--Bogotá, D.C.: Editorial Médica
Internacional Ltda., 1998.
256 p.: il. cuadros

1. PEDIATRIA 2. SALUD DE LOS NINOS I. Título

CDD:618.92124

Primera edición:	1987
Segunda edición:	1988
Tercera edición:	1989 Editorial Médica Panamericana 5.000 ejemplares
1a. Reimpresión:	1989 Editorial Médica Panamericana 5.000 ejemplares
2a. Reimpresión:	1991 Editorial Médica Panamericana 5.000 ejemplares
3a. Reimpresión:	1994 Editorial Médica Panamericana 2.000 ejemplares
Cuarta edición:	1998 Editorial Médica Internacional 10.000 ejemplares

ISBN: 958-9181-41-4
IMPRESO EN COLOMBIA

Preparación Editorial:
Grupo Editorial 87 Ltda.

Fotografía Portada: Image Bank.
Ilustraciones: Laura Victoria Ruano Cáceres.

Impresión: Printer Colombiana S.A.

Contenido

A mis hijas,
para que se vayan preparando
a ser buenas madres.

A las madres, que con sus inquietudes
sobre la salud de sus hijos, suministraron
la materia prima para este libro.

Prefacio

Este libro, que llega ahora a su cuarta edición, ha sido desde su primera aparición muy bien acogido por sus lectores que han visto en él una ayuda actualizada y práctica en el cuidado de los hijos. Con frecuencia escuchamos el testimonio agradecido de muchas madres y padres. Y también se ha convertido en un auxiliar valioso para el pediatra que en él encuentra una apretada síntesis de las inquietudes más frecuentes de las diversas personas responsables del cuidado del niño, que acuden a la consulta. Además, al aconsejar su lectura sienten que están completando la labor iniciada en el consultorio y que generalmente no pueden realizar a plenitud por el reducido tiempo que se le dedica a cada paciente.

Su gran éxito radica en varios factores.

– En primer lugar, es el resultado de un largo trabajo de su autor, un pediatra que dedicó siempre su mejor esfuerzo y su sabio entusiasmo, durante más de cuarenta años, a educar a padres y pacientes en el autocuidado de la salud. Es así el reflejo de una extensa, amorosa y paciente labor.

– En segundo lugar, su estructura en preguntas y respuestas permite un diálogo vivo y fresco entre los diversos protagonistas de la entrevista médica, como son las madres, padres, abuelos y pediatras.

– En tercer lugar, corresponde a una necesidad sentida por la familia. En los últimos tiempos, el niño ha venido a ocupar un lugar de privilegio. No siempre fue así. Ahora podemos escoger la época de nuestras vidas en que es más favorable su llegada. Y generalmente es acogido con inmensa alegría. Para los padres actuales el hijo es merecedor de todos sus esfuerzos y acreedor a un esmerado cuidado integral. Este libro viene a ser una gran ayuda práctica en el cuidado de su salud tanto física como emocional.

Por estas razones pensamos, con sobrados motivos, que el contenido de este libro debe continuar siendo útil a la familia actual en el cuidado de los niños, por ello acepte gustoso la labor de colaborar para prolongar su vigencia.

Y durante este trabajo de revisión ha sido muy estimulante escuchar a muchos colegas pediatras quienes reconocen que este libro les ha enseñado innumerables pequeños secretos, de aquellos que no se encuentran en los textos clásicos de pediatría sino en la experiencia y el sentido común cuando el clínico avezado se enfrenta al problema específico de cada paciente. También a ellos está dirigida esta puesta al día.

La gran mayoría del contenido de la edición anterior se ha conservado, pues permanece intacta su vigencia. Se han retocado sólo aquellos tópicos sobre los cuales la ciencia médica avanza cada día, como enfermedades infecciosas, nuevas vacunas, gamaglobulinas, enfermedades respiratorias, alergia, nutrición, etc.

Y se han introducido dos nuevos capítulos.

-El primero, acerca del cuidado del embarazo y el parto, pues cada vez somos más conscientes de que nuestra responsabilidad de padres y madres comienza antes del inicio de la gestación, con el cuidado de nuestra propia salud.

-El segundo, que corresponde al último en la presente edición, trata de la responsabilidad del padre en la crianza. En la renovación familiar de las últimas décadas, ha ocurrido un hecho notable y sin duda positivo: la mayor participación de la figura paterna. El varón acude al control del parto, asiste al curso psicoprofiláctico, participa en el cuidado diario del hijo, etc. Pero se cuestiona cual es la labor específica. Como no tiene experiencia en su nuevo papel , con frecuencia se siente perplejo. Por ello creemos que encontrará útiles las inquietudes "paternas" aquí resueltas.

Con seguridad, esta puesta al día permitirá que todos ustedes, que en alguna forma tienen responsabilidad en la salud de los niños, continúen encontrando en este libro una valiosa ayuda. Esperamos que sienten que tienen, en cualquier momento, a su lado, el consejo de un experimentado pediatra, siempre a su servicio.

Francisco J. Leal Quevedo, M.D.

Acerca del autor

Ernesto Plata Rueda (1924-1992)

Oriundo del Socorro (Santander, Colombia), médico pediatra egresado de la Facultad de Medicina de la Universidad Nacional de Colombia. Inició su carrera docente en esta universidad en 1957, hasta alcanzar el rango de Profesor Titular en 1973 y Profesor Emérito en 1987. Dirigió el Departamento de Pediatría de la misma escuela entre 1965 y 1972, con asiento en el Hospital Universitario "La Misericordia" de Bogotá. Desde 1982 fue Profesor en la Facultad de Medicina de la Universidad del Rosario, con asiento en el Hospital Infantil "Lorencita Villegas de Santos", donde se desempeñó como Jefe de Servicios Ambulatorios. Siempre combinó la experiencia hospitalaria universitaria con una práctica privada muy intensa.

Fue miembro activo y presidente de la Sociedad Colombiana de Pediatría (1959 y 1988), así como de la Asociación Latinoamericana de Pediatría, Alape (1970). Miembro de Número de la Academia Nacional de Medicina de Colombia. Y también miembro correspondiente u honorario de la mayoría de asociaciones pediátricas de América Latina. Asesor del Unicef (1983) en el Ministerio de Salud para el Plan de Supervivencia de la Infancia, actualmente en desarrollo. Miembro del Comité de expertos en Pediatría Ambulatoria de la Asociación Internacional de Pediatría.

A más de un centenar de publicaciones científicas en revistas nacionales y extranjeras es autor de dos textos médicos: *Pediatría Práctica,* editado por el Instituto Colombiano de Bienestar Familiar, y *El Pediatra Eficiente*, que recibió el primer premio en el Concurso Nacional de Obras Médicas, promovido por la Academia Nacional de Medicina y Salvat Editores, de la cual circula actualmente la 5a. edición bajo el sello de Editorial Médica Panamericana, dirigida por el doctor Francisco J. Leal Quevedo. Desde 1976, autor y editor de *Carta Pediátrica*, un compacto mensual de pediatría práctica destinado a la educación médica continuada en Colombia y países vecinos y de cuyo contenido se extracto, después de su muerte el libro *La entrevista en pediatría* coordinado también por el doctor Leal Quevedo.

A su fallecimiento, en 1992, dejó importante obra escrita destinada en especial a lo que fue la pasión de su vida: ser un educador en salud de padres y pacientes y abogar por la humanización del acto médico. Por ese motivo Editorial Médica

Panamericana con la coordinación de los doctores Leal Quevedo y Juan Mendoza Vega recogió parte de su legado y publicó recientemente la obra *Plata Rueda Hacia una medicina más humana*, y hoy lanza al mercado la 4ª edición de *Preguntas de madres*.

El Editor.

Testimonio

El tiempo y la sabiduría se entrelazan para crear grandes obras, que se convierten en un maravilloso aporte a la humanidad. Así sucede con este libro del Dr. Ernesto Plata Rueda, producto de una amplía investigación que desarrolló durante largos años y cuyos resultados continúan vigentes. más aún en esta cuarta edición enriquecida con nuevos capítulos y con los renovados conceptos del Dr. Francisco J. Leal Quevedo.

La situación que estamos viviendo en este final de siglo nos invita a tomar este libro como guía para nuestra adecuada formación, como padres protectores de la infancia y conscientes de nuestra gran responsabilidad como gestores de vida.

La variadísima y acelerada información que recibimos actualmente respaldados por la improvisación o el ánimo de lucro, tan frecuentes en nuestra sociedad respecto a la crianza de nuestros niños, pueden llevar a la generación actual a un abismo de carencias y confusiones en su desarrollo biológico y emocional.

La lectura de este libro nos hace conscientes del hecho que las influencias externas han llevado a la disminución de la lactancia materna. Así vemos como se pierde la oportunidad de proporcionar el alimento natural al recién nacido, lo que es definitivo para la prevención de enfermedades y como medio de adaptación del niño al mundo exterior.

Al leer sus páginas vemos cuan importante es que los padres y orientadores asumamos cuidadosamente un reconocimiento de nuestra naturaleza y de sus funciones como elementos primordiales para el desarrollo del niño. Solamente amamos bien cuando conocemos e interpretamos adecuadamente las leyes naturales.

Como madre y como instructora de Cursos Psicoprofilácticos durante más de treinta años, fiel a la vida y respetuosa de la de los niños que llegan a un mundo convulsionado y facilista, he encontrado un apoyo fundamental en este libro y en su dimensión científica completa y ajustada al sentido común.

Invito a los padres a que sientan en esta obra la presencia de un gran pediatra y que de su mano todos le abramos camino al futuro hombre que anhelamos.

Graciela Matiz de Luna
Instructora de Cursos Psicoprofilácticos

Capítulo I

Embarazo y parto

En esta época de grandes avances de la ciencia médica, es posible decidir en qué momento de nuestras vidas estamos preparados para recibir un hijo, considerando la etapa de nuestra vida personal, la solidez afectiva de la pareja, la disponibilidad de tiempo, la capacidad económica, etc. Así el hijo será esperado, jubilosamente acogido. También podemos tomar ciertas precauciones de salud para que él llegue a la existencia en las mejores condiciones posibles. Nuestra responsabilidad de madres comienza desde antes de la iniciación de la gestación con el cuidado de nuestra salud.

1. Con mi esposo, hemos decidido de común acuerdo, tener nuestro primer hijo, ¿cuándo debemos consultar por primera vez al obstetra?

Lo ideal es acudir a la primera visita al ginecólogo-obstetra antes de iniciar el embarazo. Esta revisión tiene como objetivo determinar el estado satisfactorio de salud de la futura madre, descartar riesgo de enfermedades hereditarias, valorar el estado de nutrición materna, hipertensión arterial, enfermedades renales, cardiopatías, determinar si la futura gestante necesita vacuna de rubéola, evaluar el riesgo de toxoplasmosis, etc.

Esta primera evaluación es una decisión afortunada que le evitará muchas angustias de salud posteriormente durante la gestación.

2. TENGO 22 AÑOS Y DOS DE CASADA, Y MI ESPOSO 26, ¿EXISTE UNA EDAD IDEAL PARA TENER HIJOS?

No existen fechas mágicas en cuanto a estar preparados para ser padres. Existe ahora una tendencia mundial a demorar un poco la iniciación de la maternidad, así la futura madre habrá tenido tiempo de completar el desarrollo de su personalidad, realizarse aprendiendo un oficio o profesión y como se dice generalmente "disfrutar antes un poco la vida". Hay que ser conscientes de que un hijo cambiará radicalmente el curso de nuestras vidas y este cambio debe ser decidido con plena responsabilidad y libertad. Esto significa que la edad para ser madres y padres posiblemente sea más tarde de lo que pensamos cuando somos adultos jóvenes.

3. MI HIJO TIENE DOS AÑOS, QUEREMOS ENCARGAR NUESTRO SEGUNDO HIJO, ¿CUÁL ES EL INTERVALO IDEAL ENTRE DOS EMBARAZOS?

El intervalo aconsejable ha de ser el tiempo necesario para que el niño actual tenga ya una cierta independencia, camine solo, ojalá sea capaz de comer por sí mismo, etc. Sin que sea una fecha mágica, algunos sicólogos sugieren un intervalo cercano a los tres y medio años de uno a otro embarazo.

4. HE OÍDO, QUE ES IMPORTANTE VACUNARSE DE LA RUBÉOLA ANTES DEL EMBARAZO, ¿ES NECESARIO?

La rubéola es una enfermedad viral, leve, que afecta generalmente a los niños y que suele transcurrir sin complicaciones, excepto fiebre, malestar, conjuntivitis, síntomas como de resfriado, aumento del tamaño de los ganglios y exantema. Sin embargo, en 1941, Gregg encontró que si una embarazada, que nunca había padecido rubéola, sufría rubéola en el trimer trimestre del embarazo, la infección podía traer al embrión graves consecuencias, como sordera, cataratas y afectación congénita del corazón. Este hallazgo hace temer problemas cuando la embarazada, de menos de doce semanas de gestación, adquiere la rubéola, generalmente traída a casa por algún hermanito en edad escolar. Todo este problema puede evitarse vacunando a los niños de rubéola hacia el primer año de vida y revacunándolos hacia la pubertad. Si una futura gestante desea descartar este peligro puede hacerse un examen de anticuerpos y si no tiene inmunidad adecuada puede vacunarse e iniciar la gestación tres meses más tarde de la vacunación. Las nuevas generaciones están con frecuencia vacunadas, pero algunas mujeres jóvenes no lo han sido, por ello es importante en la consulta pregestacional aclarar el estado de inmunidad ante la rubéola.

5. ¿CUÁL ES EL PELIGRO DE LA TOXOPLASMOSIS DURANTE EL EMBARAZO?

El toxoplasma *gondii* es un pequeño parásito que realiza su ciclo vital completo en el intestino del gato, y parte de su ciclo en el músculo de ciertos animales como ratón, res. Su distribución es así amplia. Se considera que la mitad de las personas tenemos contacto con el toxoplasma en algún momento de la vida, sin sufrir enfermedad y obteniendo una cierta inmunidad. No ocurre así con la embarazada que tiene contacto por primera vez en la vida con el toxoplasma. Ella generalmente no tiene ningún síntoma pero el embrión puede afectarse seriamente y nacer con alteraciones cerebrales graves, problemas oculares, etc. Por ello se recomienda evitar durante el embarazo el contacto con gatos, en especial con sus heces, no comer carnes medio cocidas y no realizar labores de jardinería por el riesgo de que la tierra contenga heces de gato. Aún no existe vacuna para la toxoplasmosis.

6. EL GINECO-OBSTETRA ME HA PEDIDO UN EXAMEN DE ANTICUERPOS ANTI-TOXOPLASMA, ¿QUÉ UTILIDAD TIENE?

El examen de anticuerpos debe ser obtenido, idealmente, antes de iniciar la gestación. Si es positivo indica que la futura madre ya tuvo contacto con el toxoplasma y que por lo tanto no tendrá riesgo de adquirir la enfermedad durante el embarazo. Si es negativo, podría existir algún riesgo de entrar en contacto con el toxoplasma durante la gestación, por ello el médico solicitará un examen de control cada trimestre, de tal manera podría detectar la infección muy tempranamente e iniciar un tratamiento efectivo que proteja al feto.

7. ¿EN QUÉ CONSISTE EL CURSO PSICOPROFILÁCTICO?

Muchas gestantes, en especial si son primíparas, llegan al momento del parto llenas de falsos temores, en parte porque ignoran el proceso del trabajo del parto, cada una de las etapas, su duración, cómo colaborar para que transcurran adecuadamente, etc. El curso psicoprofiláctico, que existe en muchas instituciones, consiste en unas pocas sesiones de instrucciones y ejercicios, pretende informar a la futura madre cómo es el proceso, su duración, cómo colaborar en cada etapa, cómo utilizar al máximo las contracciones, etc. Es sin duda muy útil para liberarse de falsos temores y afrontar el trabajo de parto con confianza y hacerlo efectivo. Se observa ahora, con frecuencia, que el futuro padre también asiste, para informarse y luego dar confianza y tranquilidad a la madre durante el proceso del parto.

8. *SUFRÍ TOXEMIA DURANTE EL PRIMER EMBARAZO, ¿TENGO RIESGO DE SUFRIRLA DURANTE MI SEGUNDO EMBARAZO?*

La toxemia o eclampsia es una complicación que puede ser seria durante el embarazo. Generalmente afecta más a las primíparas jóvenes, que han tenido una muy corta vida sexual antes de iniciar el embarazo. La futura madre presenta edemas, hipertensión, albúmina en la orina, y la placenta sufre cambios que dificultan el adecuado crecimiento del feto. No suele afectar un segundo embarazo, a menos que la gestante tenga una enfermedad renal de base.

9. *HE OÍDO HABLAR DE LA POSIBILIDAD DE TENER EL PARTO EN CASA, ¿NO SERÁ PELIGROSO?*

El parto fue en la casa hasta el presente siglo, luego varias generaciones de médicos lucharon para que ocurriera en los hospitales con el fin de disponer de recursos para tratar las posibles complicaciones que pueden amenazar la salud de la madre y la del recién nacido. Hay actualmente una cierta tendencia a regresar al parto en casa; en países como Holanda una proporción importante de partos ocurren ya en la casa. Recordemos que la naturaleza ha hecho el mecanismo del parto tan perfecto que más del 90% de los casos deben ser fisiológicos, es decir normales, sin complicaciones. El parto en casa sólo debería considerarse si luego de un excelente control prenatal se espera que el parto va a ocurrir sin complicaciones ni para la madre ni para el recién nacido. Sería peligroso llevarlo a cabo sin esta seguridad. En nuestro medio puede ser difícil encontrar personal idóneo, como una partera adecuada, pero algunos médicos partidarios del parto en casa pueden ayudar. Una de las variedades del parto en casa es el parto en el agua, sus defensores consideran que la llegada del niño a la vida sería también menos traumática de esta manera.

10. Quisiera que el parto fuera por cesárea, le tengo miedo al parto natural. ¿Qué me aconseja?

Los temores sobre el parto natural, frecuentes en las primíparas, se deben en gran parte a falta de información. El curso psicoprofiláctico puede ser muy útil para que una buena información haga desaparecer esos miedos sin fundamento.

Si la naturaleza ha hecho el parto por vía vaginal es porque es lo más conveniente para la criatura, por ejemplo para sacar de los pulmones el líquido amniótico. Es por ello totalmente desaconsejable lo que hacen ciertas mujeres de presionar a su obstetra para que sea por cesárea, con el objeto de no tener el trabajo de parto, que generalmente, por ignorancia, les produce demasiado temor. Peor aún cuando se realiza por razones banales como hacer coincidir la fecha con cierto evento, aprovechar las vacaciones, etc.

Además, aún en manos médicas experimentadas, todo procedimiento quirúrgico y anestésico, implica riesgos y posibles complicaciones para la madre y el niño.

11. Tuve mi anterior hijo por cesárea, ¿el próximo tendrá que ser necesariamente por cesárea?

Esa ha sido la tendencia médica, se ha considerado que si el útero tiene una sutura importante, es posible que las contracciones no sean efectivas y además eventualmente podría desgarrarse, por ello casi siempre se ha optado por realizar una cesárea llamada "iterativa". Sin embargo, hay una tendencia grande a permitir que el trabajo de parto se inicie, bajo estricta observación del obstetra, y valorar si puede realizarse el parto por vía vaginal.

12. ¿Cuándo es dejado el recién nacido en observación?

Anteriormente se dejaba siempre el recién nacido en observación en una salita asignada para ello. Sin embargo esta costumbre no es adecuada para el niño ni para la madre e implica riesgos como adquirir una infección transmitida por otro recién nacido o por personal de enfermería. El mejor sitio para el recién nacido son los brazos de su madre. Su contacto físico, su calor, son la mejor acogida a este mundo que inicialmente siente como hostil. No es conveniente dejarlo en observación por razones banales como dejar descansar a la madre. El mejor descanso

para la madre es tener a su hijo en el lugar más seguro en el mundo: sus propios brazos. Ojalá aproveche para colocarlo inmediatamente al seno, en lo que se ha llamado "apego precoz".

Se deja en observación solamente si presenta problemas para regular la temperatura, hipoglicemia, o alguna enfermedad severa o prematurez marcada.

13. ¿Cuándo debo ponerlo al seno por primera vez?

El seno es un sitio privilegiado para iniciar el contacto físico con el niño. Actualmente se aconseja que se le coloque allí tan pronto se pueda, en los primeros minutos de vida. Ello se ha llamado el "apego precoz". Crea un fuerte vínculo madre-hijo. Se sabe que la leche materna contiene entre otras muchas cualidades, un factor que hace madurar los pulmones y el tubo digestivo del recién nacido. Aunque no salga todavía calostro, la succión del niño es el mejor estímulo para la bajada de la leche.

14. He oído del plan canguro, ¿en qué consiste?

Es un método para facilitar el crecimiento de niños prematuros. Es una creación de médicos colombianos que actualmente se intenta implantar en otros países; consiste en que a semejanza de la madre canguro que coloca sus hijos, que nacen muy inmaduros, en estrecho contacto corporal con ella, se coloca a los niños que nacen prematuramente en íntimo contacto con la piel de la madre, usando un cargador, todo el tiempo, para darles calor, estímulos, afecto, logrando de esta manera darles condiciones adecuadas para crecer en las primeras semanas. Con este método se logra evitarles riesgos innecesarios como una hospitalización prolongada.

15. ¿Qué es el pregen?

Existen varios exámenes de tamizaje neonatal, que se les realizan a los recién nacidos para descartar que presenten enfermedades del metabolismo o de la tiroides o de la hemoglobina. Recordemos que por ejemplo el hipotiroidismo, cuando no se diagnostica muy tempranamente, causa que el cerebro del niño no se desarrolle bien aunque después se le inicie la hormona tiroidea que le hacía falta. Igualmente en ciertas enfermedades metabólicas, como galactosemia y fenilcetonuria, si no realizan ciertas dietas desde los primeros días de vida, se acumularán sustancias que pueden ser tóxicas y causar retardo mental o problemas de hígado o de los ojos.

En las alteraciones de la hemoglobina, los niños tendrán problemas frecuentes por infecciones, anemia y dificultad para crecer.

Generalmente se toman unas pocas gotas de sangre del talón en un papel absorbente especial y se envía a un laboratorio especializado. En muchos países estas pruebas de tamizaje son obligatorias y se sanciona legalmente no llevarlo a cabo.

Pregunte por dicho programa y no dude en realizárselo a su hijo aunque implique un gasto adicional.

Pregen es el nombre que en nuestro medio recibe el programa más difundido para esta prevención, existen también otras alternativas. En cualquier localidad que se encuentre, pregunte si existe un programa de detección precoz de enfermedades metabólicas e hipotiroidismo para el recién nacido.

16. *Fuera de la rubéola y de la toxoplasmosis, ¿de qué otras enfermedades debo cuidarme durante el embarazo?*

La hepatitis B es una enfermedad seria que puede transmitirse por la placenta o durante el momento del parto. Se sabe que los que sufren hepatitis B pueden convertirse en portadores de la enfermedad o sufrir un daño silencioso del hígado o presentar más tarde cáncer de hígado. Actualmente existe una vacuna muy eficaz que requiere tres dosis y que sería conveniente que usted y su hijo recibieran.

El herpes genital es una enfermedad frecuente y cursa con lesiones como vesículas en los genitales, el riesgo consiste en que si en el momento del parto la madre lo presenta el parto no debe realizarse por vía vaginal para que el recién nacido no tenga contacto con el virus que le puede afectar el cerebro o los pulmones de forma grave.

La sífilis, es una enfermedad venérea, que puede causar daños severos al cerebro, los dientes, la piel del feto. Es tratable con penicilina, y si se diagnostica y se trata antes de la semana dieciséis de la gestación, generalmente el recién nacido no tendrá secuelas.

El sida se ha venido presentando cada vez más frecuentemente, cerca del 50% de los hijos de mujeres con sida lo padecerán también.

Evitar, prevenir el daño y tratar estas enfermedades es uno de los objetivos del adecuado control prenatal.

17. ¿Qué medicamentos se pueden tomar durante el embarazo?

Después de la tragedia causada hace unas décadas por la talidomida, que se usaba para disminuir los vómitos durante la gestación y que produjo muchas malformaciones fetales como ausencia total o parcial de miembros, actualmente se recomienda que la embarazada no tome medicamentos a menos que sea por estricta prescripción médica. El riesgo mayor se presenta cuando se ingieren medicamentos en las primeras doce semanas de la gestación.

18. ¿Qué riesgo tienen las radiografías durante el embarazo?

Las radiaciones de los rayos X pueden causar mutaciones importantes en el embrión. No debe tomarse radiografías a la embarazada a menos que sea por prescripción médica en caso de enfermedades graves. En caso de duda de si está embarazada no dude en advertírselo a su médico si le solicita alguna radiografía.

19. ¿Tuve un hijo prematuro, me preocupa que este nuevo embarazo tenga igual término, qué hacer?

Muchas de las causas de prematurez, como infecciones, pueden prevenirse, se requiere entonces un adecuado control prenatal. Además una de las complicaciones más serias del prematuro es la inmadurez de los pulmones, si existe un riesgo importante de prematurez, su obstetra puede inducir la maduración respiratoria con inyecciones de corticoides y evitar así serias complicaciones para el recién nacido prematuro.

20. ¿Qué es la ruptura prematura de membranas?

El feto está inmerso en un volumen importante de líquido amniótico. Es normal que unas horas antes del parto se rompan, fisiológicamente, las membranas que lo contienen, esto se ha llamado "romper fuente" y hace que el feto descienda y el trabajo de parto se acelere. El problema radica cuando esta ruptura se realiza antes de doce horas del parto, pues las bacterias pueden ascender e infectar al feto. La ruptura de la fuente debe hacer que la gestante se dirija al hospital porque el trabajo de parto está en su fase final y si ello no ocurre el médico inducirá el parto o tomará precauciones para evitar una infección del feto que puede ser severa.

Capítulo II

El crecimiento, el desarrollo y sus alteraciones

Llamamos crecimiento a la forma como los niños aumentan de peso y de estatura. Consideramos desarrollo las diversas maneras como los órganos del cuerpo aprenden a funcionar para poder cumplir con el trabajo que les corresponde. Ambos comienzan en el momento de la concepción de la criatura, pero mientras que el crecimiento termina aproximadamente a los dieciocho años, el desarrollo de algunos órganos como el cerebro, se prolonga hasta edades muy avanzadas, dado que el hombre es capaz de aprender cosas nuevas hasta en vísperas de su muerte.

Para poder crecer y desarrollarse se necesita estar sano. Es por eso que la apreciación del peso y la talla de los niños (crecimiento), así como de la forma como aprenden a incorporarse y trasladarse de un lugar a otro (desarrollo motor), a valerse por sí mismos (desarrollo adaptativo) y a comunicarse y aprender, constituye la mejor forma de saber si un niño está sano, y en qué momento empieza a enfermarse.

Muchas enfermedades graves, sólo se manifiestan en forma ostensible cuando llevan ya mucho tiempo de estar minando la salud del niño y la única forma de detectarlas en sus comienzos es controlando de cerca el crecimiento y desarrollo del sujeto aparentemente sano.

La desnutrición, por ejemplo, la más común y grave de las enfermedades crónicas en ciertos países, sólo se hace visible cuando el niño ya lleva mucho tiempo alimentándose mal o padeciendo alguna de las dolencias que afectan la nutrición. Si nos esperamos a que el enflaquecimiento y la baja estatura sean evidentes, el tratamiento será muy dispendioso y costoso y lo que es peor, el mal dejará huellas imborrables en el cuerpo y en la mente del niño y del adulto. Esto si no muere víctima de la desnutrición misma o de las infecciones que con tanta frecuencia se apoderan del organismo debilitado.

21. ¿Cómo controlar el peso del niño?

Cuando un niño no está comiendo lo que necesita o padece alguna enfermedad oculta, se necesita que pase bastante tiempo antes de que esto se le note a simple vista. Existen tablas y gráficos que nos permiten saber cuánto debe pesar un niño a determinada edad o para cierta estatura, y por lo tanto si lo controlamos periódicamente, podremos saber en qué momento comienza a desviarse de lo normal. Para ello, se registran los diferentes pesos en una gráfica como la que viene en el carné de salud. Si la unión de los puntos correspondientes a estos pesos dibuja una línea paralela a alguna de las de la rejilla, es porque va bien. Si por el contrario, la curva se dirige horizontalmente o hacia abajo, es seguro que algo anda mal, ya sea en la alimentación o en la salud, aunque aparentemente el niño coma bien y no tenga ningún síntoma de enfermedad. Esto es lo que se llama desnutrición invisible y requiere de inmediato la intervención del médico, porque, en la medida en que se descubra a tiempo, puede ser corregida.

Una vez que aparezcan los signos de desnutrición grave, o sea que el niño se ponga notoriamente flaco al punto de que se le dibujen los huesos, que se hinche, o que se le ponga ralo, rubio y delgado el cabello, la enfermedad será muy difícil de tratar y el niño correrá peligro de morir.

22. ¿Qué es la desnutrición?

Desde tiempo atrás, la Pediatría se ha preocupado por unos niños que pululan en las comunidades de bajos ingresos, cuyas características son más o menos las siguientes: unos, menores de dos años, parecen viejitos; tienen la cara enflaquecida, los ojos hundidos y las costillas visibles; sus brazos y piernas son huesos forrados en piel; a este cuadro lo llamamos los médicos, "marasmo". Otros, generalmente mayores de dos años, parecen abotagados y son intensamente pálidos; tienen el pelo ralo, fino y decolorado (los morenos se vuelven rubios), los labios partidos y con boqueras y el abdomen abultado hasta el punto de que el ombligo se ha aplanado. Las piernas muestran edemas; y la piel cuarteada o ennegrecida en parches, a veces se desprende en colgajos.

En la década de los 50, vino de Africa un término para calificar a estos niños: "Kwashiorkor", que traduce "niño rojo", porque en algunas regiones de ese continente, el cabello se les vuelve de ese color.

Los estudios epidemiológicos descartaron que esta enfermedad fuera causada por algún microbio y lograron establecer que se trataba de una carencia total o parcial de alimentos nutrientes. Por esta razón se propuso para ella la denominación de síndrome pluricarencial o desnutrición calórico-proteica. Se ha propuesto para ella un término más descarnado: "hambre". Sin embargo, en la desnutrición no todo es hambre. La característica falta de defensas del desnutrido lo hace presa de toda clase de infecciones y agrava su situación llevándolo a la miserable condición que hemos descrito y que en los rubros estadísticos figura como desnutrición de tercer grado, o grave.

Sin embargo, esto que hemos mencionado corresponde a la desnutrición grave. Existen muchos casos de desnutrición leve que puede pasar inadvertida para quienes cuidan el niño, o presentar signos de alarma como inapetencia, disminución de la actividad física o simplemente que el niño deja de crecer y progresar al ritmo esperado. Por ello es conveniente el control pediátrico periódico, o consulta de control de crecimiento y desarrollo, para hacer el diagnóstico temprano.

23. ¿Cómo se descubre la desnutrición?

Por mucho tiempo los médicos nos entretuvimos en clasificar a los desnutridos en diversos grados, más que todo para reconocer quién requería hospitalización y quién podía ser manejado ambulatoriamente. Este criterio ha sido reemplazado por un gran interés en descubrir al niño que comienza a desnutrirse e incluso al que está en riesgo de empezar a desnutrirse. Con esta política se beneficia a un número inmensamente mayor de niños, a un costo mucho más bajo y con resultados infinitamente mejores. Baste recordar que cuando se los deja llegar a estados graves de desnutrición, el tiempo perdido en crecimiento y desarrollo no se recupera: los sobrevivientes siempre resultan más bajos de estatura y lo que es peor, con dificultades de aprendizaje. Y estos hechos son más graves e irreversibles cuando ocurren en el primer año de vida.

La tarea de descubrir a tiempo la desnutrición puede ser realizada por las propias madres pesando regularmente al niño y registrando los pesos en el carné de salud.

24. Veo a mi niño muy delgado; se le dibujan las costillas y todo el mundo me dice que está desnutrido. Sin embargo, es muy activo y come bien, ¿debo preocuparme?

Delgadez no siempre significa desnutrición, así como gordura no necesariamente revela buena salud. Los médicos competentes en materia de crecimiento y desarrollo saben perfectamente que un niño con bajo peso para su edad y su

VIGILANCIA DEL CRECIMIENTO Y DESARROLLO

A LOS 3 MESES	EDAD
Sostiene la cabeza.	
Intenta coger objetos.	
Sonrie a la mamá.	
Reacciona al sonajero.	

A LOS 6 MESES	
Se sostiene sentado solo.	
Coge un objeto en cada mano.	
Trata de imitar sonidos.	
Reconoce personas.	

A LOS 9 MESES	
Se sienta solo.	
Pasa objetos de las manos.	
Dice Pa - Pa - Ma - Ma.	
Hace palmoteos.	

A LOS 12 MESES	
Se para con apoyo.	
Agarra con dos dedos.	
Pronuncia claro Papá y Mamá.	
Introduce y saca objetos de una caja.	

A LOS 2 AÑOS	EDAD
Camina y corre.	
Abre y cierra puertas.	
Reconoce cosas de la casa.	
Ayuda a vestirse y a desvestirse	
Avisa cuando desea orinar.	

A LOS 3 AÑOS	
Salta en dos pies.	
Traza rayas o circulos.	
Dice frases cortas.	
Se identifica como niño o niña.	

A LOS 4 AÑOS	EDAD
Salta en un solo pie.	
Dibuja una persona.	
Pide lo que desea.	
Sabe su nombre.	

A LOS 5 AÑOS	
Da saltos grandes.	
Inicia trazos de letras.	
Cuenta los dedos.	
Juega con otros niños imitando a los adultos.	

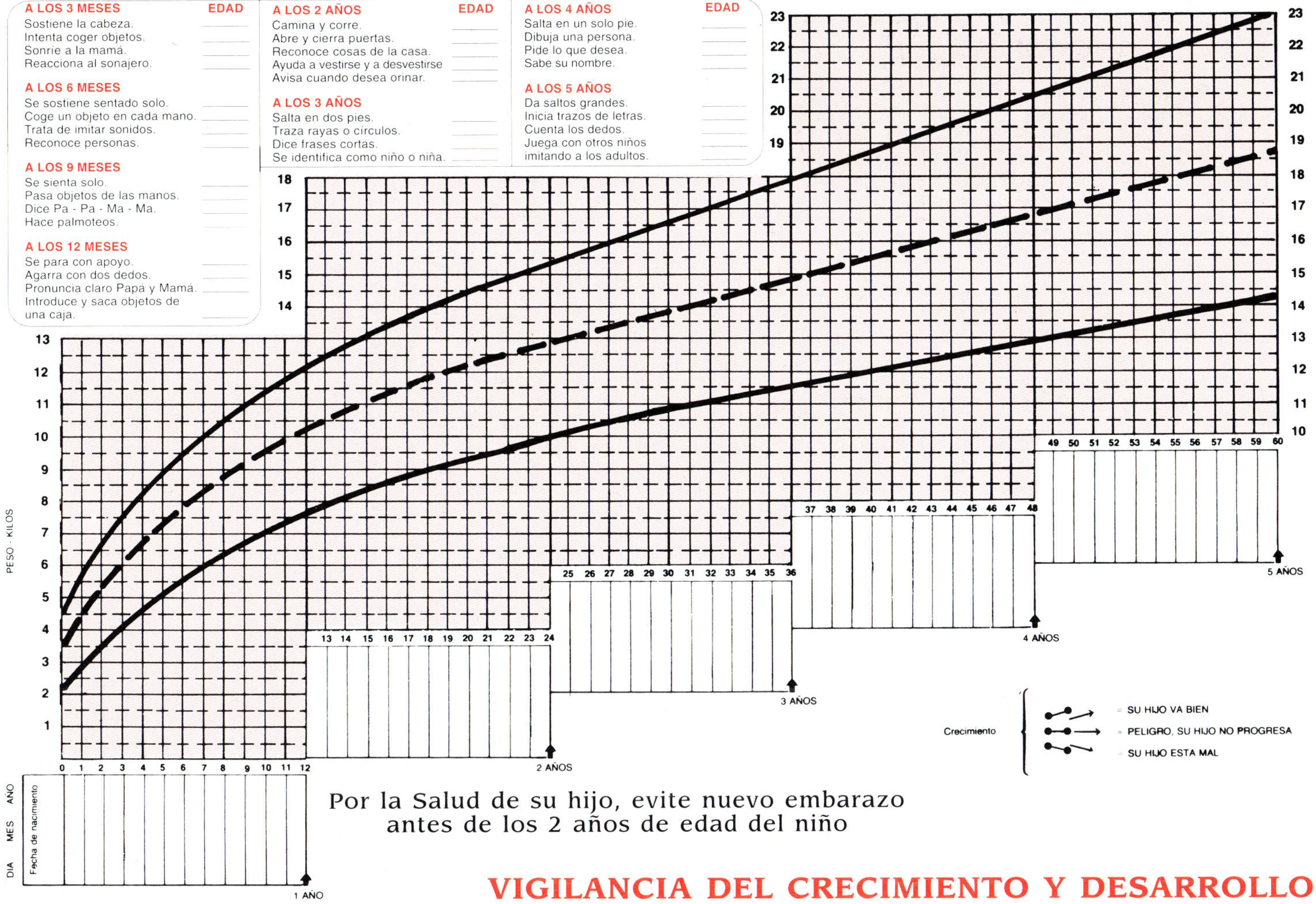

Por la Salud de su hijo, evite nuevo embarazo antes de los 2 años de edad del niño talla, si come bien, está activo y no se queja de nada, lo más probable es que no sea desnutrido sino simplemente de constitución delgada. Es casi seguro que entre padres, abuelos o tíos habrá varios que tienen el mismo aspecto y que aunque coman desaforadamente nunca lograrán engordar. Además no tiene objeto intentarlo, pues los delgados son más sanos que los gordos. Sin embargo, es importante que el médico conozca los pesos anteriores del niño; si en la gráfica se verifica que siempre ha ido por el mismo canal de crecimiento, es porque es delgado, pero sano. Pero si pasa a un canal inferior y además muestra inapetencia, poca actividad y otros síntomas, lo más probable es que esté enfermo y comenzando a desnutrirse.

25. ¿Cómo se desnutre un niño?

Un niño puede llegar a desnutrirse cuando es destetado prematuramente y sus padres no tienen dinero para comprar una buena leche. También cuando, aun disponiendo de ella, carecen de agua potable para prepararla, o no saben que hay que lavar y hervir bien los utensilios, o no se lavan bien las manos al salir del sanitario y antes de preparar los alimentos. En cualquiera de estos casos el niño está expuesto a sufrir de una y muchas diarreas infecciosas que le van minando la salud. Otras infecciones, sobre todo respiratorias, atacan constantemente al pequeño que vive en malas condiciones higiénicas y de ellas sale cada vez más debilitado y propenso a adquirir nuevas enfermedades.

Ocasionalmente la desnutrición puede ser también consecuencia de un mal manejo de diarreas agudas que se prolongan, de una enfermedad no diagnosticada o mal tratada, o de algún tipo de afección congénita, metabólica o tumoral que no permite la alimentación o que impide una adecuada utilización de los nutrientes.

Pero la gran diferencia entre la desnutrición que se debe a la falta de recursos, de higiene o de conocimientos y la que resulta de alguna enfermedad grave o problema congénito, es que la primera es reversible, si con el control de crecimiento y desarrollo, se la descubre a tiempo. En cambio, la segunda no siempre se puede evitar y con frecuencia es difícil o imposible de tratar.

26. ¿PARA QUÉ SIRVEN LOS RECONSTITUYENTES?

Los mal llamados "reconstituyentes" son generalmente mezclas de algunos minerales con vitaminas, con los cuales se engaña a los padres haciéndoles creer que con ellos se va a mejorar su hijo. La desnutrición sólo se corrige con una buena alimentación, en la que los nutrientes esenciales (proteínas, grasas y carbohidratos) estén bien balanceados, y no simplemente con vitaminas y minerales. Estos en sí, no le hacen daño al niño, pero, si el presupuesto es escaso, más vale dedicarlo a conseguir los alimentos básicos. Tratar de reemplazarlos con reconstituyentes sólo serviría para agravar indirectamente la desnutrición.

27. ¿LA DESNUTRICIÓN PUEDE PRODUCIR RETARDO PSICOMOTOR?

Un niño que permanece mal alimentado y abandonado afectivamente durante largo tiempo termina por sufrir un retardo motor, adaptativo y del lenguaje (y por ende del aprendizaje) de diverso grado, pero en todo caso bastante importante y no siempre recuperable. La desnutrición, como carencia prolongada de nutrientes esenciales, produce alteraciones cerebrales y nerviosas que determinan diversos retardos.

28. ¿QUÉ SE PUEDE HACER CUANDO SE DESCUBRE QUE UN NIÑO SE ESTÁ DESNUTRIENDO O ATRASANDO EN SU DESARROLLO?

Recordemos que la desnutrición no sólo detiene el crecimiento sino el desarrollo y que si el retraso es descubierto a tiempo es fácil ponerle remedio con mejoras factibles de la alimentación, protección contra las enfermedades prevenibles (vacunación) y tratamiento oportuno de la dolencia que más ataca a los desnutridos, o sea la diarrea, por medio de la hidratación oral. Es importante también ayudarlo con procedimientos de "estimulación temprana o adecuada" que la madre puede aprender fácilmente para acelerar su desarrollo.

29. ¿CÓMO SE PUEDE EVITAR QUE UN NIÑO LLEGUE A SER OBESO?

La obesidad del adulto, de tratamiento reconocidamente difícil, se incuba en el niño. Desde los primeros meses se puede reconocer a los niños que están engordando demasiado y se pueden tomar medidas. El niño que duplica su peso de nacimiento antes de cumplir tres meses, es probable que esté engordando demasiado. Al pediatra que vigila el crecimiento usando gráficas, le queda muy fácil detectar precozmente a los niños en riesgo de padecer obesidad: sencillamente, en la gráfica de peso para la talla, la curva atraviesa canales hacia arriba.

30. ¿Qué se puede hacer con un niño que desde los primeros meses se observa que está engordando demasiado?

Esto raras veces ocurre con los alimentados al pecho porque ellos no consumen más de lo que necesitan, porque la composición de la leche materna cambia durante la misma sesión de alimentación produciendo saciedad. Pero cuando la alimentación es con biberón, las madres siempre creen que el niño debe dejarlo vacío y con frecuencia le agregan harinas que aumentan su valor calórico. Otro factor es creer que todo llanto del niño es hambre. Introducir jugos, compotas y sopas de harinas antes de los cuatro meses también contribuye al sobrepeso. Evitando estas cosas y vigilando de cerca el peso del niño se puede detener a su debido tiempo la tendencia al sobrepeso y la obesidad.

31. Los hijos de padres obesos ¿tienden necesariamente a ser gordos también?

Existe una tendencia hereditaria a la obesidad y además frecuentemente en las familias de obesos existen inadecuadas costumbres alimentarias que fomentan que la descendencia también lo sea. De esto resulta que cuando uno de los progenitores es obeso, la mitad de los hijos puede serlo y cuando los dos son obesos, las dos terceras partes de los hijos lo serán.

32. ¿Se puede hacer algo para que un niño hijo de obesos no llegue a serlo también?

Una cosa es ser robusto constitucional y otra cosa es ser obeso. Los hijos de padres obesos se pueden reconocer desde el nacimiento porque se ubican en los canales superiores (normales) de la gráfica de peso para la talla: son gruesos constitucionales y así serán toda la vida si permanecen en el mismo canal. Pero cuando se les hiperalimenta, comienzan a atravesar canales hacia arriba y fácilmente llegan a tener obesidad enfermedad.

33. *Qué importa que los niños pequeños sean gordos; se ven tan lindos... ¿No se adelgazarán después cuando comiencen a caminar?*

Además de que la obesidad del adulto (que acorta la vida o por lo menos deteriora su calidad), se inicia en la infancia, los niños pequeños obesos tienen problemas físicos importantes. El principal es la obstrucción respiratoria durante el sueño que, cuando es acentuada y ocasiona frecuentes paros (apneas nocturnas), priva al cerebro de oxígeno y perturba el desarrollo mental, lo que se manifiesta posteriormente por dificultades en el aprendizaje. Por esta misma causa se puede alterar la talla, porque se sabe que la hormona de crecimiento se produce durante el sueño profundo, al cual no pueden llegar estos niños. Más conocidas son las repercusiones que la obstrucción respiratoria alta tiene sobre el corazón.

34. *Mi niño de seis meses no sostiene la cabeza ni se mantiene sentado. ¿Será porque está muy gordo?*

Es verdad que los niños con sobrepeso son algo torpes para los movimientos y es esperado que tengan cierto retardo en la adquisición de los logros del desarrollo motor. Pero precisamente otro de los inconvenientes de la obesidad del niño pequeño es que enmascara e impide detectar a tiempo el retardo motor, haciendo que se retrase indebidamente su investigación y su tratamiento por medio de terapia de estímulo adecuado.

35. *Mi niña de nueve años come a la par con su padre y está notoriamente gorda. Como parece contenta y disfruta tanto de la comida, ¿podemos dejar las cosas así en espera de que más adelante adelgace, cuando se ponga vanidosa?*

Los niños y niñas escolares gordos son muy populares y viven aparentemente felices y despreocupados por su sobrepeso. Pero pronto, por su torpeza de movimientos comienzan a ser marginados de los deportes y otras actividades que demanden agilidad. Más adelante, empiezan a sentirse mal por su aspecto físico en la gimnasia o en la piscina. También hay dificultades en el bus, en las bancas de la cafetería o con el pupitre. Todo esto crea grados crecientes de aislamiento y soledad que el niño o niña compensa comiendo más. Así se ingresa a la adolescencia, donde estos problemas se multiplican y se agravan. Es por esto de la mayor importancia atender activamente el sobrepeso del escolar.

36. *¿Se puede saber desde ahora qué estatura definitiva va a tener un niño?*

En forma muy aproximada, en los varones, la talla final es el doble de la que tenga a los dos años. En las mujeres en lugar de duplicar, se multiplica por 1.9. Pero para mayor exactitud, el médico puede predecir la talla final valiéndose de una gráfica de crecimiento.

37. CUÁNDO Y PARA QUÉ LES HACEN A LOS NIÑOS RADIOGRAFÍA DE LA MUÑECA (CARPOGRAMA) PARA SABER LA EDAD ÓSEA?

El médico solicita la determinación de la edad o sea el nivel de desarrollo alcanzado por los núcleos de osificación del esqueleto, cuando en la gráfica de crecimiento se aprecia que el niño está bajo de talla y al prolongar la curva parece que va a ser más pequeño que sus padres.

38. ¿QUÉ SIGNIFICADO TIENE QUE LA EDAD ÓSEA SEA INFERIOR A LA EDAD CRONOLÓGICA O REAL DEL NIÑO?

Si el retraso es de más de tres años y además el crecimiento está desacelerado (curva que no asciende paralelamente a la más baja de la gráfica), probablemente se trata de una enfermedad endocrina o general que necesita tratamiento. Si hay atraso de 2 ó 3 años, pero con curva progresiva ascendente, quiere decir que el ritmo de crecimiento es normal y a la postre el niño sí alcanzará por lo menos la estatura de su progenitor del mismo sexo. A esto es a lo que se le llama "retardo constitucional del crecimiento", que es la variedad de baja talla de mejor pronóstico.

39. ¿CÓMO EL RETARDO CONSTITUCIONAL DEL CRECIMIENTO TIENE BUEN PRONÓSTICO?

Porque estos niños y niñas también tienen pubertad demorada. Se sabe que normalmente hay una gran aceleración del crecimiento en vísperas de la pubertad, o sea, que tienen más tiempo para crecer aceleradamente y además, el crecimiento puede extenderse hasta los veinte años en lugar de parar a los dieciocho como es lo usual.

40. ¿QUÉ SE LES DEBE DECIR A ESTOS NIÑOS CON RETARDO CONSTITUCIONAL DEL CRECIMIENTO?

Es muy importante asegurarles que van a tener una estatura por lo menos igual a la de sus padres y prepararlos anímicamente para el retraso en la aparición de los caracteres sexuales, porque hay muchos que se acomplejan innecesariamente con esto.

41. ¿HAY AHORA DROGAS PARA HACER CRECER A LOS NIÑOS DE MANERA QUE TENGAN UNA TALLA FINAL MEJOR QUE LA DE SUS PADRES?

Algunas hormonas, especialmente la del tiroides y la hormona hipofisiaria del crecimiento, aceleran la velocidad del crecimiento pero no mejoran la talla final que está determinada genéticamente. Pero sólo están indicadas en los sujetos a quienes se demuestra que tienen deficiente producción de esas hormonas y que si no se les trata van a ser enanos. Si se administran a niños que no tienen esa deficiencia como son, por ejemplo, los hijos de padres pequeños o los del retardo constitucional del crecimiento, se les causa grave perjuicio porque, si bien crecen aceleradamente mientras las hormonas se administran, se apura la maduración ósea y se cierran prematuramente los cartílagos de crecimiento, con lo cual resultan con una talla final inferior a la que iban a tener si no se hubieran tratado. Esto, agregado a los efectos indeseables que las hormonas pueden tener.

42. ¿CÓMO SE DISTINGUE EL RETARDO CONSTITUCIONAL DEL CRECIMIENTO, DE LA BAJA TALLA FAMILIAR?

Además de que en la baja talla familiar los padres son notoriamente pequeños, la edad ósea coincide con la cronológica, o sea, todo lo contrario de lo que ocurre en el retardo constitucional del crecimiento.

43. ¿PUEDE SUCEDER QUE LOS HIJOS TENGAN ESTATURA SUPERIOR A SUS PADRES?

Sí puede ocurrir esto, pero sólo cuando los padres son pequeños no por herencia sino porque en la infancia padecieron desnutrición crónica o alguna enfermedad, o bien, recibieron drogas de las que afectan el crecimiento estatural.

44. ¿QUÉ SE PUEDE HACER CON LOS NIÑOS QUE SE SABE VAN A TENER BAJA TALLA?

Es necesario revelárselo pronto y prepararlos para las dificultades psicosociales que seguramente van a tener. Cuando esto se hace a tiempo, los niños las superan ampliamente y la baja talla deja de ser problema.

45. ¿PARA QUÉ LES MIDEN LA CABEZA A LOS NIÑOS?

Porque el tamaño de la cabeza casi siempre refleja el crecimiento del cerebro. Se sabe que el cerebro crece rápidamente a partir del nacimiento e interesa descubrir oportunamente las causas por las cuales en un momento dado deja de desarrollarse o lo hace en forma exagerada.

La propia madre puede sugerir al médico que le mida la cabeza cuando antes de los dieciocho meses nota que se le cierra la fontanela (mollera). Esto puede significar que se han sellado prematuramente las suturas (canales que separan los huesos del cráneo) y que, por lo tanto, el cerebro ha quedado encarcelado y no puede crecer, con el consiguiente perjuicio para su desarrollo. Esta anormalidad llamada craneosinostosis, puede ser operada si se descubre a tiempo y se evita así el retardo motor y mental que de otro modo se generaría.

Más grave aún es cuando la cabeza no aumenta de tamaño porque el cerebro no tiene la suficiente vitalidad para crecer. Estos casos, llamados de microcránea (cabeza pequeña), tienen mal pronóstico en lo que se refiere al desarrollo psicomotor. Sin embargo, detectados a tiempo también podrán beneficiarse de una terapia de estímulo temprano que por medio de ayudas visuales y auditivas, motoras, etc., posibilita la comunicación y el aprendizaje. Otras veces, la cabeza crece desproporcionadamente (macrocránea) y entonces hay que sospechar la entidad llamada hidrocefalia, que consiste en un aumento de líquido dentro de los ventrículos (cavidad intracerebral) que al dilatarse hacen que se adelgace la corteza cerebral; esto como es lógico, también ocasiona retardo psicomotor. Afortunadamente la cirugía dispone hoy de recursos tales como la instalación de una válvula que drena el exceso de líquido y evita lesiones de la corteza cerebral. Pero esta operación sólo tiene sentido si se hace antes de que el cerebro haya sufrido daños irreparables.

46. ¿Los niños recién nacidos oyen?

El oído del niño está perfectamente organizado y desarrollado desde antes del nacimiento: De ahí que muchas madres perciban que el feto se sobresalta en el útero cuando se escuchan ruidos fuertes, tales como truenos o explosiones. También se sabe que el recién nacido oye cuando reacciona frente a un ruido metálico o el golpe de una puerta, pero ello no significa que esté en capacidad de oír un sonido sutil como el de la voz humana, que es al fin y al cabo lo que nos permite hablar y comunicarnos.

Ahora se dispone de un procedimiento llamado "potenciales evocados" que permite saber si un recién nacido llegará a percibir este tipo de sonidos. Es un procedimiento costoso que se emplea únicamente en aquellos casos que presentan una alta probabilidad de padecer hipoacusia (disminución de la capacidad auditiva), como por ejemplo, el de los niños que nacen con un peso inferior a los 1.500 gramos o con alguna dificultad respiratoria importante capaz de producir anoxia (privación de oxígeno al cerebro), una ictericia acentuada (color amarillo intenso por exceso de bilirrubina en la sangre), o algún tipo de infección grave. También se practica el examen cuando se tiene el dato de que la madre sufrió rubéola, toxoplasmosis, herpes, infección por citomegalovirus o sífilis durante el embarazo. Si por medio de este sistema se descubre que a los seis meses aún no está en capacidad de oír el sonido de la voz humana, se debe, porque todavía es factible hacerlo, iniciar un tratamiento que le permita aprender el lenguaje básico. Según se ha podido determinar, éste se adquiere en los primeros dos años de vida; por esta razón, si el problema se descubre pasada esta edad, el niño será ya un sordomundo cuya rehabilitación es difícil, costosa e imperfecta.

47. ¿A qué edad comienzan a ver los niños?

Al igual que los oídos, los ojos están perfectamente constituidos y la retina es capaz de funcionar desde mucho antes del nacimiento. Es relativamente fácil verificar que el niño ve, porque aprieta los párpados, se sobresalta con una luz intensa, a menos que esté tan enfermo que sea incapaz de reaccionar ante ningún estímulo. Sin embargo, ésta es una prueba poco confiable, pues la pueden pasar quienes luego resultarán ciegos o con serias deficiencias en la visión. Al igual que con el oído, hoy se recomienda hacer la prueba de "potenciales evocados" para la vista, a los niños que hayan padecido problemas de asfixia, ictericia, convulsiones, bajo peso (menos de 1.500 gramos) y, en general, a los que hayan tenido que ser atendidos en unidades de cuidado intensivo.

Ya a los dos meses cualquier madre puede darse cuenta que su hijo ve, pues el niño la mira y se sonríe con ella.

48. ¿Cómo se sabe cuándo un niño no se está desarrollando bien?

La evaluación del crecimiento es inseparable de la del desarrollo. En el ángulo superior izquierdo de la plana del carné de salud, se van anotando los logros que el niño hace, tanto en el sentido motor (movimiento y equilibrio) como en lenguaje (comunicación) y la adaptación (socialización). La propia madre puede registrar, en sus observaciones caseras, la edad en que su hijo adquiere nuevas habilidades y compararla con aquélla en la cual se espera que lo haga. De esa manera podrá establecer con toda facilidad si va bien o está atrasado en su desarrollo.

49. ¿En qué consiste el retraso motor y qué importancia tiene?

Es un atraso en la adquisición de habilidades para moverse y tener el suficiente equilibrio que le permita en el futuro valerse por sí mismo. A menudo implica también un retraso mental. Pero como este último no es fácil de reconocer en los primeros meses, es a través del retraso motor que se pone en guardia a la madre y al médico sobre esa posibilidad. De memoria debe saberse que un niño normal sostiene la cabeza a los 3 meses; se mantiene sentado a los 6; se sienta y se voltea por sí mismo a los 8; se para y camina con apoyo al año y sin apoyo a los 14 meses y sube escaleras a los 2 años.

50. ¿Qué debe hacerse cuando se descubre que un niño sufre retardo en el desarollo?

Es indispensable consultar al médico, en primer lugar, porque tal vez se descubra la causa y aún tenga remedio; pero aunque no fuera así, cuando los retardos motores o de la comunicación se descubren pronto, los procedimientos de estímulo adecuado logran aminorarlos o superarlos con mucho éxito.

51. He sabido que algunos niños que no comen mejoran su apetito luego de recibir zinc, ¿podría mi hijo beneficiarse de recibirlo?

El zinc es un metal que se encuentra en pequeñas pero importantes cantidades en el cuerpo humano. En general, las proteínas que ingerimos son ricas en este elemento. Se ha observado que existe una sustancia llamada gustina que es importante para encontrarle sabor a los alimentos y es dependiente de zinc. Cuando el niño no ingiere proteínas baja el nivel de zinc y se altera la gustina, creándose así un círculo vicioso. En varios estudios se ha observado que los niveles de zinc en el organismo se relacionan con la talla del niño; ello ha llevado a usar con ligereza este suplemento en la dieta, con el fin de mejorar el apetito y por lo tanto el crecimiento y la talla. Sin embargo, dar cantidades de zinc que el organismo no necesita puede alterar los mecanismos de defensa. La mejor forma de mantener los niveles de zinc es ofrecer al niño proteínas (carnes, huevo, leche, granos). Darle un suplemento de zinc sólo debe ser decidido por el médico.

Capítulo III

La alimentación

Hay una ley inmutable en la naturaleza, que cobija por igual a todos los seres vivos: para sobrevivir, crecer y reproducirse es necesario alimentarse bien y evitar enfermedades.

Una buena alimentación debe llenar los siguientes requisitos:

1. Que sea completa, es decir, que contenga todos los nutrientes indispensables para la vida. Esos nutrientes son: el agua, que es absolutamente vital; las proteínas (leche, carne, huevos, granos) que son las que dan vida a las células y tejidos; los carbohidratos (azúcares y harinas) que suministran la energía necesaria para el movimiento de los músculos y el calor indispensable para la vida de las células; las grasas (aceite, leche, huevos), que son la reserva de energía; los minerales y las vitaminas (verduras y frutas) que, combinados con el agua y los otros nutrientes básicos, permiten el funcionamiento armónico de todo el organismo.
2. Que sea equilibrada, o sea, que combine los nutrientes en proporciones adecuadas a las necesidades del organismo. Por ejemplo, las proteínas deben representar el 15% de todas las calorías que se consumen diariamente; las grasas el 35% y los carbohidratos el 50%. Cualquier alteración notoria de esas proporciones, se considera una mala alimentación y conduce a la desnutrición o a la obesidad.
3. Que sea suficiente, es decir, que posibilite un crecimiento y un desarrollo normales.
4. Que sea adecuada, vale decir que esté acorde con la edad y desarrollo del niño. Así, por ejemplo, la leche es el alimento primordial del pequeño, pero su consumo debe disminuir y ser reemplazado por sólidos a medida que éste crece y se desarrolla.

52. *Si yo puedo comprar una buena leche en polvo, similar a la materna, ¿por qué tengo que incomodarme dándole pecho al niño?*

Es cierto que las leches en polvo llamadas "maternizadas" tienen una composición similar a la de la leche materna, que son nutritivas y que muchos niños han sido alimentados con éxito a base de ellas. Pero no hay que olvidar que la leche materna no es sólo un alimento sino también una especie de vacuna que protege al recién nacido y al lactante de las numerosas infecciones que lo acechan. Estadísticamente se ha comprobado que las infecciones, tanto intestinales como respiratorias, son muchísimo más frecuentes en los niños alimentados artificialmente y esto contando con que la leche en polvo haya sido preparada con agua potable y hervida, con utensilios lavados y esterilizados y manos limpias. Ni qué hablar de cuando estos requisitos no se cumplen.

Otro aspecto que hay que tener en cuenta es que la naturaleza fabrica la leche exactamente ajustada a las necesidades del respectivo hijo, razón por la cual ésta es perfectamente tolerada y asimilada. Además, como se trata de una proteína homóloga, o sea humana, no es factible que se desarrollen alergias, que en cambio son muy frecuentes en los niños que desde temprana edad consumen una proteína extraña, como es la de la leche de vaca.

53. *¿Qué inconvenientes tiene el destete prematuro?*

Aunque quiero insistir en todo momento en que la alimentación al pecho es necesaria para todos los niños, es innegable que en las comunidades de bajos ingresos tiene carácter imperativo, porque a la dificultad para adquirir una buena leche artificial se suma una serie de circunstancias, como por ejemplo, la falta de agua potable o de refrigerador, que por un lado aumentan el riesgo de desnutrición y por otro, pueden causar infecciones que a veces resultan fatales. Es por esto que no me canso de insistir en que cada vez que una madre, un médico, una enfermera, una abuela, una tía o una simple amiga decidan el destete prematuro de un niño, se detengan a pensar un instante si no le estarán dictando sentencia de muerte.

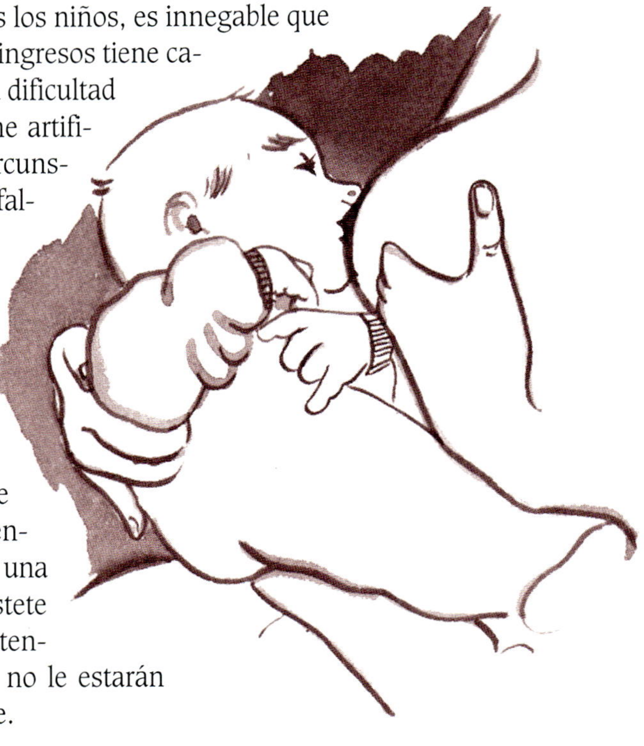

54. *MUCHAS AMIGAS MÍAS, A PESAR DE ESTAR DISPUESTAS A ALIMENTAR AL PECHO A SUS HIJOS, HAN FRACASADO DESDE EL COMIENZO Y LOS NIÑOS SALEN YA DE LA CLÍNICA TOMANDO BIBERÓN. ¿A QUÉ SE DEBE ESTO?*

Es regla de la naturaleza que toda hembra sana debe producir leche después del parto y de hecho así sucede con todos los animales. Lo que pasa es que en la mayoría de las clínicas se cometen tantos errores en materia de lactancia materna, que lo raro es que algunas mujeres logren amamantar a sus hijos. Es importante que la futura madre conozca la existencia de estas malas prácticas de las clínicas (y de algunos médicos) para que se ponga en guardia contra ellas y se proponga evitarlas.

El primer error se comete desde la consulta prenatal, pues en ella se prepara a las madres para tener un hijo, pero muy raras veces para producir leche y alimentarlo con ella. Sin embargo, hay problemas de la lactancia que se pueden prevenir desde el embarazo. Cuando un niño no puede agarrar bien el pezón, lo que hace es mortificarlo, con las encías y contribuir a la formación de grietas. Las grietas son muy dolorosas y es bien sabido que el dolor es un potente inhibidor de la secreción láctea. Por lo tanto, la embarazada debe preparar sus pezones para la lactancia, masajeándolos a fin de que salgan y si fuere posible, exponiéndolos al sol para que se bronceen. La mayoría de los pezones planos son corregibles con estos ejercicios (llamados de Hoffman), que el obstetra debe conocer.

En orden cronológico, el segundo error es no poner el niño al pecho tan pronto nace. Si todos los animales lo hacen, ¿por qué la mujer tiene que ser una excepción? A título experimental, se ha hecho la prueba de quitarle a una oveja su cordero recién nacido durante doce horas y cuando se intenta que mame, ni éste quiere ni su madre lo deja arrimar. Personalmente, he visto mujeres cargadas de leche y recién nacidos sanos y vigorosos que llorando de hambre, se niegan rotundamente a tomar el pezón. Invariablemente, la explicación radica en que, so pretexto de vigilarlos mejor, han sido separados de su madre a continuación del parto. Grande debe ser la desazón y desamparo de un niño cuando, después de abandonar el suave flotar de varios meses en el líquido amniótico, pasa por el duro trance del parto y en lugar de ser colocado como debiera, contra el tibio pecho de su madre (para que siga oyendo los latidos de su corazón) va a pasar al desapacible, ruidoso y alumbrado ambiente de una "salacuna de observación". En contra de esta nefasta costumbre, hoy se ha comprobado que la inmensa mayoría de los recién nacidos, incluyendo a los prematuros, pueden ser mantenidos al lado de la madre, justamente para proteger ese complemento inseparable del acto de nacer que es la alimentación natural.

Existen, además, razones de carácter bioquímico para apoyar esta idea. Durante la gestación, la producción y eyección de la leche está frenada por hormonas placentarias y ováricas; una vez desocupado el útero, cesa el freno y deben comenzar a actuar, la prolactina para producir leche y la oxitocina para eyectarla. Resulta que las dos son estimuladas precisamente por la succión del niño y si ésta

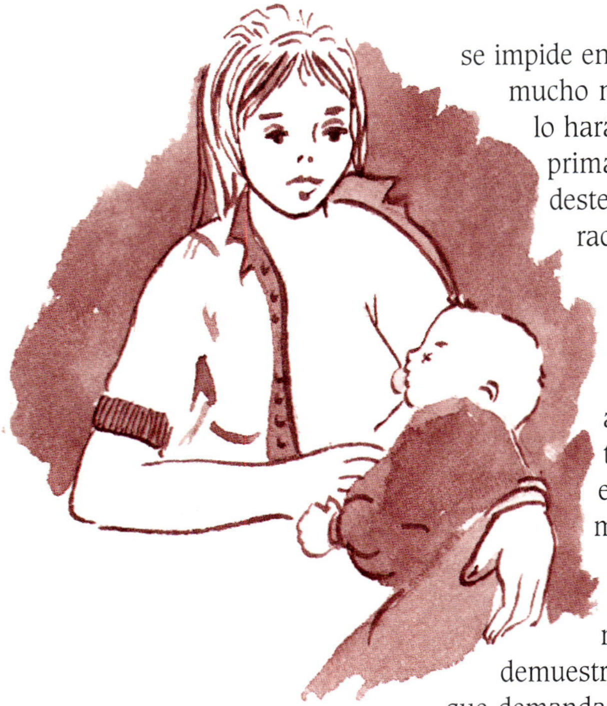

se impide en un primer momento, la leche tardará mucho más en presentarse o simplemente no lo hará nunca, como ocurre con la agalactia primaria, que es la forma más grave de destete prematuro o primario. Con la separación no sólo sufre el niño; pocas madres entienden por qué si les dijeron que su hijo estaba sano y normal, se lo llevan de su lado para observarlo; esto lógicamente genera ansiedad que al igual que el dolor, constituye un potente inhibidor de la secreción y eyección de la leche. Por esta razón, toda madre debe exigir que el niño le sea puesto al pecho cuanto antes, ojalá en la misma sala de partos y que permanezca a su lado a menos que el médico demuestre que existen motivos de enfermedad que demandan vigilancia constante y procedimientos que no pueden ser realizados por fuera de la sala de niños especiales.

El tercer error es la prescripción de aguas azucaradas para calmar la supuesta sed del recién nacido, seguida casi invariablemente por la orden de darle leche no materna. El error se acentúa si una y otra son suministradas en biberón. Hay que recordar que las necesidades de agua y alimentos en los primeros días de vida son realmente muy limitadas y se satisfacen perfectamente con las pequeñas cantidades de calostros que toda parturienta produce. Pero si el niño llora y no se calma aflojándole la ropa o poniéndolo contra el cuerpo tibio de la madre (que es lo más efectivo), y se estima que realmente tiene sed, a lo sumo se recomienda darle agua, pero no con biberón sino con cucharita, jeringa o gotero. La razón para considerar contraproducente el uso del biberón es que, al igual que los animales, el ser humano nace con el instinto de alimentarse presionando sobre el surco de la aréola (zona oscura que rodea el pezón) y succionando alternativamente. Al ofrecerle el chupo artificial se da cuenta rápidamente de que para obtener abundante leche no necesita comprimir sino que le basta con succionar. Esto hace que se desacondicione, olvide la técnica de mamar y empiece a rechazar el pecho. Entretanto, la glándula sigue produciendo leche que al no ser eyectada, se acumula (estasis láctea) y fomenta la aparición de unas vetas rojas que con frecuencia se confunden con mastitis (inflamación). A veces se aplana y hasta se hunde el pezón, lo que dificulta notoriamente la mamada; el roce repetido de las encías del niño contra la delicada piel del seno, lo agrieta y lo pone doloroso y sangrante y, como si fuera poco, esas grietas suelen permitir la penetración de microbios, que al encontrar la glándula congestionada, se multiplican y la infectan lo cual produce la temida mastitis que condena al fracaso la lactancia materna.

De esto se deduce el grave error en que se incurre cuando ante el menor llanto del niño y sin pensar en otra cosa que en hambre, se prescriben biberones de leche al segundo o tercer día de nacido, olvidando que para ese momento, casi ninguna mujer tiene instalada la secreción láctea completa.

Es triste reconocer entonces que la mayoría de los fracasos iniciales de la lactancia materna se originan en errores médicos y que muchos de estos profesionales parecen no reconocer las enormes ventajas que la alimentación natural tiene, tanto para el niño como para la madre.

55. ¿QUÉ VENTAJAS TIENE PARA LA MADRE LA ALIMENTACIÓN NATURAL?

La alimentación natural le da a la madre ventajas fisiológicas y afectivas.
El estímulo de los labios y de las encías del niño sobre el pezón y la aréola, hace que la hipófisis (glándula colocada debajo del cerebro en la base del cráneo) secrete una hormona llamada oxitocina, que al mismo tiempo que hace salir la leche de la glándula mamaria, contrae el músculo del útero regresándolo pronto a su tamaño natural y evitando hemorragias después del parto.

– Por otra parte, la lactancia es un buen anticonceptivo, pues actúa como anovulatoria (no salen óvulos fecundables del ovario) durante varios meses. Es un freno o control natal que la naturaleza ha puesto para que la mujer tenga menos posibilidades de volver a quedar embarazada demasiado pronto. Más que un medio de evitar un nuevo embarazo, es un método natural para distanciarlo, para que la madre no inicie una nueva gestación cuando aún tiene a su cuidado un niño muy pequeño.

– La madre recibe también gratificación afectiva pues siente la alegría de cuidar y comunicarse con su hijo más íntimamente.

56. ¿HAY QUE DARLE AGUA AL RECIÉN NACIDO?

Se dirá que como la secreción láctea con frecuencia tarda en presentarse, hay muchos niños que lloran incesantemente y que impone darles algo para calmarlos. La solución frente a la inmensa mayoría de los llantos del recién nacido es ponerlos al pecho frecuentemente. Pero si no se satisfacen con el pecho y siguen llorando (lo que en climas cálidos es más frecuente), está indicado darles simplemente agua hervida porque lo más factible es que tengan sed. Pero no hay que olvidar que todo lo que no sea leche materna, representa un riesgo de infección para el recién nacido.

57. ¿CON QUÉ FRECUENCIA SE DEBE PONER EL NIÑO AL PECHO?

Hay que ponerlo al pecho cada vez que él lo pida. Es absurdo pretender dizque educarlo desde el principio, imponiéndole un horario rígido porque, sabiendo como se sabe que la secreción láctea es escasa al principio, es lógico que deba comer frecuentemente para llenar sus necesidades, y como ni el médico ni la madre pueden calcular cuánto come, hay que hacerle caso al organismo que sí conoce sus necesidades: con razón se ha dicho que hay que creer más en el estómago del niño que en el cerebro del médico.

Es posible que al comienzo haya un aparente desorden en las comidas, pero bien pronto, cuando la secreción láctea esté completamente establecida, cada niño se impondrá su propio horario, que generalmente varía entre dos y cuatro horas. Si me preguntan si se le debe dar durante la noche, contesto que sí, hasta que el pequeño espontáneamente deje de pedir, cosa que generalmente ocurre alrededor de los tres meses. Pretender someterlo a padecer hambre de noche dizque para educarlo, es absurdo y lo único que se consigue con ello es disminuir la producción de leche. Por ello, se recomienda también ponerlo siempre en los dos pechos. Ahora bien, si sobra leche, la madre debe aprender a extraérsela manualmente, bien sea para dársela luego o para donársela a otro niño que la pueda estar necesitando.

58. *¿CÓMO HAGO PARA EXTRAERME LA LECHE?*

La extracción manual siempre es preferible a la que se hace con extractor de pera, que resulta muy traumático para el pezón y la glándula misma. El procedimiento es muy sencillo: se pone el dedo índice de la mano derecha en el borde inferior de la parte oscura (aréola) del seno y el pulgar en el borde superior; se empujan los dedos hacia atrás como para tocarse las costillas y en esa posición se hacen aproximaciones y separaciones de los dos dedos, como exprimiendo la glándula desde atrás; entretanto, se mantiene con la otra mano el recipiente (generalmente un biberón que ha sido hervido) para colectar la leche. Los expertos recomiendan dejar perder los primeros 3 cc para garantizar su limpieza (asepsia). Cuando la leche se va a administrar antes de 24 horas, se recomienda que el frasco sea de plástico, porque así se conservan mejor los leucocitos, pero curiosamente, después de este tiempo se preservan mejor en recipiente de vidrio. Si la extracción se hace con máxima limpieza, la leche se puede dejar bien tapada por fuera de la nevera hasta por 6 horas. Si necesita conservarla más de 6 horas pero menos de 24, puede ponerla en la nevera simplemente; pero si es por más de 24 horas, debe colocarla en el congelador.

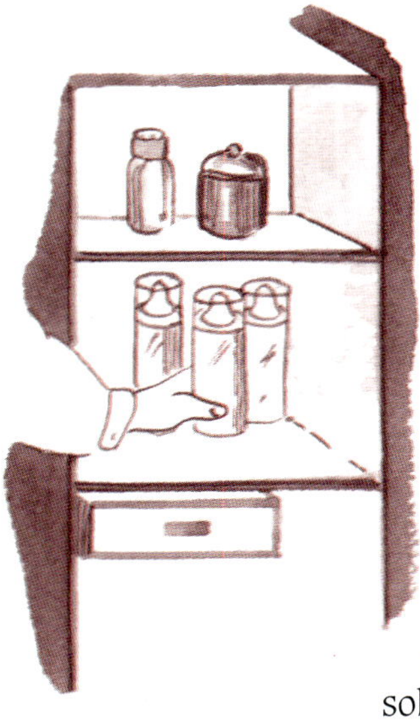

En los bancos de leche humana se dispone ahora de extractores eléctricos que imitan muy bien la succión del niño. Hay ahora un extractor de émbolo manual, el "Sears breast pump", que resulta muy práctico.

59. *¿CUÁNDO DEBO EXTRAERME LA LECHE?*

Debe extraérsela cuando note que después de que el niño termina de comer, todavía le queda mucha leche sobrante, porque, como se ha dicho, el estancamiento disminuye la producción y fomenta congestión y dolor en el seno. También debe hacerlo cuando tenga grietas en el pezón y la succión directa del niño le resulte muy dolorosa y además impida la curación de éstas. Pero tal vez la principal razón para ello es cuando por cualquier motivo (trabajo, estudio, actividades sociales) no pueda estar con su hijo a ciertas horas. Una vez extraída, debe guardarla en la nevera. Antes de dársela al bebé, puede tibiarse al baño maría.

Si le sobra leche, no la bote; puesta en el congelador se puede acumular y preservar durante varios días para obsequiarla a un banco de leche o a cualquier sala de prematuros donde será de gran utilidad para alimentar niños de bajo peso o con problemas de diarrea rebelde.

60. ¿Qué tipo de alimento debe recibir el niño prematuro o que nace enfermo, cuando no puede ser puesto al pecho?

Cuando por cualquier razón se exige mantenerlo en una sala especial separado de su madre, lo indicado es enseñarle a la madre a ordeñarse manualmente y darle al pequeño la leche en biberón o con gotero según el caso. Son precisamente los prematuros y los niños que tienen que estar en salacunas, los más expuestos a sufrir infecciones cruzadas y por tanto los que con mayor apremio necesitan de leche humana que los proteja. Aunque la madre salga del hospital dejando en él a su hijo, hay que darle todas las facilidades para que se le pueda hacer llegar. Una vez allí, se guarda en el refrigerador. En caso de que sobrara, ya habrá bastantes clientes para ella en la salacuna.

De esta manera, se habrá mantenido la alimentación natural y cuando el niño salga del hospital podrá ser puesto directamente al pecho. Sin embargo, sigo creyendo que, salvo que sea estrictamente necesario, lo mejor es que los prematuros sean atendidos en la casa por su propia madre y con alimentación natural, pues en los hospitales corren mucho peligro de infección y es más factible que se pierda la alimentación al pecho.

61. Mi leche es muy escasa y al cabo de una semana el niño ha perdido peso. ¿Qué leche le doy?

Normalmente los niños nacen con un exceso de agua y reservas de grasa que les permite sobrevivir casi sin alimento durante los primeros días de vida, precisamente los mismos que tardará la secreción láctea en establecerse en firme. Esto explica que pierdan peso y ello no debe ser motivo para que se recurra a la fácil solución del biberón.

62. ¿Qué se puede hacer para aumentar la leche?

El mejor estimulante de la producción y eyección de la leche es la succión frecuente del niño aunque influye también el que la madre esté tranquila y bien alimentada. Un buen paso para la tranquilidad de la madre es saber que el niño no llora por enfermedad. También puede ayudar un aumento en el consumo de líquidos, especialmente de leche, bebidas de malta o agua de panela (azúcar sin refinar). Ahora existen algunas drogas que tienen la propiedad de aumentar la leche (lactogogos), pero es mejor que sea el médico quien las prescriba.

63. Apenas pongo el niño al pecho se duerme y al volverlo a dejar en la cuna, llora como si tuviera hambre. ¿Se estará alimentando mal?, ¿le doy el biberón?

Algunos niños se duermen apenas se les pone al pecho porque estaban pidiendo caricias y no alimento. Pero hay otros que realmente comen a plazos, bien sea porque su estómago es muy pequeño y se llena rápidamente, o porque la leche no es fácil de extraer y se cansan. Un viejo truco para mantenerlos despiertos mientras comen es aplicarles agua fresca sobre la frente; jamás se debe pellizcarlos o molestarlos como recomiendan algunas comadronas empíricas. Tampoco es conveniente darles biberón, pues ello haría fracasar la lactancia materna.

Ahora bien, el recién nacido que insistentemente se muestra indiferente por la comida, debe ser visto por el médico pues es probable que esté enfermo.

64. ¿Cómo puedo saber que llora por hambre y no por otra cosa?

Efectivamente, los niños pequeños no sólo lloran por hambre; el llanto es el lenguaje con el cual comunican lo que sienten y lo que desean. Es un error querer calmarlos siempre con comida. Hoy se sabe que esta práctica es el origen de muchas obesidades, como ocurre con los adolescentes que satisfacen todos sus deseos comiendo.

Los recién nacidos son muy instintivos en materia de comida: toman exactamente lo que necesitan. Normalmente su estómago es muy pequeño y por eso piden comida con frecuencia. Si es así, hay que darles. Pero si un niño llora aparentemente por hambre y no recibe, lo más probable es que la causa sea otra: tal vez quiera caricias o esté cansado en determinada posición; puede estar muy abrigado o por el contrario, tener frío; quizás se sienta apretado o le duela algo. La mejor y más efectiva caricia es alzarlo; hágalo sin miedo a malcriarlo.

65. *Mi niño alimentado al pecho hace muchas deposiciones en el día, semilíquidas, espumosas, con grumitos de leche y de color verde. Una amiga me cuenta que al de ella le ocurría lo mismo y resolvió pasarlo a biberones, con lo cual las deposiciones se volvieron duras y menos frecuentes.*

El consejo de su amiga no es bueno. Es normal que el niño alimentado al pecho haga deposiciones como ella las describe y no se justifica de ninguna manera destetarlo por ese motivo. Con el paso a leche no materna lo único que consigue es hacerse cargo de uno de los múltiples inconvenientes de la alimentación láctea artificial precoz, como es la constipación intestinal.

66. *¿Es cierto que cuando me pongo furiosa, tengo un susto o estoy muy nerviosa, no debo darle de comer al niño?*

De ninguna manera; las emociones fuertes, la ansiedad o el nerviosismo lo más que pueden hacer es disminuir la leche, pero no la alteran en su composición al punto de que le pueda hacer daño al niño. Es una creencia muy extendida, pero no es cierta.

67. *¿Es cierto que cuando he dejado de darle el pecho al niño durante algún tiempo, debo sacarme la leche y botarla, porque la retenida le puede hacer daño?*

La leche retenida en una glándula mamaria sana, nunca hace daño. Además, hay que recordar que buena parte de la leche que el niño toma, se produce durante la succión, o sea que en realidad es nueva.

68. *¿Es conveniente ponerse una inyección para que venga la menstruación durante la lactancia?*

Algunas madres se preocupan porque no les viene la menstruación y recurren a inyecciones para hacerla llegar. Esto no es conveniente porque, además de que puede ser nocivo para la salud, se sabe que esas sustancias con frecuencia disminuyen notoriamente la secreción de leche. Además se facilita un nuevo embarazo.

69. ¿Debo suspender la lactancia durante la menstruación?

La menstruación no afecta ni la composición ni la calidad de la leche; si acaso, ligeramente, su cantidad. Por consiguiente, no existe ninguna justificación para negársela durante esos días al niño. En cambio, como ya se vio, la administración de biberones con carácter provisional puede significar el destete definitivo.

70. ¿Puedo quedar embarazada mientras alimento al niño?

Se ha dicho que la lactancia actúa como anticonceptivo y es verdad. Las madres que lactan completamente a su hijo, tienen el 50% menos de posibilidades de quedar nuevamente embarazadas que las que no lo hacen. Ya mencionamos que la lactancia es un método natural para distanciar los embarazos. Sin embargo, en caso de no desear un nuevo embarazo, la sola lactancia no da seguridad total como anticonceptivo.

71. ¿Se pueden tomar píldoras anticonceptivas durante la lactancia?

Usando anticonceptivos de baja concentración, la cantidad de hormonas que se excreta por la leche es tan pequeña que el niño no se alcanza a afectar. Pero lo que sí ocurre es que la mayoría de estas píldoras disminuyen la producción de leche. Es conveniente consultar con el ginecólogo para contemplar la posibilidad de emplear otro método, como por ejemplo, un dispositivo intrauterino.

72. ¿Debo suspender la lactancia tan pronto vuelva a quedar embarazada?

El embarazo disminuye la leche pero no la afecta ni en su calidad ni en su composición. Por consiguiente, es un error esa creencia tan generalizada de que al niño le hace daño la leche de su madre embarazada. En ganadería se hace preñar a las vacas a los dos meses del parto y ni los terneros ni los niños se perjudican tomando esa leche. Es muy importante que las madres que lactan sepan esto, porque hay muchas que sufren verdadera angustia de pensar en qué momento (y sin saberlo, puesto que no tienen la guía de la menstruación) pueden quedar embarazadas y perjudicar al niño. Está demostrado que la ansiedad disminuye la leche y creo que muchas lactancias se suspenden prematuramente por esta causa. Se justificaría el destete si en el pasado hubiera habido tendencia a abortos, porque durante la succión del bebé se produce la hormona oxitocina que hace contraer la matriz. Pero sobre todo, en las clases desprotegidas, donde la persistencia de la lactancia es indispensable para la supervivencia del niño, éste debe seguir beneficiándose de la leche materna, aunque la madre quede embarazada. El volumen de nutrientes que se destina a la nueva criatura en el primer trimestre del embarazo es tan pequeño que ni siquiera es necesario incrementar la alimentación de la madre. Pero es apenas un acto de justicia con ella ofrecerle, en la medida de lo posible, la compensación de una buena alimentación.

73. ¿Se le puede dar pecho al niño estando la madre con fiebre?

Con bastante frecuencia se oye decir que a un niño le suprimieron el pecho porque la madre tenía fiebre. Este destete tampoco tiene sentido. Los médicos no lo deberían indicar con la frecuencia con que lo hacen y las madres tendrían que estar bien instruidas al respecto. En primer lugar, la inmensa mayoría de las fiebres del puerperio no corresponden a enfermedades contagiosas y el niño no corre ningún peligro. Pero aun cuando la enfermedad fuera contagiosa, como ocurre con las infecciones gripales o de garganta, tampoco vale la pena aislarlo de ella ni mucho menos suprimir la lactancia natural, pues con toda seguridad cuando la madre presenta los primeros síntomas, hace ya varias horas o días que el niño se ha contagiado. Además la leche materna le está aportando defensas contra la infección que está padeciendo la madre. Ahora bien, si la madre no se siente capaz de ponerse en contacto con su hijo estando con fiebre, puede extraerse la leche manualmente y dársela con jeringa o cucharita, sin temor de que ésta transporte gérmenes nocivos.

74. ¿Debo suspender la lactancia mientras tomo medicinas?

En primer lugar, es necesario observar que con frecuencia las puérperas, por cuenta propia o por prescripción médica, toman más drogas de las que en realidad necesitan. En principio, el puerperio no necesita ningún medicamento y en caso de que sea indispensable, es el médico quien debe elegir el menos dañino para el niño. Un recurso adicional es recomendar a la madre que le dé pecho inmediatamente antes de tomar la medicina. Aunque es conocido que casi todas las drogas se excretan por la leche, afortunadamente lo hacen en cantidades tan pequeñas que no alcanzan a ocasionar daño; además, se sabe que las de uso común, bien seleccionadas, no afectan al niño. Si por alguna circunstancia, muy poco frecuente, se impone tomar un medicamento abiertamente nocivo, se recomienda extraerse y botar la leche durante los días en que esto suceda, y alimentar al niño artificialmente; de esta manera se preserva la alimentación natural para cuando cese el tratamiento.

75. Mientras le doy de comer a mi hijo, siento como mareo, ¿quiere ello decir que estoy débil y que debo destetarlo?

No, de ninguna manera. Las sensaciones de mareo o "debilidad" que algunas madres experimentan (sobre todo las novatas) mientras le dan de comer al niño, se deben probablemente a los estímulos sensoriales que parten del pezón y a las hormonas (oxitocina, prolactina) que gracias a ellos se ponen en circulación. No tienen importancia y desaparecen cuando la madre sabe que no significan debilidad.

76. ¿TENGO QUE COMER MUCHO DURANTE LA LACTANCIA?

A menudo se oye decir que la disminución de la lactancia materna en las clases populares se debe a la mala nutrición de las madres. Si bien es cierto que para tener el mejor éxito en ella se recomienda que la mujer coma bien, no sólo mientras alimenta al hijo sino sobre todo durante el embarazo (que es cuando acumula reservas de grasa), se ha podido demostrar que la mala alimentación no influye sobre la calidad de la leche, sino sólo parcialmente sobre su cantidad. Así por ejemplo, la composición química de la leche de mujeres europeas tradicionalmente bien nutridas, es muy similar a la de las indígenas africanas que sólo consumen harinas. También es conocido el hecho de que durante la Segunda Guerra Mundial, mujeres embarazadas y en lactancia bajo condiciones físicas de hambre, tuvieron éxito completo en la alimentación natural que fue absolutamente necesaria por carencia total de leche artificial para los niños.

Teniendo en cuenta que el adulto es un transformador de alimentos, cuando no se tengan suficientes medios económicos, es relativamente fácil mejorar la nutrición de la madre con proteínas vegetales de bajo costo y con harinas y azúcares que suministran calorías; en cambio, el niño pequeño necesita imprescindiblemente de una buena leche y la artificial es siempre costosa y de más difícil acceso. Todo esto es para hacer énfasis en que, aunque la nutrición de la madre no sea suficiente, la solución no es el destete sino tratar de mejorar la alimentación de ella de acuerdo con los recursos disponibles.

77. ¿CÓMO SE PRESERVA LA LACTANCIA EN LAS MADRES QUE TRABAJAN O ESTUDIAN FUERA DE LA CASA?

Hay muchos recursos para preservarla, uno de ellos puede ser la extracción manual de los excedentes de leche por la mañana o durante el trabajo; para conservarlos, simplemente se guardan en la nevera o se mantienen los frascos entre agua fresca. Otro medio puede ser propiciar la inversión del horario durante los primeros meses de vida, es decir, tratar de que el niño coma de noche y duerma de día. Si se estima que esto es demasiado pedirle a la madre que trabaja, hay que pensar que durante el primer trimestre los niños de todas maneras molestan de noche y que las interrupciones del sueño para darles de comer son de corta duración y en la práctica no disminuyen sustancialmente las horas de sueño de la madre. Algunas mujeres que trabajan, aprovechan el fin de semana para ofrecer frecuentemente el seno al niño, en todas las comidas, con el fin de aprovechar la succión que es el mejor estímulo para la producción.

78. RECONOZCO LAS VENTAJAS DE LA LACTANCIA MATERNA, PERO POR MI TRABAJO Y PORQUE NO QUIERO QUE MI PRIMER HIJO SUFRA DE CELOS, HE DECIDIDO NO ALIMENTAR AL PECHO AL RECIÉN NACIDO. ¿QUÉ LECHE ME RECOMIENDA?

Aun las madres más ocupadas se las arreglan para mantener, aunque sea parcialmente, la lactancia natural. Además hay estudios serios que muestran que los niños se preocupan más y se ponen más celosos cuando ven a su madre dándole biberón al recién llegado, que poniéndolo al pecho. Lo que pasa es que muchas veces, detrás de estas razones se esconden otras que consciente o inconscientemente no se reconocen. Requisito indispensable para tener éxito en la lactancia materna es un ferviente deseo de alimentar al niño. Si por cualquier razón válida o no, una madre no experimenta ese deseo, no debe sentirse mal y dejar por ello de disfrutar a su hijo, y sobre todo, tiene que estar prevenida contra complejos de culpa, especialmente cuando haya diarreas u otros disturbios atribuibles a la alimentación artificial.

Ahora bien, si ya decidió no darle seno a su hijo, lo más recomendable es utilizar una leche similar a la materna, que es la que se conoce con el nombre de "maternizada", y si pone en práctica buenas técnicas de preparación e higiene, el niño tendrá una nutrición satisfactoria.

79. ¿LE PUEDO DAR TETERO A MI HIJO RECIÉN NACIDO SI QUEDA CON HAMBRE?

La alimentación materna exclusiva es la ideal, porque con ella los niños están completamente a cubierto de problemas infecciosos, diarreas y alergias, además de que vomitan menos y disminuyen los cólicos. Algunos recién nacidos muy grandes, vigorosos y comelones, demandan más leche de la que la madre puede producir en los primeros días y lloran por hambre constantemente. En estas circunstancias, tanto la madre como los médicos se sienten inclinados a dar teteros complementarios. Invariablemente el resultado es que el pequeño encuentra mucho más fácil obtener la leche del biberón y por lo tanto empieza a despreciar el pecho. Al disminuir la succión, se apoca la leche y en pocos días éste termina en alimentación artificial exclusivamente.

Lo que hay que hacer cuando se advierta que se está quedando con hambre, es ponerlo más frecuentemente al pecho; esto le aumenta la leche a cualquier mujer sana y bien alimentada. Los casos auténticos de hipogalactia (poca leche) o agalactia primaria (ausencia de leche después del parto), son raros. El 42% de los destetes antes de los seis meses, se deben precisamente a esa mala práctica de darles biberón apenas nacen.

Tampoco hay que caer en el fanatismo de decir que nunca se les puede dar leche distinta de la materna. La secreción láctea puede tardar hasta una semana en estar bien establecida. Pero si al cabo de este tiempo el niño continúa llorando constantemente con muestras de hambre, y sobre todo si lo hace apenas suelta el pecho, se puede prescribir leche artificial "maternizada", pero procurando no darla en biberón sino con cucharita. En realidad no se trata de una labor demasiado ardua: una onza son seis cucharaditas que el niño tomará con gusto si realmente tiene hambre, colocándolo semisentado sobre el regazo. Si es prematuro o muy pequeño y débil, la cucharadita puede sustituirse por un gotero o una jeringa.

80. ¿CONVIENE QUE DESDE UN PRINCIPIO LE DÉ TETEROS PARA QUE SE VAYA ACOSTUMBRANDO Y NO ME PONGA PROBLEMAS CUANDO QUIERA O NECESITE DESTETARLO?

Esto lo recomendábamos los médicos en el pasado, pero hoy se sabe que no se justifica y que en cambio tiene inconvenientes. Es posible que al principio el niño rechace el biberón, pero probablemente lo recibirá al poco tiempo, acosado por el hambre. Y si difinitivamente no quiere tomarlo tampoco es grave. Hay muchos niños que pasan directamente del pecho a la taza, sin probar nunca un biberón. La administración prematura de leche artificial es innecesaria, desestimula al niño para el pecho y lo expone a los conocidos riesgos de infección, constipación, etc.

81. ¿LAS LECHES EN POLVO REEMPLAZAN COMPLETAMENTE LA ALIMENTACIÓN MATERNA?

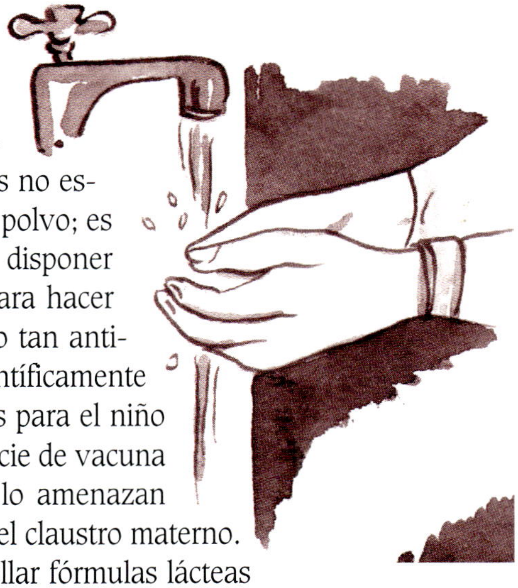

La leche materna no es sólo una solución para los niños pobres cuyos padres no están en condiciones de comprar leche en polvo; es la mejor también para los que podrían disponer de una buena alimentación artificial. Para hacer esta afirmación me baso en el concepto tan antiguo como la humanidad, pero ahora científicamente demostrado, de que la leche humana es para el niño no sólo el mejor alimento sino una especie de vacuna contra multitud de enfermedades que lo amenazan desde el momento mismo en que sale del claustro materno. Aunque la industria ha logrado desarrollar fórmulas lácteas casi idénticas desde el punto de vista alimenticio e higiénico, es seguro que nunca se podrá simular esa propiedad de la leche materna de ser un alimento vivo provisto de células que atrapan microbios, y de sustancias que tapizan el intestino con un manto protector y que lo defienden de los invasores. Por esta razón, resulta inexplicable que haya madres que por cuenta propia resuelven no alimentar a sus hijos o que dejan de hacerlo ante la más mínima dificultad.

82. Si no se dispone de leche materna, ¿cuál es la mejor para reemplazarla?

Si se consiguiera leche de otra mujer a quien le sobra, ésta sería la mejor. Pero como esto raras veces es factible, hay que recurrir a la leche de vaca que industrialmente ha sido modificada para que se asemeje a la humana. A estas leches, la industria les ha puesto el nombre de "maternizadas", término que no nos gusta a los que propendemos por el fomento de la lactancia natural, porque da a entender que pueden sustituir completamente la materna. Esto, sin embargo, está lejos de ser cierto, pues aunque se asemejan en el aspecto nutritivo, la proteína de aquélla sigue siendo heteróloga (de otro animal) y su utilización y tolerancia nunca son iguales. Pero sobre todo, jamás podrán tener las propiedades inmunizantes (defensa contra las infecciones) de la otra.

Con estas salvedades, las leches llamadas "maternizadas" son las más convenientes para el niño pequeño (desde recién nacido hasta los seis meses), a condición de que se preparen bien; todas traen una cucharita o medida, y por cada onza de agua (30 cm cúbicos) se pone una de estas medidas rasas de leche.

Hay que recordar que para que éste no se enferme con la introducción temprana de leche artificial, es necesario observar la máxima asepsia (ausencia de gérmenes dañinos) en la preparación de la fórmula. Esto quiere decir que hay que bañarse cuidadosamente las manos con agua y jabón antes de preparar el biberón; que los utensilios (biberones, tapas, chupos) deben ser lavados y restregados con churrusco, y luego tienen que hervir durante 30 minutos (se pueden hervir todos los del día, conservándolos en un recipiente bien tapado); que el agua con que se prepara la leche debe ser potable, es decir, de acueducto tratado y aún así, tiene que hervirse durante 10 minutos. Cuando no se confía en el acueducto o en la fuente de agua,

debería además filtrarse (se consiguen filtros de muchas clases, incluso de muy bajo precio).

83. ¿SE LE PUEDE DAR LECHE LÍQUIDA A UN NIÑO PEQUEÑO?

Sí se puede, a condición de que sea pasterizada y de buena marca. Aun así, dado que no confiamos en muchas de las leches que se pasterizan en Colombia, recomendamos hervirla durante cinco minutos. Esto debe hacerse con mayor razón si no se dispone de leche pasterizada, puesto que por lo general se ordeña en condiciones de poca higiene, no se enfría de inmediato, se transporta sin refrigeración, etc. Pero lo ideal es que el niño menor de seis meses no reciba leche entera sino fórmulas asimiladas a la leche materna, cuando ésta, materialmente no está disponible.

84. DESDE QUE LE DOY BIBERONES AL NIÑO SE HA PUESTO MUY "ESTREÑIDO", ¿QUÉ HAGO?

Las deposiciones del niño alimentado sólo con base en leche materna, son siempre blandas y a veces hasta semilíquidas, lo cual se considera normal. Tan pronto comienza a recibir leche de vaca, máxime si es entera (aunque también sucede con las llamadas "maternizadas"), las heces adquieren una consistencia más dura y con frecuencia forman bolos grandes muy difíciles de expulsar. Este estreñimiento es uno de los tantos inconvenientes que tiene la alimentación láctea artificial precoz. Por esta razón, la mejor recomendación es que, luego de los primeros cuatro meses de vida, se le empiecen a dar además jugos de frutas (sin colar para que contengan fibrillas de celulosa), que mantienen las heces blandas y aceleran el tránsito intestinal. Si esto no soluciona el problema y el estreñimiento continúa, puede ser necesaria la introducción acelerada de todos los demás constituyentes de la alimentación complementaria que contiene celulosa (hortalizas, leguminosas, frutas carnosas de fibra como el mango, el melón, la papaya, etc.).

85. ¿PUEDO REBAJAR LA LECHE PARA COMBATIR LA DUREZA DE LAS HECES?

La leche de vaca endurece las deposiciones entre otras razones porque tiene mucha más caseína (queso) que la materna. Es por esto que se recomienda utilizar las "maternizadas" que la tienen en menor cantidad o, a falta de ellas, diluir la leche de vaca a dos tercios, es decir, dos onzas de leche por una de agua, agregándole una cucharadita de azúcar para compensar la disminución de calorías que resulta de la dilución. El azúcar en este caso tiene la ventaja de que atrae agua (por ósmosis) a la luz del intestino y contribuye a ablandar las deposiciones. Pero lo que no debe hacerse es combatir el estreñimiento rebajando la leche al medio o más, porque el niño comienza a recibir menos calorías y nutrientes y por lo tanto, se desnutre.

86. ¿Será suficiente hacerle tres hervores a la leche?

Se llama "hervor" a la subida de la leche puesta al fuego; en realidad se trata de un desprendimiento de gas producido por el calor, que se presenta antes de que la leche alcance la llamada temperatura de ebullición que debe ser aproximadamente de 100 grados (menos en las grandes alturas sobre el nivel del mar). La temperatura de la "subida" no es suficiente para matar muchos gérmenes presentes en las leches de dudosa calidad. Es más, aunque se alcance la temperatura de ebullición, si se saca la leche inmediatamente para que no se derrame, no se la habrá dejado hervir el tiempo necesario para esterilizarla ni aunque se repita varias veces el proceso.

La manera correcta de esterilizar la leche es ponerla al fuego en una olla espaciosa y cuando comience a subir, batirla para evitar que se derrame o se pegue, dejando que hierva a fuego lento durante 10 minutos. Acto seguido, se enfría rápidamente metiendo la olla entre agua fría, y se guarda en la nevera en el mismo recipiente bien tapado.

87. ¿Se pueden preparar de una vez todos los teteros del día?

Desde luego que sí, especialmente si se dispone de refrigerador. Pero tanto para la leche en polvo como para la líquida, hay que ser muy estrictos en la técnica de preparación. Con la leche líquida se puede emplear con mayor confianza y seguridad el llamado procedimiento de "esterilización terminal", que tiene la ventaja de que no hay que hervirla previamente. Se necesita una olla para esterilizar teteros (que trae una canastilla interior), y si no dispone de una, basta colocar un plato esmaltado boca abajo en el asiento de una olla común y corriente para hacer un espacio entre éste y los biberones, a fin de que los de vidrio no se rompan. También hay que tener el número de biberones que el niño consume en 24 horas. En cada uno de los frascos, bien lavados, se pone la cantidad de leche que el niño acostumbra tomar; se colocan los chupos, las tapas y el protector flojos; se ponen unos tres dedos de agua en la olla y se meten en ella los biberones llenos de leche; se tapa la olla y se deja hervir durante 25 minutos. Al cabo de este

tiempo, se retiran del fuego, se les aprietan las tapas a los biberones, se enfrían a chorro y se ponen en la nevera. La persona que atiende al niño sólo tiene que sacar el frasco del refrigerador y tibiarlo al baño de maría.

88. ¿Cómo se puede conservar la leche, cuando no se dispone de nevera?

La leche es un alimento que se descompone y contamina muy fácilmente a temperaturas superiores a los 8 grados, o sea, fuera de la nevera. El refrigerador es un artículo de primera necesidad, especialmente en las casas donde hay niños, y por ello las familias de recursos medianos deberían adquirirlo antes que un radio, un televisor o un equipo de sonido.

A falta absoluta de refrigeración, se debe hervir la leche inmediatamente llegue a la casa, enfriarla rápidamente y colocar el recipiente bien tapado dentro de otro con agua fría, en el sitio más fresco posible.

89. ¿Hasta qué edad se deben hervir los utensilios para la leche?

La leche es siempre un caldo de cultivo eficacísimo para toda clase de microbios. La respuesta es que mientras el niño tome biberones, lo cual significa que consume bastante leche, hay que tener todas esas precauciones con los utensilios y con la leche misma.

90. ¿Es aconsejable el uso del termo para mantener tibia el agua de los teteros?

Los termos son recipientes difíciles de lavar bien. Esto y la temperatura tibia del agua los convierte en un medio excelente para la reproducción de bacterias. Por ello es preferible hervir bien el agua para los teteros del día, dejarla enfriar y ponerla bien tapada en la nevera. Cuando se vaya a preparar el tetero, simplemente se calienta la cantidad necesaria.

91. ¿Cuándo se introducen los alimentos distintos de leche?

Los niños alimentados al pecho no necesitan ningún otro alimento hasta los cuatro meses, puesto que la leche materna les suministra todos los nutrientes que les hacen falta, incluso el hierro, que aunque en la leche humana se encuentra en cantidades muy pequeñas, es suficiente porque se absorbe y se utiliza por completo (a lo que se le llama biodisponibilidad).

Aquéllos que por alguna circunstancia (generalmente injustificada) son destetados antes de los cuatro meses, deben recibir una leche “maternizada”, que aporta proteínas, calorías y vitaminas, en la cantidad requerida. Acerca de la alimentación complementaria, ésta no debe iniciarse antes de los cuatro meses debido a la inmadurez del tracto digestivo durante este período.

92. ¿En qué orden y a qué edades se deben introducir los alimentos complementarios de la leche?

A partir de los cuatro meses se pueden introducir, paulatinamente, en el siguiente orden: jugos y compotas de frutas, papilla de cereales, crema de hortalizas (verduras) ; a los 5 meses se introducen las carnes (molidas con la verdura o sea en sopa); a los 6 meses: leguminosas (fríjol, lenteja, haba, garbanzo, arvejas, soya), puré de papa o de yuca, arroz o pasta alimenticia. El huevo se introduce hacia los 7 meses, igualmente el queso. A esta edad o máximo al año, todo niño normal debe estar comiendo los alimentos normales de la casa, o sea, "de todo". Los niños alérgicos o con claros antecedentes de alergia en la familia, recibirán los alimentos complementarios más tardíamente, según instrucciones específicas del pediatra.

93. ¿Cómo se preparan y se dan los jugos de frutas?

Las frutas (como todos los alimentos expuestos a contaminación con tierra, agua sucia, insecticidas, fungicidas, manos sucias, etc.), se deben lavar tan pronto se compran y en el momento de preparar el jugo o la compota. Los utensilios (cuchillo, cuchara, taza, exprimidor, licuadora, vaso, etc.) deben estar bien limpios y mantenidos a cubierto de insectos y ratones. Una vez preparado el jugo, debe ser consumido inmediatamente, pues con el paso del tiempo pierde la vitamina C, que es lo más importante de su contenido. Como cualquier otro alimento distinto a la leche, se le debe dar al niño pequeño con cucharita y al más grandecito en vaso. Si el sabor de la fruta es adecuadamente dulce, debe evitarse el adicionar azúcar.

94. ¿Por qué no se debe dar el jugo en biberón?

El biberón fue una imitación que el hombre hizo del seno materno y por éste nunca ha salido jugo. La verdadera razón para que nos opongamos a ello, es que cuando se introduce el jugo, el niño todavía es muy pequeño y puede despreciar el pecho, pues descubre que es más fácil obtener el alimento en tetero. Por otra parte, para que el niño madure en todo sentido, debe abandonar la alimentación por succión a partir del año de edad; esto será muy difícil si recibe todo en forma líquida y en biberón.

95. ¿Qué diferencia hay entre los jugos y las compotas de frutas? ¿Se pueden mezclar?

Los jugos cítricos y similares son fuente de vitamina C (ácido ascórbico) que es necesaria para la vida de los epitelios respiratorios y vasculares, y para prevenir el escorbuto. Las compotas se elaboran con las frutas llamadas carnosas (papaya, banano, manzana, pera, mango, guanábana, níspero, zapote, melón, etc.) que son ricas en vitamina A. Esta es indispensable para la salud de la piel y los ojos, y protege contra la llamada xeroftalmia (ceguera nocturna). Se suele introducirlas a partir del cuarto mes. Es importante utilizar en la alimentación del niño tanto jugos como compotas para que se habitúe a las diferentes texturas de los alimentos. Generalmente, se dan en la tercera comida del día, aunque también pueden mezclarse con el jugo en la segunda, o sea, a manera de desayuno.

96. ¿Son mejores los jugos y compotas naturales que los de frasco?

En los países tropicales, en los que como en el nuestro se dispone de gran variedad de frutas a lo largo de todo el año, no se justifica dar a los niños alimentos procesados industrialmente y por lo tanto parcialmente desnaturalizados, a los que con frecuencia se les han adicionado preservantes o vitaminas sintéticas para reemplazar las que se destruyen por el calor. Por lo demás, estos productos suelen tener excesivas adiciones de azúcar o sal, inconvenientes para la salud.

97. ¿Qué diferencia hay entre verduras, hortalizas, legumbres y vegetales?

Se llama hortalizas a todo lo que se cultiva en la huerta; las verduras son aquellas hortalizas de color verde; legumbres son los vegetales que se cosechan en vainas y la palabra vegetales podría abarcarlas a todas. En general, los vegetales sirven para preparar sopas, cremas y ensaladas. Personalmente, prefiero separar las hortalizas (verdes y amarillas, de hoja y de tubérculo como la zanahoria y la remolacha, con las que se pueden hacer sopas y cremas cocinadas o ensaladas crudas), de las legumbres o leguminosas, que necesitan ser cocinadas para consumo (fríjol, lenteja, haba, garbanzo, arveja).

98. ¿Es cierto que la espinaca da muchas calorías y energía?

La espinaca es una hortaliza verde (verdura auténtica) que contiene minerales como el hierro (no muy absorbible por cierto) y el calcio, algunas vitaminas del complejo B (que se destruyen con el calor), sustancias alcalinas que balancean los ácidos de otros alimentos y, lo más importante, fibras de celulosa, que ayudan a evitar el estreñimiento. Casi no contiene hidratos de carbono (almidones o azúcar) ni proteínas. Estas anotaciones no son para desacreditarla sino para colocarla en el verdadero lugar que le corresponde en la alimentación infantil. No es indispensable, y bien puede ser reemplazada por otras verduras (incluso lechuga, pepino, calabaza, coliflor), más económicas y eventualmente más agradables, como la acelga. La fama de alimento vital derivada de las series de Popeye, ha hecho que con ella se mortifique a muchos niños.

99. ¿Cuándo puedo empezar a darle "caldo de verduras"? ¿Puedo preparar con él, el biberón?

Se llama "caldo" o "cocimiento" a una preparación en la cual se pretende pasar al agua de cocción, la sustancia de un alimento sólido (verduras, carne, legumbres). En el caso de las hortalizas, se trata principalmente de los minerales que ellas contienen (calcio, fósforo, magnesio, etc.), así como de las vitaminas A y D (porque la C y el complejo B, se destruyen por el calor). Para lograr esto hay que saber preparar el caldo: por razones de física que no es del caso explicar, para lograr que esas sustancias pasen al agua, es necesario picar finamente las verduras y ponerlas en el agua todavía fría y sin sal (lo contrario de cuando se quiere preparar una crema o sopa).

Sin embargo, viéndolo bien, los caldos no tienen mayor valor nutritivo; no vale la pena llenar el estómago de los niños con un alimento tan pobre y, sobre todo, no conviene rebajar con él el rico alimento que es la leche. Además, hay que recordar que los vegetales, por su contacto con la tierra, pueden contener microbios que en el medio de la leche se multiplican y la contaminan. La mejor forma de utilizar las verduras es prepararlas en forma de cremas o sopas o consumirlas crudas en ensalada, pero muy bien lavadas.

100. ¿A qué edad se introducen las verduras u hortalizas?

Es costumbre ofrecer a los niños, alrededor de los cuatro meses y en la tercera comida del día (a manera de almuerzo), una crema o sopa de hortaliza. Dado que a esta edad todavía no puede masticar ni pasar trocitos de alimento (que además podrían acelerar el intestino y darle diarrea), lo usual es comenzar por cremas, ojalá hechas con una sola hortaliza (zanahoria, espinaca, habichuela, auyama, acelga) o una legumbre como la arveja, aunque no hay inconveniente en mezclarlas. Sin embargo, es bueno introducirlas de una en una para que el niño conozca distintos sabores y pueda elegir.

101. ¿Cómo se preparan las sopas o cremas?

Para preparar una crema, se pone al fuego agua con sal (muy poca), cebolla y una hortaliza bien lavada y triturada finamente (o licuada) y se deja hervir durante 20 minutos. A partir de los seis meses se acostumbra echar en el caldo un poco de hígado o de carne (de res, pollo o pescado) finamente desmenuzada.

102. ¿Desde qué edad se les puede dar la sopa sin licuar?

Generalmente la comida del niño se deja de licuar cuando ya éste tiene muelas para masticar y está suficientemente desarrollado para deglutir alimentos gruesos o semisólidos, o sea, alrededor de los 28 meses. Sin embargo, si tiene tendencia al estreñimiento, se le pueden dar desde los seis meses a sabiendas de que los vegetales van a aparecer indigeridos en las deposiciones. Por esta razón, para que no se pierdan los minerales y vitaminas de las hortalizas, conviene ponerlas picadas en el agua fría sin sal. Esta se puede agregar al final, cuando ya se vaya a consumir la sopa, pero la tendencia moderna es no agregar sal (ni azúcar) a los alimentos de los niños.

103. ¿Es cierto que es dañino dar alimentos muy salados a los niños?

Desde tiempos inmemoriales, el hombre acostumbra mejorar el sabor de los alimentos agregándoles sal (cloruro de sodio), pero está perfectamente demostrado que el uso inmoderado de ésta, contribuye a acortar la vida, porque genera enfermedades como la hipertensión arterial con todas sus consecuencias. Es de notar que a casi todos los hombres y mujeres que llegan a la vejez, se les recomienda que coman sin sal, lo cual resulta bien mortificante y desagradable. Por eso es mejor irlos acostumbrando a ello desde la infancia.

104. ¿Se les puede dar huevo antes de los cinco meses?

He conocido muchísimos niños que han tolerado el huevo muy bien desde los dos o tres meses. Sin embargo, también he sabido de otros, y no pocos, que se brotan alrededor de la boca o lo vomitan. Se trata de fenómenos alérgicos que pueden ocurrir cuando el intestino inmaduro no transforma bien la proteína de la clara del huevo. Por eso es conveniente comenzar con la yema. A los siete meses, se considera que la mayoría de los niños tienen suficiente madurez intestinal como para tolerar el huevo. Si por alguna razón se les quiere dar antes, habrá que averiguar si tiene o no antecedentes alérgicos.

105. ¿Es cierto que el huevo crudo o tibio puede producir infección intestinal?

La *salmonella* es una bacteria frecuente en el intestino de las gallinas y algunas especies pueden infectar al hombre. La cáscara del huevo fresco es impermeable a los microbios, pero cuando envejece ésta se deshidrata, se vuelve porosa y puede permitir la penetración de la *salmonella*. Ese huevo así contaminado, consumido crudo o tibio (duración corta del hervido que no alcanza a destruir bacterias) puede producir una infección. Por esta razón, deben ser lavados con agua y jabón tan pronto lleguen a la casa y antes de ponerlos en la nevera. Los huevos de granjas industriales no tienen que ser lavados. Además, es mejor dárselos al niño duros (con la clara pisada para que no se indigeste), o escalfados en cacerola, con agua en lugar de aceite o mantequilla.

106. ¿Es cierto que es nocivo para el hígado del niño, darle huevo todos los días?

Es una creencia muy extendida, pero no es cierta. Este es un alimento utilísimo en la dieta de los niños y puede perfectamente dársele todos los días. Las proteínas y la grasa de un huevo equivalen a las de un biberón de siete onzas de leche. Por eso recomendamos que cuando un niño, por cualquier razón, empiece a dejar la leche, se la reemplace por un huevo si le gusta; pero no más de uno por día. Pero después de los seis años el huevo debe darse solo interdiario.

107. ¿Cuál es entonces el origen de esas creencias equivocadas sobre el huevo?

La idea de que es nocivo, proviene de esa asociación tradicional entre las enfermedades del hígado y las grasas, máxime si éstas tienen, como la yema, color amarillo parecido a la bilis. Pero como toda la sabiduría popular, el temor al huevo tiene su fundamento. En efecto, se sabe que la yema es muy rica en colesterol, una sustancia que a la larga, depositada en el interior de las arterias que nutren el corazón, el cerebro y otros órganos, puede llegar a obstruirlas. Es por esto que al adulto con tendencia a la obesidad y a la hipertensión arterial y máxime si ya ha tenido problemas de colesterol alto en la sangre, infartos cardíacos o trombosis (obstrucción de arterias) cerebral, se le recomienda que disminuya o elimine los huevos de su alimentación. Pero los niños que están tomando poca leche y que además no consumen grasas de otra fuente, sí pueden comer un huevo al día.

108. ¿Es cierto que el azúcar es perjudicial para la salud?

El excesivo consumo de azúcar es perjudicial en muchos sentidos. Uno de los más importantes es que fomenta la obesidad y, a la larga, puede producir diabetes. Otro inconveniente es que los niños que acostumbran a distraerse entre comidas con dulces y gaseosas (muy ricos en azúcar) llegan a ellas sin apetito, y por lo general, dejan de consumir una serie de nutrientes básicos (proteínas y grasas). Un tercer efecto nocivo, es que cuando el azúcar está permanentemente en contacto con el esmalte dental, permite la formación de la llamada "placa bacteriana", que es la que produce las caries dentales (ver salud oral).

109. ¿Por qué será que a la mayoría de los niños les gustan tanto los dulces?

Los dulces son azúcares o sea hidratos de carbono, que constituyen la principal fuente de energía para muchos órganos, pero sobre todo para el trabajo de los músculos. Como los niños son normalmente muy activos, necesitan un aporte suficiente de hidratos de carbono (en forma de azúcar o cereales). En términos generales, éstos deben constituir la mitad de todas las calorías que ingiere. Lo malo está en que se dedique únicamente a consumir dulces en detrimento de los otros nutrientes esenciales (proteínas, grasas, minerales, vitaminas).

110. Fuera de los azúcares, ¿en qué otra forma se le pueden dar al niño hidratos de carbono?

También los cereales, tubérculos y leguminosas, contienen hidratos de carbono. Los cereales son los granos de las plantas llamadas gramíneas tales como el trigo, el maíz, el arroz, la cebada y la avena que, convertidos en harinas, suministran los hidratos de carbono en forma de almidón. Todo almidón, para poder ser digerido y asimilado, necesita al menos 20 minutos de cocción. Pero en el comercio se encuentran cereales precocidos con los cuales se pueden preparar fácilmente biberones y papillas. No hay que confundirlos, sin embargo, con los numerosos productos que vienen empacados en bolsitas, que además de costosos, son de bajo valor nutritivo. Antes que como alimentos, éstos deben ser considerados como golosinas que arruinan el apetito de los niños.

111. ¿Desde qué edad y en qué forma se le puede dar pan al niño?

El pan y las galletas son otra fuente importante de hidratos de carbono. Las tostadas son más fáciles de digerir y por eso se prefieren para el niño pequeño; se le pueden echar entre la leche (sopitas de pan) o dar para que las chupe y así entrene sus dientes y encías (pero esto sólo a la hora de las comidas, no entre ellas). Desde el año está en capacidad de comer pan blanco y galletas, pero no hay inconveniente en darlos antes. Algunos niños toman el pan y las galletas como golosinas y andan siempre con un pedazo en la boca, lo cual tiene los mismos inconvenientes nutricionales y de caries dental que se señalaron para los dulces.

112. ¿Es verdad que la papa y el arroz no son alimento?

La papa y el arroz son fuente importante de hidratos de carbono que, como se sabe, deben constituir la mitad de las calorías que se consumen diariamente y por tanto sí son alimento en el sentido estricto de la palabra. Lo que sucede es que, cuando por motivos económicos o por falta de información sobre lo que debe ser una alimentación bien balanceada, la dieta consta única o casi exclusivamente de

hidratos de carbono, el niño se desnutre pues le hacen falta los demás nutrientes, sobre todo las proteínas animales o vegetales, y esto es lo que ha hecho creer a la gente que la papa y el arroz "no son alimento".

Tampoco hay que pensar que una dieta óptima puede estar constituida sólo de proteínas. Con atiborrar a los niños de suplementos proteínicos agregados, por ejemplo, a la leche (que ya tiene suficiente proteína), lo único que se consigue es que busquen los hidratos de carbono en dulces y golosinas.

113. ¿Qué obtiene el niño consumiendo papa, yuca, ñame y plátano?

Los tubérculos harinosos y el plátano verde, son fuente de hidratos de carbono en forma de almidón. Normalmente se acostumbra introducirlos a los ocho meses, ya sea en puré o incorporados a las sopas, pero bien pueden darse antes a condición de que estén muy bien cocinados.

114. ¿Qué diferencia hay entre el plátano de cocinar y el banano?

Ambos son fuente de hidratos de carbono, pero mientras que el plátano de cocinar los contiene en forma de almidón, el banano habano, cuando se consume maduro, lo que proporciona es azúcar. También el de cocinar contiene cierta cantidad de azúcar y de ahí su sabor dulce.

115. ¿Es cierto que las legumbres (leguminosas) pueden reemplazar la carne?

La carne es un alimento excelente casi irreemplazable. Pero lo que sí es cierto es que las leguminosas, tales como el fríjol, la lenteja, el haba, el garbanzo, la arveja y la soya, contienen proporciones importantes de proteínas y por lo tanto, pueden reemplazar en la dieta a la proteína animal de las carnes, el huevo y la leche. Los indígenas de América, antes del descubrimiento, disponían de muy pocas proteínas animales y su mayor aporte lo conseguían con algunas leguminosas y semillas como las de quinua. A los niños se les acostumbra dar leguminosas a partir del sexto mes. Lo más fácil es ofrecérselas en forma de crema, por lo menos a los más pequeños.

Los niños mayorcitos y los pequeños estreñidos pero que ya saben pasar semisólidos, pueden consumir leguminosas en puré o de grano entero bien cocinado. También se aprovechan las preparaciones de legumbres para adicionar carnes molidas y deshilachadas, cuando todavía no han aprendido a comerlas en trocitos.

116. ¿Es cierto que la carne es dañina?

Los vegetarianos insisten en que la carne, ya sea fresca o congelada, es cadáver y que contiene toxinas muy dañinas, pero esto no ha podido ser demostrado científicamente. Lo cierto es que el ser humano dejó de ser herbívoro hace millones de años y nadie ha podido demostrar estadísticamente que los que se privan de ella sean más sanos, vivan más o sean más inteligentes. Desde el punto de vista nutritivo, es bien sabido que la carne es fuente importantísima de proteínas y del hierro más asimilable que hay en la naturaleza (mioglobina). Los niños que no comen carne (ni tampoco huevo, que es la otra fuente de hierro animal), pueden llegar a tener anemia, si no se la reemplaza adecuadamente.

117. ¿Qué se debe hacer cuando el niño no come carne?

Ofrecer sin insistencia pollo o pescado, o incorporar estas carnes en las sopas. Pero si el rechazo subsiste, hay que dar hierro para que no se presente anemia.

118. ¿Cuál es la mejor carne para un niño?

Las carnes de res, de cordero, de conejo, de pollo, las vísceras, los pescados y los mariscos son igualmente buenos tanto en su contenido de proteínas como de hierro. La de cerdo también los contiene, pero hay que saber que cuando no existe un estricto control en los mataderos para identificar a los cerdos que tienen tenia en sus músculos (triquinosis), y si la carne no está muy bien cocida, el que la consume puede adquirir el parásito, en forma de tenia intestinal. A todas las carnes se les deben retirar los gordos antes de asarlas o cocinarlas.

119. ¿Desde qué edad se les puede dar mantequilla y alimentos fritos?

La mantequilla y los aceites para freir deben ser siempre de vegetales. Desde los ocho meses se les puede dar mantequilla, bien sea en la preparación del puré de papa o de yuca (mandioca) o en el puré de auyama; aproximadamente al año se les empieza a dar pan con margarina y se pueden introducir los alimentos fritos, a condición de que el aceite no esté quemado, lo cual quiere decir que se prefieren para el niño las primeras porciones que se fríen. El aceite y la manteca "quemados" son irritantes para el estómago y le pueden ocasionar náuseas, vómitos y dolor epigástrico.

120. ¿Se les puede dar café a los niños?

El café, al igual que el té, no es un alimento sino una sustancia estimulante cerebral que quita el hambre y el sueño. Todavía se les llama "alimentos de ahorro" porque con ellos se economiza comida. Estas razones bastarán para contraindicarlos. Sin embargo, en los países cafeteros es difícil ir contra el café, en la alimentación general. Además, se sabe que cuando se incorpora a la leche, se disminuyen sensiblemente los efectos de la cafeína. Y como a los niños les gusta imitar a los mayores en la alimentación, hay que aceptar que al menos los escolares lo tomen en forma de "café con leche", aunque es recomendable usar más leche que café. Lo mismo puede decirse del té.

121. ¿En qué forma se les puede dar chocolate?

El chocolate en su forma natural contiene grasa y sustancias estimulantes análogas a las del café o el té. Al prepararlo industrialmente se le extrae prácticamente toda la grasa (para emplearla en cosmetología) y su única finalidad consiste en estimular el consumo de leche por parte de los niños. En forma de golosina es muy apetecido, pero quita totalmente el apetito.

122. ¿Son perjudiciales los helados para los niños?

Los helados preparados con buena leche pueden permitirse como postre de las comidas pero, como cualquier otra golosina, quitan el apetito. Los helados de agua tienen todos los inconvenientes de los dulces y además suelen contener anilinas que son perjudiciales para los niños alérgicos o hiperactivos. Por otra parte, pueden estar contaminados y causar diarreas y hasta tifoidea.

123. ¿Desde qué edad se les puede dar yogur?

El yogur es leche que se acidifica con unos bacilos que, al multiplicarse, producen ácido láctico a partir de la lactosa. El ácido coagula la leche y la hace más fácil de digerir, economizándole trabajo al estómago.

Muchos niños que abandonan pronto la leche, reciben en cambio yogur que la sustituye perfectamente. Los desnutridos graves, con poca acidez en el estómago y digestión difícil, toleran mejor las leches ácidas y así se logra su recuperación. El yogur comercial resulta algo costoso para el uso diario; es más caro que la más costosa de las leches en polvo. Por esta razón se recomienda fabricarlo en casa o comprarlo en recipientes grandes que deben conservarse en la nevera y usarse antes de la fecha de expiración.

124. ¿Puede dárseles a probar cerveza y licores?

Hay muchas razones por las cuales no se les debería ni dar a probar. En primer lugar, porque es una forma de familiarizarlos con uno de los vicios que más afectan la salud, la economía y el bienestar de los pueblos. Pero además, el alcohol es una sustancia de efectos impredecibles en algunos niños, a quienes bastan pequeñas cantidades (incluso untado sobre la piel o inhalado) para que se les baje el azúcar en la sangre (hipoglicemia) y pueden llegar incluso a tener convulsiones.

125. ¿Qué precauciones pueden tomarse con el agua para evitar enfermedades?

Lo más grave que puede pasar con el agua es que sea escasa, pues ello hará necesariamente que la higiene sea defectuosa. Pero independientemente de que sea escasa o abundante, aunque provenga de buenos acueductos, puede resultar contaminada en la red de distribución o en el almacenamiento casero. Por esta razón, vale más tomar precauciones y al menos la que se usa para beber o para preparar los alimentos de los niños debe ser hervida durante cinco minutos o mejor aún, si previamente se filtra. Se consiguen en el comercio filtros de todos los precios que pueden mejorar considerablemente la calidad del agua que se consume domiciliariamente. A falta de éstos, en los lugares donde no se confía en el acueducto, se puede recurrir a las diversas aguas embotelladas, pero esto resulta a la postre mucho más costoso que el mejor filtro.

126. ¿Qué precauciones se deben tomar con los utensilios para evitar diarreas?

Para evitar diarreas hay que lavar muy bien los utensilios (frascos, tapas, chupos), a chorro y con cepillo espiral, y hervirlos durante 30 minutos. Para destruir las bacterias no basta con echarles agua caliente.

127. ¿Por qué es tan importante la limpieza de las manos?

Si un adulto que tiene diarrea o que maneja pañales de niños con diarrea no se baña bien las manos, puede llevar la enfermedad a otras personas cuando se pone en contacto con ellas, o les prepara alimentos. La costumbre muy latinoamericana de dar la mano, parece que contribuye mucho a la difusión de la amebiasis y la giardiasis entre nosotros. Idealmente, las manos deben lavarse con agua a chorro, con jabón e incluyendo cepillado de las uñas. Obviamente la toalla para el secado debe ser muy limpia y, mejor aún, desechable de papel.

128. ¿De qué forma contaminan los alimentos las moscas?

Las moscas al posarse sobre materias fecales humanas o animales o sobre sustancias orgánicas en descomposición, es decir, sobre las inmundicias en general, llevan a los alimentos los gérmenes productores de la diarrea. Las moscas deberían ser eliminadas por la higiene pública con una adecuada disposición de las basuras. Ya instaladas en las casas habría que combatirlas con insecticidas, pero este sistema es poco eficaz y nocivo para los humanos. Hay que resignarse, por lo tanto, a vivir con ellas pero mantener los alimentos y utensilios bien cubiertos para impedir que los contaminen.

Léase en el capítulo V lo concerniente a la prevención de las diarreas.

129. ¿Qué hacer si mi hijo presenta fobia a ciertos alimentos?

Nos referimos al niño que presenta un rechazo muy definido a un alimento o grupo de alimentos, no al niño de apetito difícil o caprichoso. Tampoco incluimos aquí a quienes rechazan la presentación del alimento, por ejemplo, algunos rechazan el alimento en sopa, pero no en seco. Ciertos infantes rechazan un alimento en todas sus formas de presentación, en este caso hablamos de franco rechazo o fobia. Un niño puede presentar fobia o rechazo marcado a determinado alimento por razones psicológicas, porque no le gusta el sabor, o por la presentación del alimento, como aspecto o textura, o por experiencias desagradables anteriores cuando lo ingirió. Pero también la causa puede ser física, por ejemplo: por presentar intolerancia a ese alimento porque su aparato digestivo no tiene habilidad para digerirlo. Entre estas causas sobresale la alergia. El organismo del niño sabe inconscientemente que ese alimento le produce malestar. En general se recomienda respetarle al niño ese rechazo espontáneo a determinado alimento y en caso de ser un alimento de importante valor nutritivo buscarle un sustituto.

130. ¿Cuáles son los alimentos que producen mayor cantidad de alergias?

Sin lugar a dudas, la leche de vaca. Recordemos que somos la única especie animal que alimenta a su cría con leche de otra especie. Uno de cada cien lactantes presenta alergia a leche de vaca en los primeros dos años de vida. Y puede presentar diarreas, erupciones de piel, cólicos, vómitos, entre otros síntomas. En segundo lugar el huevo, en especial la clara. Cada vez se observan más casos de alergia a la soya. En niños más grandes debe considerarse la alergia a maní, pescados y mariscos, como de presentación ocasional.

Muchos de estos casos de alergia se deben a haber iniciado estos alimentos muy pronto en los primeros meses, cuando el intestino del niño era inmaduro. Se aconseja no iniciar ningún alimento diferente de la leche materna o de la leche maternizada, en los primeros cuatro meses de vida. El huevo no debe iniciarse antes del octavo mes.

131. ¿Es verdad que los colorantes y aditivos de los alimentos son malos?

A los colorantes y aditivos de los alimentos industrializados, que son más de un centenar, se les han atribuido muchas enfermedades, como migrañas, asma, erupciones de la piel, hiperquinesia (niños que no pueden estarse quietos), etc. Se ha exagerado el efecto nocivo de estos ingredientes; nos referimos únicamente a aquéllos que han sido aprobados por las autoridades sanitarias de cada país. Es cierto que nuestro organismo ha tardado siglos en adaptarse a los alimentos habituales que solemos llamar naturales y nuestro aparato digestivo los acepta con facilidad. Los colorantes y aditivos se han introducido para hacerlos más agradables y contribuir a su conservación.

Estos alimentos industrializados suelen ser de bajo poder alimentario y en ocasiones les quitan a los niños el apetito frente a alimentos más necesarios. Y su precio suele ser excesivo si consideramos el escaso valor alimenticio. Esta debe ser la verdadera razón para limitar su uso moderado en la alimentación de los niños.

El exceso de sustancias artificiales, como en algunos casos de intoxicación por comida china, puede ser lesivo para la salud. Una ingesta de estos colores y sabores artificiales es prácticamente inevitable y no creemos que su consumo, muy limitado desde luego, deba prohibirse.

Capítulo IV

Vacunas y enfermedades infecciosas

Es indiscutible que para sobrevivir, pero también para vivir bien, en el lapso de tiempo que la naturaleza le asigna a cada planta, a cada animal o a cada persona, es indispensable evitar enfermedades y en caso de presentarse, tener defensas adecuadas para enfrentarlas.

Muchas son las enfermedades que se pueden prevenir hoy en día, o cuyas consecuencias es posible obviar o disminuir. Muchos son los sistemas y métodos que pueden emplearse para ello y van, desde impedir el encuentro con el agente ofensor (como cuando se recomienda tomar sólo agua filtrada o hervida para prevenir diarreas), pasando por aumentar las defensas del organismo contra el agente dañino antes de entrar en contacto con él (lo que se hace por medio de las vacunas), hasta recibirlas prestadas por un tiempo (en el caso de usar gamaglobulinas).

Un médico inglés, el Dr. Jenner, descubrió hace dos siglos la primera vacuna al observar que los ordeñadores que se mantenían en contacto con la viruela de la ubre de las vacas, no padecían la temible enfermedad de la viruela ni aun en tiempos de epidemia. Después de él, la ciencia médica se ha preocupado por encontrar otras vacunas para prevenir las dolencias infecciosas de la humanidad, y en la actualidad se dispone de unas cuantas que se deben aplicar a todos los niños y que son: la DPT (difteria, tos ferina, tétanos), la de la poliomielitis, la del sarampión, la tuberculosis o BCG, la de la rubéola, la de las paperas, la de la meningitis por *Haemofilus influenzae* y la de la hepatitis B. Otras como las de neumococo y varicela, se destinan a niños o grupos especiales. La de la viruela ya no se aplica, porque desde hace varios años se considera que la enfermedad ha sido erradicada del mundo entero. Hay además muchas vacunas en el horizonte, como la del rotavirus de las diarreas, la del paludismo y la del Sida, y se está trabajando intensamente en mejorar las actuales haciéndolas más efectivas, más fáciles de administrar y con menos reacciones o riesgos.

132. ¿Qué es una vacuna?

Las vacunas se elaboran con virus o bacterias, tomados en ocasiones completos y en otras sólo en fragmentos, que han sido atenuados en su capacidad para producir enfermedad, y que al ser administrados a un individuo hacen que éste fabrique anticuerpos que le permitirán en el futuro defenderse contra determinado mal.

133. ¿Es cierto que con las vacunas lo que se hace es aplazar la enfermedad para que dé en la edad adulta? ¿No será mejor adquirirla de pequeño?

No, de ninguna manera. El ideal de una vacuna es que, con una o varias dosis, confiera una protección (inmunidad) de por vida y por lo tanto, la enfermedad para la cual se vacunó no debe contraerse ni siquiera en forma benigna.

Además, al disminuir los individuos susceptibles de enfermarse, puede llegar a erradicarse del mundo la enfermedad, como ya se logró con la viruela y estamos cerca de lograrlo con el polio.

134. ¿Es cierto que sólo se puede vacunar al niño cuando esté perfectamente bien de salud?

Se puede vacunar a un niño aunque tenga tos, catarro, diarrea leve, brotes, etc. El criterio errado de creer que en estos casos no se debe vacunar al niño, ha causado que muchos niños queden expuestos a estas enfermedades y las padezcan.

Pero sí es preferible posponerla cuando tiene fiebre, porque el sistema de defensas está ocupado en defenderse de alguna infección y se correría el riesgo de interferir en ese proceso natural, además al desarrollarse la enfermedad aguda, podría ser atribuida falsamente a la vacuna, desacreditándola así en la comunidad. La fiebre, es en la práctica, la única contraindicación a las vacunas.

En todo caso, la decisión de no vacunar al niño en un momento dado debe ser tomada exclusivamente por el médico. Anteriormente, cuando aún existía la viruela no se vacunaba a niños con enfermedades de la piel, ahora esta contraindicación no tiene sentido.

135. ¿Cómo hago yo para saber contra qué está vacunado mi hijo?

Siempre que a su niño le pongan una vacuna, exija que le digan verbalmente y por escrito, de qué vacuna se trata, si necesita otras dosis o refuerzos y cuándo. Esta información es absolutamente indispensable para mantener bien vacunados a los niños. Sin embargo, si no hay certeza de que haya recibido una determinada vacuna, y no es posible adquirir esta información, sería aconsejable aplicar la vacuna. Es caso de tenerla previamente, un refuerzo adicional no causa daño y sí beneficios.

136. ¿Qué es la tos ferina?

La tos ferina, llamada también coqueluche o pertusis, es una enfermedad muy grave, especialmente en el niño pequeño y en el desnutrido, y sumamente molesta tanto para el que la padece como para el que la presencia. Comienza como un estado gripal común y corriente, pero bien pronto se inician accesos violentos de tos durante los cuales el paciente deja de respirar (apnea), se pone amoratado (cianosis) y expulsa una baba pegajosa. La tos puede durar varias semanas y además con frecuencia produce vómito, lo que puede agravar u originar desnutrición grave.

137. ¿Es la tos ferina una enfermedad grave?

En los niños pequeños es frecuente que la tos ferina se complique con bronconeumonía, lo que obliga a hospitalizarlos por varios días a fin de poderlos asistir en los accesos y administrarles oxígeno. Si además padecen insuficiencia cardíaca, esa neumonía puede ser fatal. Otra complicación no frecuente pero sí gravísima es la inflamación del cerebro (encefalitis) que puede ser mortal o dejar secuelas tan graves como retardo mental, parálisis o convulsiones.

138. ¿La vacuna contra la tos ferina tiene peligros?

Hasta hace algún tiempo la tos ferina había desaparecido prácticamente en los países que vacunan sistemáticamente a toda la población infantil. Infortunadamente la publicación de algunos casos muy raros de encefalitis (1 por cada 300.000) cuya aparición se le atribuye a la vacuna, condujo a que ciertos gobiernos suspendieran oficialmente la inmunización y a que el público empezara a desconfiar de ella. Esto causó un incremento impresionante de la enfermedad con altos índices de complicaciones y muerte. Hoy se sabe que cuando hay problemas neurológicos por la vacuna es porque había una predisposición genética para ello. Pronto se va a disponer de una nueva vacuna pertusis "acelular" que carece de estos efectos secundarios.

139. ¿Qué reacciones puede, ocasionalmente, esperarse de la vacuna contra la tos ferina?

Cuando se aplica la vacuna DPT (difteria, pertusis, tétanos), es frecuente que por la "P" (tos ferina) se presenten reacciones locales como dolor y enrojecimiento que pueden aliviarse aplicando hielo envuelto en una tela, o generales como fiebre y llanto que se atenúan administrando algún analgésico como el acetaminofén. Algunos niños con predisposición pueden presentar además convulsiones febriles. Si esto ocurre, o si el niño está excesivamente irritable o somnoliento en las horas o días que siguen a la vacuna, conviene informárselo al médico para que él decida si le aplica la próxima dosis o no. Igualmente, se le debe informar antes de la vacuna, si el niño ha tenido antecedentes de convulsiones o de cualquier otra enfermedad neurológica.

140. ¿Un niño que ha sido vacunado contra la tos ferina puede contraer la enfermedad?

La gran mayoría de los que reciben la vacuna de tos ferina adquieren una inmunidad satisfactoria. Con baja frecuencia ocurre que niños en edad escolar, adolescentes y hasta adultos que fueron vacunados en la infancia, presentan formas benignas de la enfermedad, porque han perdido parcialmente la inmunidad.

Sin embargo, hay quienes afirman que conocen niños a los que les dio tos ferina a raíz de la vacuna. Esto es absolutamente imposible, entre otras cosas porque en la preparación de la vacuna se utilizan microbios muertos, incapaces de causar la enfermedad. Puede haber varias explicaciones para esta creencia que tanto desacredita a la vacuna y priva peligrosamente de ella a muchos niños. Una es que ciertas personas descuidadas con la salud de los niños se acuerdan de vacunarlos sólo cuando el hermanito o el vecino presenta el mal; en esas circunstancias la inmunización no tiene tiempo de actuar y si el niño ya ha sido contagiado, la dolencia no tardará en presentarse. Otra explicación es que hay cuadros de tos muy parecidos al de la tos ferina (el llamado síndrome pertusis), pero que son producidos por virus o bacterias distintos de los que la ocasionan y por tanto la vacuna, hecha con el bacilo pertusis, no los puede prevenir. Basta decir, finalmente, que muchas personas confunden la tos ferina con cualquier tos sofocante y con vómito y se la atribuyen falsamente a la vacuna.

También se oye decir con cierta frecuencia que a los niños les da tos ferina a pesar de haber sido adecuadamente vacunados. Hay que reconocer que la eficacia de la vacuna pertusis es de cerca del 80%, o sea, que de cada 10 vacunados 2 pueden padecer la enfermedad, sobre todo si en un futuro alejado de la vacuna se exponen a un contagio muy íntimo. Pero también se sabe que, aun en estos casos, la vacuna resulta benéfica, pues la enfermedad es mucho más benigna y sin complicaciones.

141. ¿Qué se hace cuando un niño es contagiado de tos ferina?

Las personas que padecen tos ferina pueden contagiar a niños pequeños que aún no han sido vacunados e incluso a recién nacidos que, como cosa curiosa, no reciben defensa de la madre contra esta enfermedad. Es necesario entonces proceder a vacunarlos de emergencia, tratar con eritromicina al enfermo contagiante y dar esta droga, prescrita por el médico, al niño susceptible. Cuando el niño contagiado sí fue vacunado pero ya han pasado más de seis meses, conviene administrar una dosis de refuerzo y dar la eritromicina durante los días que dure el contagio.

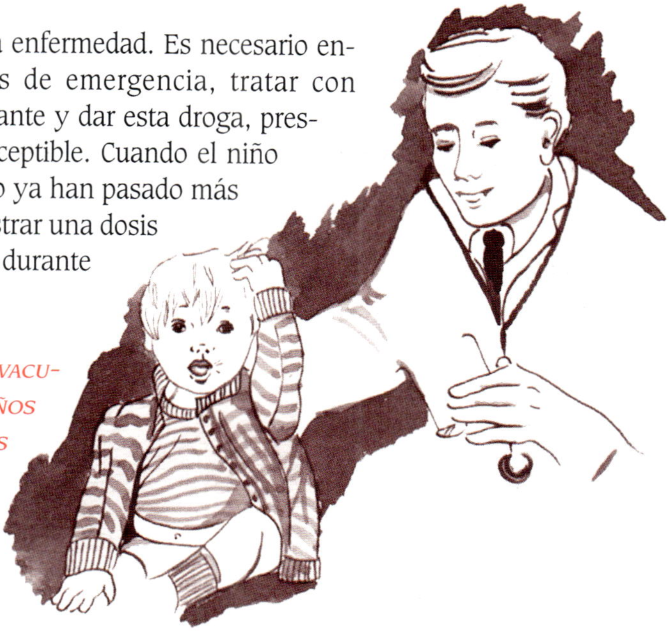

142. ¿Por qué se debe vacunar a todos los niños contra la tos ferina?

Siendo la tos ferina una enfermedad larga, molesta, costosa y peligrosa cuando se complica, se justifica correr los riesgos muy raros de la vacuna, frente al enorme beneficio de prevenirla.

143. ¿Cómo es la difteria? ¿Se trata de una enfermedad grave?

La difteria es una enfermedad que ha disminuido mucho, gracias a la generalización de la vacuna. Hasta hace algunos años, ciertos hospitales habían adecuado salas especiales para atender a los pacientes diftéricos. Hoy en día, tenemos que valernos de fotografías para enseñársela a los estudiantes. Pero todavía no se puede decir, como con la viruela, que haya sido erradicada, y por lo tanto hay que seguir vacunando, pues es una enfermedad muy grave.

La enfermedad es producida por un microbio llamado bacilo de Loeffler (su descubridor), que llega al sujeto sano desde la garganta de un enfermo o de un portador sano (que también los hay). Una vez alojado en la garganta, comienza a producir una toxina que con los tejidos vecinos forma una membrana grisosa que cubre tanto las amígdalas como el velo del paladar y hace que crezcan los ganglios del cuello (cuello de toro). Al circular por la sangre la toxina produce mucha debilidad, fiebre y taquicardia (corazón rápido). Lo más grave que puede suceder es que la membrana se baje y cubra las cuerdas vocales (difteria laríngea), obstruyendo gravemente la respiración. Los pacientes a quienes esto ocurre pueden morir en pocas horas si no se intuban (pasar un tubo por la laringe), o se les hace traqueotomía (abrir la tráquea por medio de un orificio en el cuello y colocar una cánula para que pueda respirar). A veces el paciente se cura aparentemente, pero a los pocos días empieza a devolver los líquidos por la nariz; ésta es la llamada parálisis del velo del paladar que causa muchas molestias para la alimentación y produce grave desnutrición. En otras ocasiones, la parálisis ataca los miembros superiores e inferiores simulando poliomielitis pero, además, con pérdida de la sensibilidad (a lo que se le llama polineuritis). Ocasionalmente, ocurre que el paciente muere repentinamente después de haberse recuperado de la difteria en la garganta, esto se debe a una afección del corazón (miocarditis) producida por la toxina de la difteria. Como se ve, hay buenas razones para seguir vacunando a todos los niños contra este terrible mal, pues unos pocos que queden sin protección sirven de reservorio del bacilo para que la dolencia se perpetúe.

144. ¿En qué consiste el tétanos?

El tétanos es ocasionado por la toxina que produce el bacilo tetánico, que cuando contamina una herida, se va por los nervios hasta la médula espinal y produce unas contracciones terribles de todos los músculos del cuerpo, incluso de los de la respiración, por lo cual frecuentemente causa la muerte. En algunas regiones todavía se tiene la absurda práctica de aplicar al muñón umbilical del recién nacido, barro, telarañas y otras suciedades por el estilo; o bien, el parto es atendido por personas irresponsables que no hierven las tijeras con que se corta el cordón; tanto lo uno como lo otro hace que los bacilos tetánicos infecten la herida umbilical. El tétanos también se adquiere por contaminación de las heridas con tierra, estiércol de animales, fango, etc. Es increíble que todavía haya gente que recomienda cubrir las quemaduras con barro, pues especialmente en los climas cálidos, éste puede estar contaminado con el bacilo tetánico.

145. ¿Cómo se previene el tétanos?

El tétanos del recién nacido se previene vacunando a las embarazadas en el último trimestre; la vacuna no tiene ningún peligro ni para ellas ni para el niño. Además, por supuesto, observando la mayor asepsia (ausencia de gérmenes dañinos) en la atención del parto y del cordón umbilical. En el niño y el adulto se previene vacunando de rutina con la vacuna DPT (la "T" corresponde a tétanos), a la edad y con los intervalos y refuerzos recomendados por el médico o por el organismo de salud.

146. ¿Qué se debe hacer cuando una persona sufre una herida y se teme que pueda haber contaminación de tétanos?

Si ha sido vacunada recientemente, basta con lavar bien la herida y usar algún antiséptico. Si hace más de cuatro años que no recibe vacuna de tétanos, conviene poner un refuerzo. Si nunca ha sido vacunada, hay que aplicarle antitoxina tetánica de preferencia humana (250 U), pero a falta de ésta, se puede usar la equina (de suero de caballo). Al mismo tiempo, se debe aprovechar para iniciar la vacunación que había debido hacerse antes (a los menores de 5 años con la DPT; después de los 5 años y hasta los 10 años con la DT y después de 10 años con la T, o sea, vacuna tetánica).

147. ¿Por qué no se vacuna ya contra la viruela?

Porque esta terrible dolencia de la humanidad logró ser totalmente erradicada, aun en los países que, como la India, la padecían en forma endémica, o sea permanentemente. Hace más de veinte años que no se comunica ningún caso en todo el mundo. Esto se logró gracias a la intensidad de la vacunación conducida por la OMS (Organización Mundial de la Salud). La próxima meta es erradicar del mundo el polio y luego el sarampión.

148. ¿Por qué si las paperas son una enfermedad leve, se aconseja la vacuna?

Es evidente que las paperas en general molestan poco, se curan solas y no suelen complicarse. Sin embargo, en los varones que ya han alcanzado la pubertad, es frecuente la orquitis (inflamación del testículo), que lo atrofia y le impide producir espermatozoides. Afortunadamente, la orquitis da casi siempre en un solo lado y el otro testículo queda intacto; sólo que, si por mala fortuna le llegara a ocurrir algún accidente al testículo sano, el sujeto quedaría estéril (aunque no impotente). Además las paperas, aunque con menor frecuencia, pueden dar encefalitis (inflamación del cerebro), pancreatitis o sordera. Queda claro, por lo tanto, que no es una enfermedad tan benigna como muchas personas piensan y que bien vale la pena vacunar a los niños contra ella (especialmente a los varones), máxime ahora que viene en una sola ampolla mezclada con sarampión y rubéola, lo que resulta mucho más económico y menos molesto para el niño.

149. ¿Qué reacciones puede tener la vacuna de la parotiditis (paperas)?

La vacuna de las paperas no acostumbra producir ninguna reacción, así que si un niño presenta fiebre o algún otro síntoma el día de la vacuna o poco después, debe ser examinado por el médico, pues lo más seguro es que padezca una enfermedad que no tiene nada que ver con la vacuna.

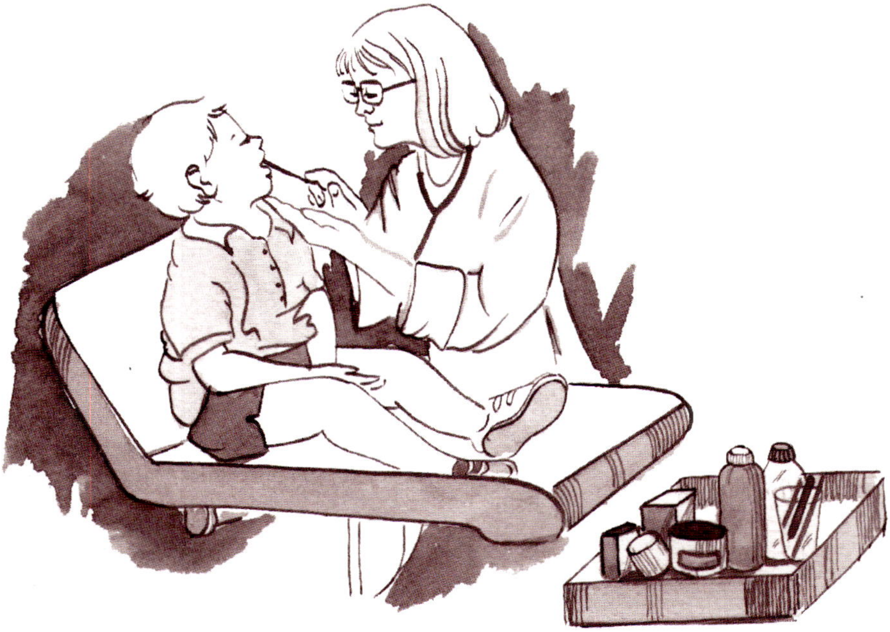

150. *¿POR QUÉ ALGUNOS MÉDICOS NO SON PARTIDARIOS DE LA VACUNA DE LA TUBERCULOSIS?*

La vacuna BCG contra la tuberculosis es, infortunadamente, la menos efectiva de todas. No protege totalmente contra la enfermedad, como las otras, pero evita las formas graves de la enfermedad, pues impide que el bacilo se disemine a otros órganos (meninges, huesos, riñón, peritoneo, etc.), o al resto del pulmón (forma miliar). Estas complicaciones se presentan casi exclusivamente en los niños desnutridos y que viven en malas condiciones higiénicas y de vivienda. Es por ello que en los sectores más favorecidos de la población, muchos médicos la consideran innecesaria. Se está trabajando activamente en la búsqueda de una vacuna que sí proteja contra la enfermedad misma y que al ser aplicada a toda la población, permita la erradicación de la temible dolencia.

Sin embargo, debido a que la tuberculosis se está incrementando en todo el mundo, en especial porque el Sida facilita el contagio, esta vacuna cumple una función muy importante de protección.

151. *¿QUÉ REACCIONES PUEDE TENER LA VACUNA CONTRA LA TUBERCULOSIS?*

A veces, al mes o dos meses de aplicada, se produce un pequeño absceso en el sitio de la inyección, que permanece emitiendo goticas de un material como queso por algún tiempo. Cuando sana deja una cicatriz, que es precisamente la que los médicos buscamos en el hombro izquierdo de los niños (siempre se aplica allí), para saber si fue vacunado y si la vacuna "prendió". A algunos pocos niños les puede salir además un ganglio en la axila, que a veces llega a supurar, hasta el punto de tener que drenarlo. Aunque desagradable, esta complicación no es grave ni frecuente.

152. He oído decir que algunos recién nacidos han muerto como consecuencia de la vacuna contra la tuberculosis, ¿es esto posible?

Sí lo es, pero sucede sólo en unos poquísimos niños (1 en 100.000) que nacen con muy pocas defensas pues padecen lo que se llama una inmunodeficiencia combinada severa (que es hereditaria). Estos niños van a presentar, sin tener ninguna relación con la vacuna de tuberculosis, muchas enfermedades infecciosas graves porque no tienen un adecuado sistema de defensas y suelen morir muy pronto.

El bacilo de la vacuna BCG es un bacilo tuberculoso al que se le ha disminuido la propiedad de diseminarse en sujetos normales, al ser inyectado en la piel (intradérmico) produce una reacción exclusivamente limitada al sitio de la inyección, que es la que genera una especie de "inmunidad" o "alergia" capaz de inmovilizar en el futuro los bacilos tuberculosos. En los niños que padecen "inmunodeficiencia combinada", el bacilo BCG se disemina a todos los órganos y produce la muerte. Sin embargo, estos casos son difíciles de reconocer en los primeros días de vida (a menos que se tenga el antecedente de un hermano que haya muerto a causa de ella). Esto ha dado pie para que entre algunos médicos inmunólogos exista la opinión de que no debería vacunarse a los recién nacidos de manera que se pueda identificar antes a los inmunodeficientes. Pero si se piensa que estos son rarísimos y que de todas maneras están casi condenados a morir por cualquiera otra infección, no es lícito privar de los beneficios de la vacuna a toda una población de niños que, si no se vacuna en las maternidades, quizás queden definitivamente expuestos a padecer las graves complicaciones de la tuberculosis.

Otra inmunodeficiencia que tiene que ver con la tuberculosis es el Sida que la agrava considerablemente. El incremento de esta nueva enfermedad hace recomendable la vacuna BCG para todos los niños, incluso los de la clase socioeconómica alta.

153. ¿Qué diferencia hay entre la tuberculina y la vacuna de tuberculosis?

La tuberculina es una sustancia extraída de bacilos tuberculosos, que cuando se inyecta intradérmicamente (antebrazo) a un sujeto que ha sido contagiado (aunque todavía no esté enfermo), o al que se le ha puesto la vacuna BCG, forma a los tres días un endurecimiento que, cuando tiene 10 mm o más, denominamos "prueba de tuberculina positiva". Se trata, por lo tanto, de una prueba diagnóstica y sirve para controlar a los niños que no han sido vacunados contra la tuberculosis, y saber si en un momento dado fueron contagiados a fin de tratarlos preventivamente antes de que aparezcan los síntomas de la enfermedad. A veces se utiliza también para verificar si un niño ha quedado bien vacunado (prueba positiva) o si por alguna razón (vacuna inactiva o mal aplicada) no lo está (prueba negativa).

La vacuna BCG, como se explica en otra parte, es la inyección de bacilos tuberculosos modificados para crear defensa contra las complicaciones de la enfermedad en caso de que el individuo la adquiera.

154. ¿No será mejor hacerles radiografía pulmonar a los niños todos los años, para descubrir la tuberculosis?

En los niños no vacunados la búsqueda y control de la tuberculosis hasta los quince años se debe hacer en primera instancia con la prueba de tuberculina. Si ésta se practica anualmente, se podrá actuar a tiempo en caso de que se produzca contagio. Si la prueba resulta positiva, se procede a tomar una radiografía para ver si la enfermedad ya está manifiesta. Hacerle radiografías a todos, como imprudentemente han pretendido algunos colegios, es someterlos a una radiación innecesaria y peligrosa.

155. ¿Por qué a los adultos casi no les hacen la prueba de tuberculina?

Hay un adagio que dice “todos hemos sido, somos o seremos tuberculosos”, que sigue siendo válido en muchos países latinoamericanos, donde la enfermedad no ha podido ser dominada. Después de los veinte años, la mayoría de los adultos tiene prueba de tuberculina positiva, pero a esta edad la prueba no tiene el valor que posee en la infancia, donde con toda certeza estamos en capacidad de decir que el contagio ha sido reciente; en el adulto puede haber ocurrido muchos años atrás y el proceso carece de toda actividad. Por esta razón, para la búsqueda y control de la tuberculosis en los adultos, se emplea más bien la radiografía periódica; además, a éstos la radiación les hace menos daño que a los niños. A todo adulto que tenga tos y expectoración de más de tres semanas de duración se le debe investigar la tuberculosis.

156. ¿Qué es la tuberculosis?

La tuberculosis es una enfermedad producida por el bacilo de Koch (en nombre de su descubridor); éste se encuentra en los pulmones de los enfermos y se transmite por el aliento o por las goticas de saliva expelidas con la conversación o la tos. Los bacilos llegan a las vías respiratorias del niño sano y de allí penetran a los ganglios situados entre los pulmones (alrededor de la tráquea), desde donde pueden pasar a éstos y a otros órganos en los que causan daños de diversa gravedad. Cuando el niño está sano y bien nutrido, o cuando ha sido vacunado, se espera que él mismo se defienda envolviendo los bacilos en tejido fibroso y calcificado; de este modo se impide que se diseminen.

157. ¿Qué es la meningitis tuberculosa?

La meningoencefalitis tuberculosa es la inflamación de las envolturas (meninges) del cerebro y de este mismo (encéfalo), producida por el bacilo de Koch (tuberculoso). Aunque hoy se dispone de drogas para combatirla, cuando se diagnostica tarde, como a menudo ocurre, fácilmente causa la muerte o deja en el niño lesiones tales como retardo mental, epilepsia, parálisis diversas, ceguera, etc.

158. ¿Cómo se puede prevenir la meningitis tuberculosa?

Alimentando bien a los niños, controlándoles su crecimiento y desarrollo, vacunándolos con BCG, así como descubriendo y tratándolos oportunamente, al igual que a los adultos tuberculosos que conviven con el niño.

159. ¿Existe vacuna contra la gripe?

Contra la influenza o gripe que viene en epidemias casi todos los años, al estilo de la asiática, se elaboran vacunas que protegen contra la cepa de virus circulante ese año. Debido a la necesidad de revacunar todos los años no se ha considerado de interés práctico para todos los niños, excepto para aquellos de alto riesgo respiratorio, como los que tienen enfermedades pulmonares crónicas, o defectos congénitos del corazón.

160. ¿Hay vacuna contra la hepatitis?

Existen varias clases de hepatitis, sin embargo entre todas ellas sobresale la B por su severidad, por el daño silencioso y grave que le puede causar al hígado y porque produce cáncer hepático. Por ello actualmente se procura vacunar a todas las personas contra la hepatitis B, pues todos podemos estar expuestos al virus en algún momento de la vida. Se requieren tres dosis, que generalmente se aplican con intervalo de un mes. Anteriormente, sólo se utilizaba en las personas más expuestas a ella como son los médicos, los odontólogos, los laboratoristas, los técnicos de bancos de san-

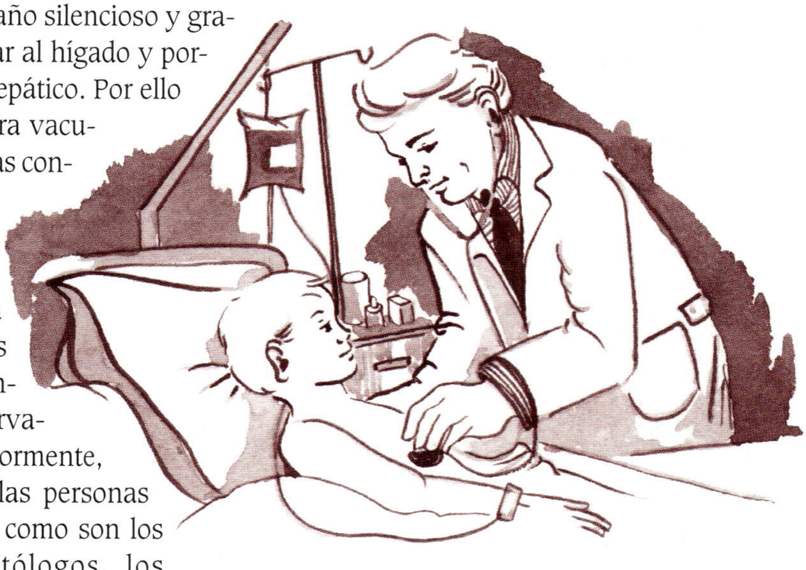

gre y las instrumentadoras de cirugía, así como también las prostitutas y los homosexuales. La vacuna contra la hepatitis A estará disponible próximamente.

161. ¿Qué es y cómo se manifiesta la hepatitis?

La hepatitis es una inflamación del hígado producida por un virus. Se manifiesta por medio de pérdida del apetito, náuseas, decaimiento, color amarillo en los ojos, orina de un color amarillo subido y deposiciones blancas. En ocasiones se presenta fiebre y dolor en la boca del estómago.

162. ¿La hepatitis es una enfermedad grave?

La gran mayoría de las hepatitis son causadas por el virus A, sobre todo en los niños y tienen un curso benigno. Unas pocas pueden prolongarse, volverse crónicas o causar la muerte de manera fulminante. En los adultos es necesario investigar si se trata de hepatitis B, que tiene un pronóstico muy distinto, pues puede evolucionar hacia cirrosis hepática o cáncer del hígado.

163. ¿Cuál es el tratamiento de la hepatitis?

La gran mayoría de las hepatitis tienen un curso autolimitado, es decir, que se curan solas sin necesidad de usar ninguna droga. Sin embargo, dada la potencial gravedad de algunas de ellas, deben ser siempre atendidas por el médico para que vigile su curso, establezca el reposo y la dieta necesarios y determine cuándo el paciente puede ser dado de alta. El peligro potencial que representa la hepatitis B justifica ampliamente la vacunación.

164. ¿Es verdad que la cuajada con melado constituye un remedio para la hepatitis?

No, de ninguna manera; el paciente con hepatitis puede comer cuajada con melado porque se sabe que la dieta debe ser rica en azúcares que suministran calorías, normal en proteínas y pobre en grasas. Por consiguiente, la cuajada con melado es apenas un alimento permitido en la dieta del enfermo de hepatitis.

165. ¿Cómo se adquiere la hepatitis?

La hepatitis A se contrae ingiriendo el virus que la produce, por intermedio de algún alimento contaminado con materias fecales humanas. Igualmente puede adquirirse por contacto directo con un enfermo, por ejemplo, dándole la mano y comiendo sin lavárselas. Las moscas también parecen ser vectores importantes. La hepatitis B se adquiere por transfusiones de sangre o plasma, por agujas, jeringas o por el contacto sexual.

166. ¿Es cierto que no basta con filtrar y hervir el agua para evitar la hepatitis?

Es cierto. Los virus se llaman filtrables precisamente porque atraviesan todos los filtros, tanto los del acueducto como los caseros. Y el virus de la hepatitis, concretamente, es muy resistente al calor de la ebullición corriente. Por eso a los acueductos buenos, además de decantar y filtrar el agua, les agregan cloro que sí mata los virus. Pero como en Colombia hay muchos acueductos que no usan clorinación, o el cloro puede perder su efecto en el trayecto de tuberías muy largas y viejas o en el almacenamiento de tanques, se necesita en dichas condiciones una clorinación adicional a nivel casero para que el agua cumpla con los requisitos establecidos en la prevención de enfermedades como la hepatitis, la amibiasis, la fiebre tifoidea y la gastroenteritis.

167. ¿La hepatitis repite?

Hay varias clases de hepatitis: A, B, No A, No B, y la Delta. Cada una de ellas confiere inmunidad, es decir, no repite. Pero no dan inmunidad cruzada, es decir, cada episodio sólo deja defensas contra el virus que lo produjo. Así una persona puede llegar a padecer alguna de ellas en diferentes épocas y, como se parecen mucho, da la impresión de que estuviera repitiendo.

168. ¿Es cierto que es peligroso tomar drogas cuando se tiene hepatitis?

Sí, es verdad, porque la mayoría de las drogas son metabolizadas, es decir, manejadas por el hígado y si éste está enfermo no puede cumplir su misión; las drogas no transformadas pueden afectar ya sea al hígado mismo o a otros órganos.

169. ¿Es cierto que la costumbre de dar la mano es peligrosa para la salud?

Así es; a través de las manos se puede tanto transmitir como adquirir multitud de enfermedades como por ejemplo hepatitis, poliomielitis, fiebre tifoidea, amibiasis, giardias y lombrices, para mencionar sólo las más comunes. Por eso es tan importante lavárselas bien antes de salir del sanitario, después de cambiar el pañal de un niño o de manejar un enfermo y sobre todo antes de comer.

170. ¿Es cierto que es peligroso ponerse inyecciones con jeringas y agujas simplemente hervidas?

Así es. La ebullición que se hace a nivel doméstico o en las farmacias no destruye las bacterias y sobre todo deja vivos los virus de la hepatitis B o del Sida, que se transmiten justamente por este medio o por transfusiones de sangre.

Las inyecciones deben ser siempre puestas con jeringa y aguja desechable. Ya se considera obsoleto y hasta peligroso el uso de jeringas de vidrio esterilizadas por ebullición o en autoclave.

171. ¿Por qué es importante que las madres conozcan y distingan las enfermedades eruptivas?

Es muy importante por varios motivos, entre otros para que sepan discernir si el caso es grave o no.

■ La varicela, por ejemplo, es una enfermedad tan benigna en la mayoría de los niños normales que no suele ser necesario consultar al médico. Pero es una enfermedad gravísima en niños con problemas de defensas (inmunodeficientes) bien sea de nacimiento o por obra de tratamientos prolongados con cortisona o drogas de las que se usan contra el cáncer. No es conveniente, por ello, enviar al niño a la escuela, no tanto por él mismo sino porque existe la posibilidad de poner en peligro la vida de alguno de sus compañeros.

■ Otra enfermedad considerada benigna es la roséola. Sin embargo, antes de aparecer el brote se produce una fiebre que dura tres días, que suele ser muy elevada y a causa de ella algunos niños llegan a tener convulsiones que obligan a la consulta médica, sobre todo para descartar la posibilidad de una meningitis.

■ El cuadro de la rubéola debería ser muy bien conocido por todos, pues sabiendo como se sabe el grave riesgo que corren los embriones durante las primeras doce semanas de gestación cuando la madre adquiere esta enfermedad, es importante que las mujeres embarazadas no se acerquen al niño contagiado. El mal en sí no merece consulta médica porque por lo general es muy benigno, pero conviene que el médico verifique el diagnóstico, ojalá lo más tempranamente posible, es decir, cuando aparece el brote o exantema.

■ El sarampión es una enfermedad que con mucha frecuencia se complica. Por eso es importante llevar al niño donde el médico apenas aparezcan los primeros síntomas.

■ La escarlatina se parece un poco a la rubéola, pero a diferencia de ésta, es una enfermedad potencialmente grave porque puede complicarse con erisipela, diversas supuraciones, fiebre reumática o glomerulonefritis. Es la única eruptiva que requiere tratamiento con penicilina pero, por supuesto, debe ser el médico quien la prescriba.

172. ¿Cómo se reconocen las diferentes enfermedades eruptivas?

La más fácil de reconocer es la varicela, que se caracteriza por la aparición en todo el cuerpo de unas pequeñas vejigas rodeadas de halo rojo, alargadas o redondeadas, que se rompen fácilmente dejando una pequeña costra en el centro. No hay, como en todas las demás, fiebre previa, ésta se presenta casi al tiempo con las vesículas. En climas fríos se la puede confundir con el prurigo, que son unas ronchas con vesícula producida por alergia a la picadura de pulga; pero éste no da fiebre, el brote se circunscribe a una parte del cuerpo (generalmente cintura, cuello, antebrazo, piernas) y no suele salir en el cuero cabelludo, como sí ocurre con la varicela. La varicela dura siete días y el niño puede volver al colegio al cabo de ese tiempo (aunque todavía tenga costricas pero no vesículas), porque ya deja de ser contagioso. Si en lugar de secarse, alguna de las vesículas se agranda, suelta una secreción amarillenta y se bordea de rojo, es seguro que hay infección bacteriana agregada, que debe ser vista por el médico, porque puede traer complicaciones en los riñones (nefritis).

Otra eruptiva que se conoce fácilmente es el sarampión: comienza con una fiebre moderada que va subiendo y se mantiene durante siete días. Pronto se enrojecen los ojos y desarrolla gran fastidio por la luz. Hay tos seca muy intensa y molesta (no existe sarampión sin tos) y a los tres días aparecen en los carrillos unos punticos blancos como granos de sal, rodeados de un halo rojo; éste es el llamado signo de Koplick, considerado característico del sarampión. Al día siguiente, empieza a manifestarse el brote, primero detrás de las orejas, luego en el resto del cuello y desde ahí baja en forma de regadera por todo el cuerpo hasta llegar, al cabo de tres días, a las piernas y pies. Es sabido que cuando el brote está apareciendo en los muslos y piernas, ya comienza a desvanecerse en la cara. Los peores días para el paciente y la familia son los dos primeros del brote, cuando está en su apogeo la congestión de los ojos, la altura de la fiebre y la intensidad de la tos; el niño vomita y recibe muy poco alimento; con frecuencia le sangra la nariz, le duele la cabeza y está muy decaído.

Normalmente los niños afiebrados respiran más rápido. Pero cuando el enfermo de sarampión acelera notoriamente la respiración, se aprecia aleteo de la nariz a cada respiración o se hunden los espacios entre las costillas o debajo de ellas, posiblemente se trata de bronconeumonía, la más frecuente y grave de las complicaciones de esta enfermedad. Antes de presentarse estos síntomas es factible que la tos, que característicamente es muy seca, se haya tornado húmeda y con expectoración amarilla; esto puede ser sólo traqueobronquitis, pero con frecuencia es preludio de bronconeumonía. Definitivamente lo mejor es llevar al niño al médico, siempre que se crea que puede tener sarampión.

En la rubéola hay sólo dos días de fiebre que preceden al brote, el cual comienza por la cara, se extiende al tronco y pasa luego a los miembros. Pero a diferencia del sarampión, no produce tos ni irritación de los ojos y, por supuesto, no hay signo de Koplick; en cambio, se pueden tocar ganglios agrandados y dolorosos en la nuca. Conviene llevar al niño adonde el médico, no tanto por la enfermedad que es benigna, sino para confirmar el diagnóstico y aislarlo durante una semana para que no contagie a mujeres embarazadas y no disemine el mal en otros hogares.

La cuarta enfermedad exantemática (con brote rojo) es la escarlatina, que se parece un poco a la rubéola en que el brote aparece dos días después de la fiebre y también en que comienza por la cara y se extiende rápidamente al resto del cuerpo. Se diferencian porque en la escarlatina el brote es más intenso (escarlata), parejo y grueso (incluso se toca); la lengua se pone muy roja y con puntos blancos (como una fresa madura), y las amígdalas se cubren con placas blancas; en realidad, la escarlatina es una amigdalitis con brote. Es la única enfermedad eruptiva que no es producida por virus sino por una bacteria llamada estreptococo y por eso requiere tratamiento con penicilina. Cuando no se la reconoce oportunamente, puede derivar, a las dos o tres semanas, en una enfermedad de los riñones conocida como glomerulonefritis o bien causar fiebre reumática. Sobra decir que por esta razón hay que llevar el niño al médico apenas aparezcan los primeros síntomas.

La quinta enfermedad eruptiva, muy benigna, es menos conocida por el público que la escarlatina y se parece un poco a ella; se llama precisamente la quinta enfermedad. Su principal característica es que al principio parece como si al niño le hubieran dado un par de cachetadas: las mejillas se le ponen intensamente rojas. Casi no produce fiebre y si acaso algunos leves signos como el resfriado. De las mejillas, el brote pasa a la cara externa de brazos y piernas, donde adopta un aspecto de red que puede durar varias semanas. Recientemente se ha descubierto el virus que la produce (parvovirus 9), y también se ha probado que puede agravar algunas de las anemias llamadas hemolíticas.

173. ¿Hay vacuna contra la varicela?

En el Japón y en los Estados Unidos se está ensayando una vacuna contra la varicela que parece muy efectiva. Pero como se trata de una enfermedad leve, no se ha considerado necesario recomendarla para toda la población; sería un gasto innecesario de recursos que se pueden emplear en otras necesidades más apremiantes. Pero será en cambio muy útil para proteger a los niños con problemas de inmunodeficiencia, ya sea congénita o por tratamiento con ciertas drogas como cortisona durante tiempo prolongado o medicamentos contra el cáncer.

174. ¿No será mejor que a los niños les dé el sarampión en vez de vacunarlos?

De ninguna manera. El sarampión no es una eruptiva cualquiera, es la más peligrosa de las enfermedades eruptivas. Puede complicarse con laringotraqueobronquitis que con gran frecuencia se convierte en bronconeumonía. Esto le ocurre sobre todo a los niños más pequeños, a los desnutridos y a los que padecen bronquitis crónica o asma.

Además, los que ostentan cierto grado de desnutrición, se agravan tremendamente. Otra complicación del sarampión, menos frecuente pero igualmente grave es la encefalitis, o sea, la inflamación del cerebro que se manifiesta por convulsiones, inconsciencia y parálisis y que cuando no mata puede dejar lesiones irreversibles. Por otra parte, el sarampión complicado necesita invariablemente hospitalización y todos sabemos lo mucho que cuesta tener un niño en el hospital y los riesgos y problemas psicológicos que trae consigo. Por estas razones, se considera indispensable vacunar a todos los niños contra el sarampión.

175. *¿Es peligrosa la vacuna contra el sarampión?*

Como todas las vacunas, la del sarampión tiene algunos riesgos para el sistema nervioso central, pero son sumamente raros. A mí, que he vacunado durante veinte años a millares de niños, no me ha tocado, afortunadamente, ver ninguna complicación seria. En cambio, son muchos los riesgos que se corren al contraer la enfermedad. Por lo tanto, si se sopesa el riesgo contra el beneficio, lo sensato es vacunar al niño.

176. *¿Qué reacciones se pueden esperar de la vacuna contra el sarampión?*

Entre el 6 y el 10 día después de la vacuna, algunos niños (1 de cada 10 vacunados) presentan irritabilidad, en ocasiones fiebre que no suele ser alta y llegan, incluso, a brotarse. Esta especie de "pequeño sarampión" no causa mayores molestias y sobre todo no tiene ninguna de las complicaciones que se le conocen a la enfermedad propiamente dicha. Todo lo que hay que hacer es manejar la fiebre con antitérmicos y aumentar el consumo de líquidos durante los días que ella dure.

177. *¿A qué edad se debe aplicar la vacuna contra el sarampión?*

En Colombia, el Ministerio de Salud está recomendando aplicarla a los 9 meses de edad. Es conveniente pero no indispensable poner un refuerzo a los 15 meses (junto con paperas y rubéola).

178. *¿Es cierto que al niño menor de un año no le puede dar sarampión por las defensas que la madre le transmite?, si así fuese, ¿por qué aquí vacunan a los nueve meses?*

La leche materna no le da al niño defensas contra el sarampión. La madre que padeció sarampión en la infancia o fue vacunada adecuadamente, le transmite al niño defensas a través de la placenta. Se calcula que éstas podrían servir para protegerlo hasta los nueve meses. Cuando estos anticuerpos recibidos de la madre por la placenta se hallan aún en valores altos pueden inutilizar la vacuna. Se sabe que a los nueve meses de edad éstos ya han bajado y que la vacunación es segura.

Una segunda vacunación a los quince meses (junto con las vacunas de paperas y rubéola) mejora aún más las defensas contra el sarampión.

179. ¿Se podrá erradicar completamente el sarampión como se hizo con la viruela?

Probablemente sí y ello ya está ocurriendo en los países que han logrado mantener vacunados a todos los niños en edad susceptible de contraer el sarampión. Mientras queden algunos sin vacunar, habrá un reservorio del virus, y la enfermedad podrá reaparecer en cualquier momento. O sea, que cuando unos padres deciden por su cuenta no vacunar a su hijo, no sólo están poniendo en peligro la vida de éste sino la de muchos otros niños, pues hacen que la enfermedad prevalezca en la comunidad.

Cerca de cinco niños de cada cien vacunados de sarampión no producen anticuerpos contra el virus y pueden ser susceptibles a la enfermedad. Para protegerlos es importante que todos los niños se vacunen para eliminar el virus de la comunidad.

180. ¿La vacuna del sarampión puede producir la enfermedad?

Los médicos sabemos muy bien que la vacuna de sarampión (al igual que todas las demás) es incapaz de producir la enfermedad, porque los virus que contiene han sido suficientemente atenuados para impedirlo.

Los casos de los que se oye hablar pueden tener las siguientes explicaciones:

– Que el niño sea uno de los pocos que no elaboran defensas ante el virus de la vacuna y por lo tanto pudo adquirir de otro niño la enfermedad.

– Si es auténtico sarampión y se presenta antes de que se cumplan seis días de vacunado, quiere decir que cuando se aplicó la vacuna, ya el niño tenía en curso un contagio.

– Si el aparente sarampión se presenta entre el 6 y 10 día, lo más probable es que se trate de una reacción a la vacuna que se manifiesta por fiebre y hasta cierto brote.

– Si aparece después del 10 día o algunos meses o años más tarde, varias cosas pueden haber ocurrido: que cuando el niño recibió la inmunización todavía tenía anticuerpos transmitidos por la madre, y éstos neutralizaron su efecto; que la vacuna aplicada no estaba activa (la vacuna de sarampión es muy sensible al calor y a la luz; hay que mantenerla en la nevera, no debe exponérsela a la luz y tiene que ser aplicada inmediatamente después de ser diluido el polvo en que viene). O se trata de otra eruptiva; las enfermedades llamadas eruptivas exantemáticas son cinco: sarampión, rubéola, roséola, escarlatina y la "5a. enfermedad", y cada una tiene sus características que le permiten al médico reconocerlas. Cuando no cuadre con ninguna de ellas, puede tratarse de la mononucleosis infecciosa que da brote cuando equivocadamente se le administra ampicilina; o de ciertos virus del intestino que producen fiebre y brotes.

–Hay también ciertas drogas (antitérmicos o antibióticos) que pueden dar brotes parecidos a los del sarampión, las fricciones con alcohol o unturas para la gripe pueden producir estos mismos efectos. Finalmente, puede darse el caso de que se está confundiendo con el sarampión un simple salpullido producido por el calor y el sudor (sudamina).

181. *¿ES CIERTO QUE A LOS NIÑOS QUE SON ALÉRGICOS AL HUEVO NO SE LES PUEDE APLICAR VACUNA DE SARAMPIÓN?*

En primer lugar se ha exagerado el diagnóstico de alergia al huevo. En casos comprobados debe evitarse el contacto con dicho alimento. Las vacunas anteriormente se elaboraban en embriones de pollo (huevos germinados). Pero ahora generalmente se hacen por otros procedimientos que han eliminado la proteína del huevo y, por tanto, puede aplicarse dicha vacuna de sarampión, incluso a los alérgicos a huevo, sin ningún peligro.

182. *SI UN NIÑO QUE NO HA SIDO VACUNADO DE SARAMPIÓN Y TAMPOCO HA PADECIDO LA ENFERMEDAD SE PONE EN CONTACTO CON UN ENFERMO, ¿TODAVÍA SE PUEDE VACUNAR?*

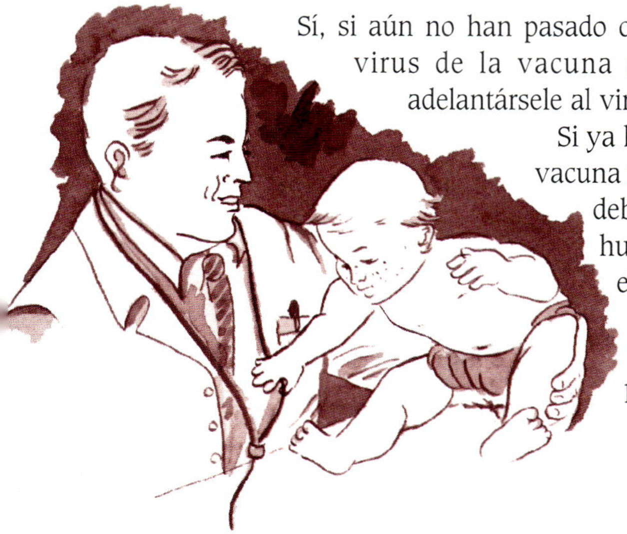

Sí, si aún no han pasado cuatro días después del contagio. El virus de la vacuna se replica rápidamente y puede adelantársele al virus no vacunal.

Si ya han transcurrido cinco o más días, la vacuna no servirá de nada y entonces lo que debe hacerse es aplicar gamaglobulina humana estándard I.M. (prescrita por el médico) a dosis protectora, es decir a 0.25 cc por Kg de peso.

183. *¿QUÉ SE LE DEBE HACER AL NIÑO CON SARAMPIÓN MIENTRAS LO VE EL MÉDICO?, ¿CÓMO SE DEBE TRATAR?*

No hay ningún medicamento para combatir el sarampión. Aunque existen algunas drogas que matan el virus, no conviene administrarlas porque cuando las manifestaciones de la enfermedad se inician, ya éste ha afectado las células y no hay forma de interrumpir el proceso. El tratamiento debe ser sólo sintomático y de soporte, es decir, orientado a aliviar al paciente y evitar algunas complicaciones. Lo usual es que el mismo niño busque la cama, pero puede permitírsele que se levante cuando lo desee y se sienta con ánimos, pues nunca debe ser forzado. La fiebre, la falta de apetito y los frecuentes vómitos espontáneos o inducidos por la tos, lo ponen en peligro de deshidratarse, por lo cual hay que darle líquido constantemente, así sea en poca cantidad (jugos, gaseosas, aguas aromáticas, agua con azúcar y algún caldito agradable). Los alimentados al pecho deben seguir tomándolo a voluntad. Al niño mayor se le pueden ofrecer alimentos como leche y sólidos siempre y cuando se respete la natural inapetencia.

No conviene forzarlo, porque con ello lo único que se lograría es que vomite y empiece a sentir rechazo por la comida. Los desnutridos o en riesgo de serlo, son los que más necesitan ser alimentados durante el sarampión, pues se sabe que esta enfermedad es muy dada a agravar la desnutrición; las leches ácidas (yogur+ o kumis) son con frecuencia bien aceptadas y se toleran fácilmente por su carácter de predigeridas.

184. ¿Es cierto que al niño con sarampión no se le puede dar alimento de sal?

Es una creencia muy extendida, pero no es cierta. De hecho, la leche tanto la materna como la de vaca, contiene bastante sal y sin embargo es lo más recomendado para el niño enfermo. Quizás el público se refiere con "lo de sal", a los alimentos sólidos que se preparan con sal, tal vez por la observación de que usualmente el enfermo los rechaza. Lo mejor es dejarlo comer lo que quiera, sin forzarlo y tratar sobre todo de que tome líquidos para evitar la deshidratación que puede sobrevenir por la fiebre, el sudor y los vómitos.

185. ¿Es cierto que al niño con sarampión no le puede dar el aire porque se le "consume el brote" y se agrava?

Por el contrario, la habitación del niño con sarampión debe ser bien ventilada, porque se trata de una enfermedad que afecta el aparato respiratorio y en esa medida es bueno que el aire contenga suficiente oxígeno. Los cambios de temperatura en cambio sí son peligrosos y por eso no conviene llevarlo al parque ni que salga de noche.

186. ¿Es cierto que la luz le hace daño? ¿Al niño con sarampión hay que ponerle luz roja?

Uno de los signos característicos del sarampión es la irritación de los ojos y la fotofobia (fastidio por la luz), motivo por el cual se aconseja no ponerlos frente a una ventaja con mucha luz y sol o debajo de una bombilla potente. Pero confinarlos a la oscuridad es una exageración, y lo de la luz roja no tiene sentido pues ésta a su vez irrita los ojos.

187. ¿Es cierto que el brote puede "consumirse" (brotarse por dentro) y que esto agrava la enfermedad?

Lo que se sabe es que la intensidad del brote indica la gravedad de la enfermedad. En el llamado sarampión hemorrágico, que es muy grave, el enrojecimiento de la piel es tan intenso que ésta alcanza a sangrar, lo que significa que el virus ha atacado las células no sólo de la piel sino del aparato respiratorio y eventualmente del cerebro. Pero todas las creencias populares tienen un origen lógico.

Yo creo que esta idea proviene de la observación de que el sarampión en los niños menores de un año, en los desnutridos y en los que son bajos productores de anticuerpos, cursa con un brote menos definido que en los demás y sin embargo, es mucho más grave.

188. ¿Es verdad que el agua de toronjil hace aparecer el brote del sarampión?

No hay ninguna demostración ni explicación para que el toronjil produzca o acentúe el brote del sarampión, pero es una creencia popular muy extendida, que probablemente tiene el siguiente origen: el sarampión es una enfermedad fácil de reconocer (aun antes de que brote) y las abuelas, que por lo general son las que recomiendan las hierbas, vieron muchos en la época en que no existía la vacuna. Cuando un niño tiene fiebre de tres días de duración, ojos rojos, fastidio por la luz, párpados hinchados y tos seca, lo más probable (si no está vacunado) es que tenga sarampión y que esté en vísperas de brotarse; si en este momento se administra el agua de toronjil, o cualquier otra infusión, el resultado parece maravilloso porque de todas maneras, antes de 24 horas, se habrá iniciado y extendido el brote de la cabeza hacia abajo. Afortunadamente, la costumbre consiste en dar leche con toronjil, a lo cual por supuesto no me opongo porque el toronjil no hace daño y la leche sí beneficia mucho al niño enfermo.

189. ¿Es peligroso para una mujer embarazada ponerse en contacto con un enfermo de sarampión?

La inmensa mayoría de las mujeres en edad concepcional, o bien han padecido el sarampión en la infancia o bien están vacunadas y por tanto no hay riesgo de que se contagien y padezcan la enfermedad durante el embarazo. Hay que saber sin embargo, que a una mujer embarazada no se le debe administrar vacuna de sarampión, porque todavía no se sabe con certeza si afecta o no al feto. Por esta razón, aquéllas que no hayan padecido esta enfermedad en la infancia ni hayan sido vacunadas, deben evitar en lo posible el contacto con ella, y si ya se ha producido, consultar al médico (de preferencia pediatra) sobre lo que puede hacerse, como por ej.: aplicar gamaglobulina estándar intramuscular.

190. ¿Cómo se adquiere el sarampión?

Generalmente por contacto directo con el enfermo. Este, al toser, emite goticas de saliva que transportan el virus hacia los ojos o la nariz del sujeto susceptible. Pero en épocas de epidemia, se ha demostrado que el aire puede transportar el virus e infectar a muchos niños, si no están vacunados.

191. Entiendo que la rubéola es una enfermedad peligrosa para las embarazadas, pero muy leve en los niños. ¿Por qué entonces vacunarlos? ¿No será mejor dejar que les dé a las niñas?

En los niños la rubéola es una enfermedad benigna (fiebre, brote fino y ganglios en la nuca) que prácticamente no ocasiona complicaciones. Antes de existir la vacuna, se recomendaba que cuando en una casa hubiera rubéola, se invitara a las niñas amigas para que se contagiaran ("rubeola party"). Esta costumbre es desaconsejable pues mientras más virus salvaje esté circulando hay más probabilidades que alguna embarazada sin defensas se contagie. Muchas mujeres siguen llegando a la edad de concebir sin haber padecido la enfermedad y si les llega a dar estando embarazadas, los efectos sobre la criatura son desastrosos. Es mucho más seguro vacunarlas de niñas (aprovechando la vacuna mixta de sarampión, paperas y rubéola o trivalente viral) a los quince meses, y ponerles un refuerzo a los doce años. En todo caso, una vez embarazadas no se les debe aplicar la vacuna porque ésta podría, aunque muy eventualmente, afectar igualmente al niño.

192. ¿Qué se puede hacer cuando una mujer desea tener un hijo y sabe que no ha tenido rubéola, no está vacunada ni tiene defensas contra esa enfermedad?

Con frecuencia, muchas mujeres no recuerdan que en la infancia padecieron rubéola y sin embargo, al hacerles un análisis de anticuerpos en la sangre presentan buenos niveles de defensas. Si el médico lo considera conveniente podrá solicitar dicho examen. En general, la mujer en edad fértil puede vacunarse a condición de que haya seguridad de que no está embarazada y que no lo estará en los tres meses subsiguientes a la vacuna. Conocer su estado de inmunidad ante la rubéola y decidir su vacunación es uno de los beneficios de la consulta pregestacional, como se indicó en la pregunta No. 1.

193. Cuando una mujer se pone en contacto con un enfermo de rubéola, ¿se le puede prevenir la enfermedad aplicándole gamaglobulina estándar humana I.M.?

Esto se hizo hace algunos años, pero los resultados fueron malos y ya no se recomienda; es más, esa práctica se considera contraproducente porque la gamaglobulina

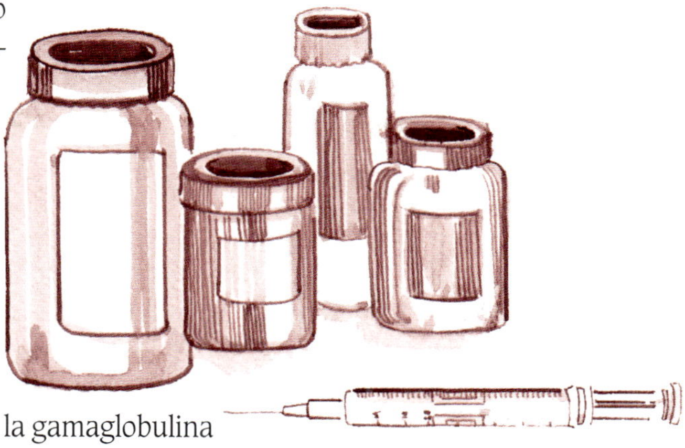

estándar intramuscular lo único que hace es dar una falsa seguridad pues impide la aparición de la fiebre y el brote, pero no evita que el virus circule por la sangre de la madre, atraviese la placenta y llegue al niño, causándole serios problemas.

Se ha dicho que es posible que esta falta de protección puede deberse a la baja concentración de anticuerpos que aporta la gamaglobulina estándar. Por ello y debido al grave riesgo para el embrión y a la imposibilidad de un aborto terapéutico por razones éticas y legales, se ha sugerido con buenos argumentos el uso de gamaglobulina endovenosa, aunque no hay aún datos concluyentes de su efectividad y es un medicamento muy costoso.

194. ¿Qué daños puede causar la rubéola cuando le da a una embarazada?

Si la enfermedad ocurre en el primer trimestre (doce semanas iniciales), al niño se le altera la formación y estructura de varios órganos, lo que puede generar una microcefalia (cerebro pequeño y retardo motor y mental), cataratas (enturbiamiento del cristalino del ojo con ceguera) y afección del corazón (diversas cardiopatías). Se considera que después de las doce semanas el riesgo es muy bajo.

195. ¿Qué se puede hacer entonces cuando una embarazada, en las doce semanas iniciales, que no ha tenido la rubéola ni está vacunada contra ella, se pone en contacto con un enfermo de rubéola?

Lo mejor es hacer de inmediato una titulación de anticuerpos contra la rubéola y repetirla dos semanas después. Si en el primer examen no existen o están a título muy bajo, quiere decir que la mujer no ha tenido rubéola ni está vacunada. Si en el segundo examen aparecen anticuerpos o aumentan con relación al primero, esto indica que el virus se diseminó y que puede haber afectado a la criatura. Se hace necesario entonces tomar la decisión sobre interrupción del embarazo, según la posición ética y religiosa de la familia y el médico. Todo esto podría evitarse si en la consulta pregestacional o al iniciarse el embarazo se determina el grado de inmunidad ante la rubéola.

196. Si la vacuna de la rubéola es útil únicamente para evitar problemas en el embarazo, ¿por qué se la ponen también a los varones?

Si se está pretendiendo erradicar la enfermedad, para esto es necesario vacunar a toda la población susceptible. Infortunadamente entre nosotros todavía no es posible lograrlo, debido a los altos costos que tiene la vacuna. Sin embargo, acostumbramos vacunar a los varones para evitar que un día el niño le traiga la rubéola de la escuela a su madre embarazada.

197. ¿Qué es la poliomielitis?

En el curso de los primeros cinco años de vida, prácticamente toda persona tiene la infección por los virus de la poliomielitis. Cualquier fiebre, gripe o diarrea puede ser infección por virus de la polio. Sólo en muy pocos casos, el virus alcanza el sistema nervioso y produce la parálisis que frecuentemente deja secuelas. Los virus de la polio (que son 3), entran al organismo por la boca a través de los alimentos contaminados, o por goticas de la respiración procedentes de los sujetos enfermos o portadores.

198. ¿Se puede prevenir la poliomielitis sólo hirviendo la leche y el agua y evitando los contactos con enfermos?

No, la poliomielitis se comporta en forma muy distinta de otras enfermedades como la gastroenteritis, que sí se puede evitar con esas medidas. Prueba de ello es que los países con mejor higiene eran los que tenían más casos de poliomielitis paralítica. La única forma de evitar la poliomielitis a un niño es vacunándolo oportunamente, de acuerdo con las recomendaciones de los organismos de salud.

199. ¿Se le puede dar la vacuna de polio a un niño con gripe?

Sí se le puede dar, no hay ningún inconveniente. Sólo el médico está capacitado para decidir cuándo un niño no debe vacunarse. Hace algunos años, cuando todavía la enfermedad era frecuente, se tenía el temor de dar vacuna a un niño con fiebre por el riesgo de que ésta fuera debida a poliomielitis y que luego se le echara la culpa a la vacuna. Pero hoy en día, gracias a la vacunación masiva, la enfermedad es tan rara que este riesgo prácticamente no existe.

200. ¿Qué es el Sida?

La sigla Sida traduce Síndrome de Inmunodeficiencia Adquirida, se trata de una enfermedad relativamente nueva pues apareció hacia 1968 y se está extendiendo en forma alarmante por todo el mundo. Y significa que un individuo que tiene, como la inmensa mayoría de la población, buenos mecanismos de defensa contra las infecciones, por acción de un virus nuevo (HIV) los pierde casi completamente y comienza a ser víctima de numerosas infecciones, por gérmenes comunes y por agentes raros difíciles de combatir, lo que lleva fatalmente a la inanición y a la muerte.

Se puede adquirir de forma muy parecida a la hepatitis B: por sangre o instrumentos contaminados con ella como agujas, jeringas, instrumental de cirugía y odontología, relaciones sexuales y a través de la placenta si la madre tiene la enfermedad.

201. *Se sabe que el Sida es una enfermedad que se adquiere predominantemente por relaciones homosexuales. ¿Cómo un niño puede tener Sida?*

Inicialmente el SIDA en adultos predominaba en grupos llamados de alto riesgo, como varones homosexuales y drogadictos. Sin embargo, cada vez es más frecuente en individuos heterosexuales, quizás en estos últimos sean determinantes la promiscuidad y las relaciones bisexuales. Se prevé que el Sida llegará a ser más frecuente en heterosexuales que en homosexuales en corto tiempo.

Los niños pueden adquirir el Sida por:

– La placenta si la madre padece la enfermedad.

– Por transfusiones de sangre o de productos de ésta que se usan para tratar otras enfermedades hemorrágicas, así como también el plasma y por agujas, jeringas e instrumental quirúrgico y odontológico contaminado con sangre infectada. El contagio por sangre ha disminuido enormemente porque todos los bancos de sangre están investigando el Sida previamente en los donantes y los laboratorios que elaboran productos derivados de sangre la tratan por métodos que destruyen el virus. Por ejemplo, los derivados de sangre como el factor para la hemofilia y las gamaglobulinas son totalmente seguros actualmente.

– Se han descrito unos poquísimos casos transmitidos por leche materna cuando la madre tiene la enfermedad.

Se sabe que el virus se encuentra también en la orina, en la saliva y en las lágrimas, pero no se ha podido demostrar que éstos sean fuentes de contagio, a menos que se pongan en contacto con la piel abierta o escoriada.

Definitivamente no se deben aplicar inyecciones con jeringas y agujas simplemente hervidas. Se debe utilizar solamente material desechable y sólo para un uso. Se ha mencionado también que puede ser peligrosa la abertura de las orejas con agujas corrientes de coser o cualquier otro dispositivo no esterilizado al autoclave.

– Otra fuente de contagio es el abuso sexual de los niños.

Todas las precauciones para evitar el Sida son aplicables a la prevención de la hepatitis B, porque ésta se transmite en forma muy similar.

202. *¿Puede un niño afectado de Sida asistir al jardín infantil o al colegio? ¿Es peligroso para nuestros hijos que haya algún caso de Sida en el colegio?*

Es una injusticia con un niño afectado de Sida, reducirlo a ser un marginado social. Un niño afectado de Sida puede acudir al colegio pues el virus no se transmite por saludos, comidas compartidas, etc. En el caso, muy poco frecuente por supuesto, de tener heridas abiertas o sangrantes debe dejar de asistir por el riesgo potencial. Si el paciente tiene la costumbre de morder a sus amiguitos, no debe concurrir a la escuela hasta que se corrija.

203. ¿Qué es la meningitis?

La meningitis es la inflamación de las envolturas que recubren el cerebro, producida generalmente por bacterias (aunque también las hay producidas por virus). Estos microbios llegan allí por vía sanguínea a partir de una puerta de entrada que puede estar en la garganta, los oídos, la piel, etc. Se manifiesta por fiebre, vómito, irritabilidad, fontanela tensa, rigidez del tronco y de la nuca, lo que impide mantenerse sentado. Estos síntomas obligan a consultar al médico con carácter urgente para practicar una punción lumbar y confirmar el diagnóstico. Las producidas por bacterias tienen tratamiento curativo de resultados muy buenos cuando se inicia precozmente. Cuando el tratamiento se hace tardíamente o el germen es resistente a los antibióticos que se eligen, pueden quedar secuelas tales como convulsiones (epilepsia), retardo psicomotor o problemas con la vista o el oído.

204. ¿Qué beneficios trae la vacuna de meningitis?

La vacuna llamada de meningitis, protege de la enfermedad causada por un bacilo llamado *Haemophilus influenzae*. Es la causa más frecuente de meningitis en los niños. Además como este bacilo causa otitis y bronconeumonías, la vacuna disminuye también el riesgo de estas enfermedades.

El mayor riesgo se encuentra en los menores de dos años, pero hasta los cinco hay susceptibilidad importante ante esta enfermedad, por ello se acostumbra vacunar contra la meningitis a los menores de cinco años, pero especialmente a los menores de dos años y ojalá lo más tempranamente posible, iniciando a partir de los dos meses.

205. ¿Qué son las gamaglobulinas y cuándo se aplican?

Son productos derivados de la sangre, la mayoría elaborados en los bancos de sangre de Suiza. Contienen anticuerpos contra una gran variedad de enfermedades. Existen varias clases, como la llamada estándar que es sacada de donantes sanos, y las específicas que son sacadas de donantes que recientemente han padecido una enfermedad o han sido vacunados, ej.: varicela o hepatitis B.

La mayoría de las gamaglobulinas son para aplicación intramuscular, algunas son aptas para aplicación endovenosa.

Las llamadas estándar son las más usadas, en especial para evitar la hepatitis A, después del contacto con un enfermo y para evitar o atenuar el sarampión. Además para tratar a aquellos pocos niños que han nacido con deficiencias de anticuerpos. La duración del efecto benéfico de estas gamaglobulinas es apenas de tres semanas.

206. ¿Se pueden aplicar las gamaglobulinas estándar para disminuir las infecciones respiratorias?

Se ha hecho un mal uso de las gamaglobulinas estándar utilizándolas para intentar disminuir las infecciones respiratorias, tan frecuentes en los primeros años de vida. Se les quita así la oportunidad de elaborar defensas contra agentes infecciosos prácticamente inevitables. Además, la aplicación de anticuerpos extraños puede en ocasiones alterar el funcionamiento del propio sistema de defensas, por ello no deben aplicarse sino en las situaciones recomendadas en la pregunta anterior.

207. ¿Cuáles son entonces las vacunas indispensables para un niño y la edad de su aplicación?

El siguiente es el calendario de vacunas recomendado por las autoridades sanitarias:

Al nacer	Tuberculosis (y Polio en algunos países)
4 semanas	Difteria, Tétanos, Tos Ferina y Polio y *Haemofilus influenzae*.
8 semanas	Difteria, Tétanos, Tos ferina y Polio y *Haemofilus influenzae*.
12 semanas	Difteria, Tétanos, Tos ferina y Polio y *Haemofilus influenzae*.
15 meses	Sarampión, paperas y rubéola.
A los 18 meses	refuerzo de Difteria, Tétanos, Tos ferina y Polio.
A los 5 años	refuerzo de Difteria, Tétanos, Tos ferina y Polio.

Se aconseja como ideal, aunque aún no como obligatorio, aplicar vacuna de hepatitis B, tres dosis, con intervalo mensual, en el primer año de vida, siendo posible aplicarlas también a las 4, 8 y 12 semanas junto con las vacunas tradicionales a esas edades.

Capítulo V

Diarrea aguda e hidratación oral

Junto con las infecciones respiratorias, las diarreas agudas siguen siendo la principal causa de enfermedad y muerte de los niños en América Latina. La inmensa mayoría de las diarreas agudas, son producidas por microbios, por toxinas o por parásitos microscópicos y por lo tanto pueden prevenirse. Las principales (bacterias o virus), son: el *bacilo coli*, la *shigella*, la *salmonella*, el campilobacter y otros. Las que producen toxinas en los alimentos son: *bacilo cereus*, *bacilo perfringens* y estafilococo. Los virus más frecuentes son los rotavirus, denominados así porque tienen forma de rueda. Los parásitos son la amiba histolítica y la giardia.

Todos entran por la boca, ya sea a través del agua o de alimentos contaminados, o por intermedio de las manos y objetos sucios. Muchas diarreas son contagiosas, es decir, que se pueden adquirir por contacto con un adulto o niño enfermo. En aquellos lugares en los que suelen concentrarse muchos niños, se llegan a desarrollar verdaderas epidemias.

La diarrea se caracteriza por evacuaciones más blandas, semilíquidas o líquidas, aumentadas en cantidad y generalmente (pero no siempre) en número por día. Con frecuencia se acompañan de vómito, inapetencia y fiebre. Sin embargo, muchas infecciones intestinales transcurren sin fiebre. Tampoco hay que creer que para tener diarrea se necesita hacer muchas deposiciones al día: una sola, abundante y líquida puede ser más peligrosa que diez, mucosas y pequeñas.

El gran peligro de las diarreas radica en que, junto con el vómito y la inapetencia, pueden llevar a la deshidratación. El organismo es como una cuenta bancaria: si las salidas superan a las entradas, el saldo se pone en rojo porque se agotan las reservas y el cliente se quiebra. En el organismo, si el líquido que se pierde por medio de las deposiciones, el vómito, el aumento del sudor por la fiebre, el vaho de la respiración, etc., no se compensa con suero o con otros líquidos adecuados, las reservas de agua y minerales se agotan y el niño se deshidrata.

208. ¿Es verdad que una diarrea puede matar a un niño en pocas horas?

Sí, es verdad. Se ha dado el caso de niños que están bien por la mañana, presentan durante el día una diarrea muy abundante que no es atendida oportunamente, y por la noche están muertos. Claro que esto no es lo más frecuente. Por lo general, las diarreas dan tiempo para ser atendidas y, bien tratadas, prácticamente todas se pueden controlar. Lo importante es actuar lo más pronto posible para que no avance la deshidratación.

209. ¿Cómo se sabe que un niño tiene diarrea?

La madre conoce bien cómo son las deposiciones de su hijo y sabrá que hay diarrea si éstas se vuelven más blandas o totalmente líquidas, o si la parte sólida aparece rodeada de agua. Por lo general, el enfermo hace más deposiciones de lo acostumbrado.

Es necesario tener en cuenta que los niños alimentados al pecho siempre hacen deposiciones blandas y frecuentes, y no por ello se puede decir que tengan diarrea, ni se les debe quitar el pecho. Es raro que estos niños presenten diarrea infecciosa, pero ello puede ocurrir cuando, por ejemplo, la madre no se baña bien las manos para darles el seno, el agua que se utiliza para preparar los alimentos no es de buena calidad o cuando los alimentos como frutas y verduras no han sido bien lavadas. En ese caso, además de líquidas, abundantes y frecuentes, las deposiciones tendrán mal olor.

210. ¿Qué se puede hacer cuando un niño tiene diarrea?

Lo principal es empezar a darle pronto suero oral. Si además de diarrea tiene vómito, es necesario suprimir los alimentos, incluso la leche, pero sólo durante una a tres horas y reemplazarlos por suero administrado por cucharaditas cada 10 minutos. Si el niño no recibe bien el suero y está en buenas condiciones generales, lo más probable es que no esté deshidratado. Se puede entonces reemplazar el suero por líquidos caseros con adición de muy poca azúcar (limonadas, aguas aromáticas, etc.).

La norma general para niños que no están vomitando es que sigan tomando su alimentación normal a libre demanda, máxime si el alimento básico es el seno materno. Hay que educar a la familia en el sentido de instruirlos acerca de que el alimento no es el que hace daño sino los microbios que se introducen con alimentos mal preparados.

El suero oral puede conseguirse en el centro de salud o en las farmacias donde se encuentra en forma de sobrecito con las sales para agregarle agua o ya en forma de líquido, listo para su uso. Para prepararlo, se hierve agua por 10 minutos y se mide un litro; se deja enfriar y se disuelve en ella el sobre de sales. Un litro equivale a cuatro teteros de ocho onzas, o a cuatro tazas de las de café con leche. También se puede medir en las botellas grandes de gaseosa (gaseosa litro).

Si no se dispone de sobres, o mientras se consiguen, se puede preparar el suero de la siguiente manera: en un litro de agua hervida se pone una cucharadita dulcera rasa de sal y cuatro soperas (u ocho dulceras) rasas de azúcar.

Se puede suministrar el suero en biberón pero es preferible hacerlo con cucharita o en vaso. Es recomendable darlo en pequeñas tomas frecuentes (más o menos cada media hora) sin forzarlo a tomar más de lo que él quiera recibir. Si la diarrea es abundante y líquida, de ésas que empapan el pañal, hay que aumentar la cantidad de suero. Puede ser tibio o al clima; ensaye de diferentes modos a ver cómo lo recibe mejor. Si el niño tiene mucha sed y quiere más, no se le debe negar, porque es probable que ya esté algo deshidratado. En ese caso, es mejor llevarlo al médico sin dejar de darle suero por el camino.

También puede conseguirse el suero, ya listo para ser administrado, en diversas presentaciones comerciales.

211. ¿QUÉ SE DEBE HACER CUANDO UN NIÑO CON DIARREA NO QUIERE RECIBIR EL SUERO?

Esto quiere decir que no está deshidratado; pero si la diarrea continúa, es posible que en unas horas tenga sed y empiece a recibirlo. Use el chupo que más le gusta o el que siempre usa. Agréguele al suero un chorrito de limón, o seis cucharaditas dulceras de harina de arroz precocido por litro, lo que le mejora el sabor, lo hace más efectivo y contrarresta la diarrea.

Pero si pasan las horas y el niño no ha querido tomárselo y además la diarrea es muy abundante, hay que llevarlo al médico porque es peligroso que se deshidrate.

212. ¿QUÉ HACER CUANDO EL NIÑO VOMITA EL SUERO?

Esto ocurre con alguna frecuencia; la solución es darle una cucharadita cada cinco minutos hasta que pasen unas dos horas sin vomitar y entonces empezar a suministrárselo por onzas cada media hora. No le vaya a dar por su cuenta ningún remedio contra el vómito, pues el abuso de este tipo de medicamentos puede ser peligroso. Si al cabo de tres horas sigue vomitando el suero, llévelo pronto al médico porque si la diarrea sigue, es factible que se deshidrate.

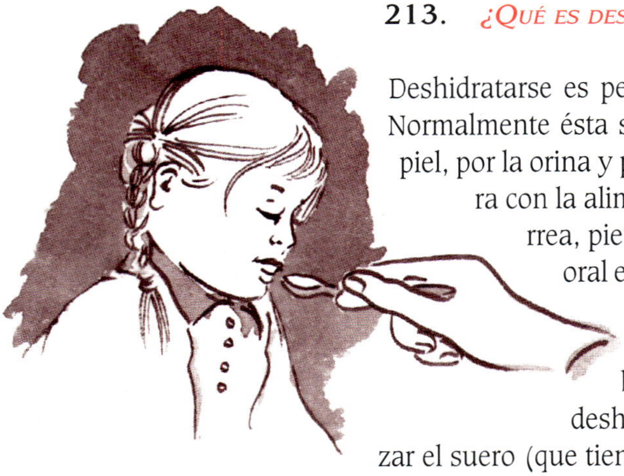

213. *¿Qué es deshidratarse?*

Deshidratarse es perder más agua de la que se toma. Normalmente ésta se elimina por la respiración, por la piel, por la orina y por las deposiciones, pero se recupera con la alimentación. Cuando el niño tiene diarrea, pierde más agua de lo normal. El suero oral es precisamente para reponer esa pérdida. Hay que recordar que en la diarrea no sólo se pierde agua sino también sales. Por eso para corregir deshidrataciones no se puede reemplazar el suero (que tiene sales) con agua de arroz, de apio, de hierbas o gaseosas, que no las tienen.

214. *¿Cómo se sabe cuando un niño se está deshidratando?*

Las madres conocen muy bien los ojos de sus hijos. Pues bien, uno de los sitios en los que primero se reconoce la deshidratación es en los ojos; el niño se pone ojeroso debido a que los glóbulos oculares se hunden. Además, si es pequeño y tiene todavía fontanela o mollera, ésta se deprime (al pasarle los dedos, se sienten los bordes, cosa que no ocurre normalmente). A medida que avanza la deshidratación, el niño llora sin lágrimas, la saliva es escasa y espesa, la boca se le pone seca y la lengua carrasposa, como de loro. Otro de los síntomas es que disminuye la orina y se pone de color amarillo quemado.

215. *¿Por qué los médicos le pellizcan la piel a los niños, cuando los examinan para evaluar la deshidratación?*

Es precisamente para descubrir pronto la deshidratación. Esto es algo que las madres deberían aprender a hacer. Se llama el signo del pliegue; cuando a un niño normal se le pellizca la piel del abdomen, ésta vuelve a su sitio inmediatamente, de una manera elástica. Si el pellizco o pliegue persiste unos segundos, es porque hay deshidratación.

216. *¿Qué debe hacerse cuando un niño con diarrea empieza a mostrar signos de deshidratación?*

Hay que quitarle la leche y otros alimentos pero sólo por unas pocas horas y proceder a darle el suero en la mayor cantidad posible para que se rehidrate pronto y pueda realimentarse. Pero si el niño no recibe suero o lo vomita, hay que llevarlo al médico, de preferencia al servicio de urgencias de un hospital, lo más pronto posible.

217. ¿CUÁNTO TIEMPO DEBE TENERSE A DIETA SIN LECHE NI OTROS ALIMENTOS AL NIÑO CON DIARREA?

Si el niño no está deshidratado, no vomita y tiene apetito, no es necesario ponerlo a dieta. El tratamiento consiste en dar suero oral cada vez que haga deposición. Pero si además de la diarrea tiene vómito, es necesario suprimir los alimentos pero sólo por 1 a 2 horas para dar suero en pequeñas tomas frecuentes hasta que cese el vómito. Al cabo de pocas horas, la mayoría puede volver a recibir su leche y los demás alimentos. Si el niño presenta signos de deshidratación (ojos y mollera hundidos, signo de pliegue, escasez de orina) hay que suprimirle todos los alimentos y darle suero oral hasta que los signos de deshidratación desaparezcan. Luego, si sigue con diarrea, cada vez que haga deposición se le dará una cantidad parecida de suero oral.

218. ¿QUÉ SE DEBE HACER SI AL INTRODUCIRLE DE NUEVO LA LECHE VUELVE LA DIARREA?

Al niño no se le debe privar de alimentos por largo tiempo, porque con esto lo único que se logra es prolongar la diarrea. Es natural que después de una dieta aumente la diarrea al darle los primeros teteros. Pero es importante que vuelva a tomar leche e incluso otros alimentos si tiene apetito. Lo único que hay que hacer es, por cada deposición diarreica que haga, darle una cantidad parecida de suero. En esta forma se evita la deshidratación.

Hay que saber que la mayoría de las diarreas duran entre 3 y 7 días. Si no son complicadas, mejoran con la sola administración del suero en la forma que he explicado. Este compensa las pérdidas de agua y minerales y permite seguir alimentando al niño normalmente.

219. ¿ADEMÁS DEL SUERO HAY QUE DAR ALGÚN ANTIDIARREICO?

Los antidiarreicos que se consiguen en la farmacia en forma de mixturas no sirven absolutamente para nada. Lo único que hacen es cambiarle el aspecto a las deposiciones pero la diarrea en sí continúa y el niño se puede deshidratar si la madre, engañada por el aspecto sólido de las deposiciones, no le da suero. Hay también en las farmacias unos productos que se anuncian como antidiarreicos y que lo único que hacen es paralizar el intestino, con lo cual disimulan el mal e impiden que se tomen las medidas necesarias para curarlo. Estas drogas sólo son útiles para aliviar el dolor de algunas diarreas, especialmente en niños mayorcitos o adultos, pero deben ser usadas únicamente cuando el médico las formule.

220. SI LA DIARREA ES UNA INFECCIÓN, ¿HAY QUE DAR ANTIBIÓTICO?

Casi todas las diarreas agudas son infecciones (y además contagiosas), pero no por esto requieren de antibiótico. En primer lugar, porque en la mitad de ellas el microbio causante es un virus y contra los virus no hay antibiótico que sirva. Otras se deben a unas sustancias llamadas toxinas que son producidas por bacterias y contra las cuales tampoco sirven los antibióticos. Basta con dar suero y esperar a que se eliminen. Unas pocas diarreas, llamadas invasivas, requieren antibiótico, pero éste debe ser formulado por el médico.

221. ¿CÓMO SE RECONOCEN LAS DIARREAS INVASIVAS?

Cuando la deposición, además de ser diarreica tiene moco y sangre. En ese caso hay que dar suero oral, como ya se explicó, pero además llevar al niño al médico para que se le hagan exámenes de laboratorio y se determine el tratamiento adecuado.

222. ¿CUÁNDO REQUIERE CONSULTA MÉDICA UNA DIARREA?

En primer lugar, cuando presente signos de deshidratación. En ese caso, hay que empezar a darle suero oral e irse a un servicio de urgencias lo más pronto posible. También hay que llevarlo cuando haga deposiciones con sangre, pues puede tener infección o amibiasis y en ambos casos sólo el médico puede formular el remedio. Nunca se les debe dar a los niños con diarrea antibióticos, antidiarreicos, remedios contra el vómito o antiamibianos recomendados por parientes, amigas o dependientes de droguería. El único consejo que se debe aceptar es el del suero oral, ya sea de sobres o casero o en envase comercial.

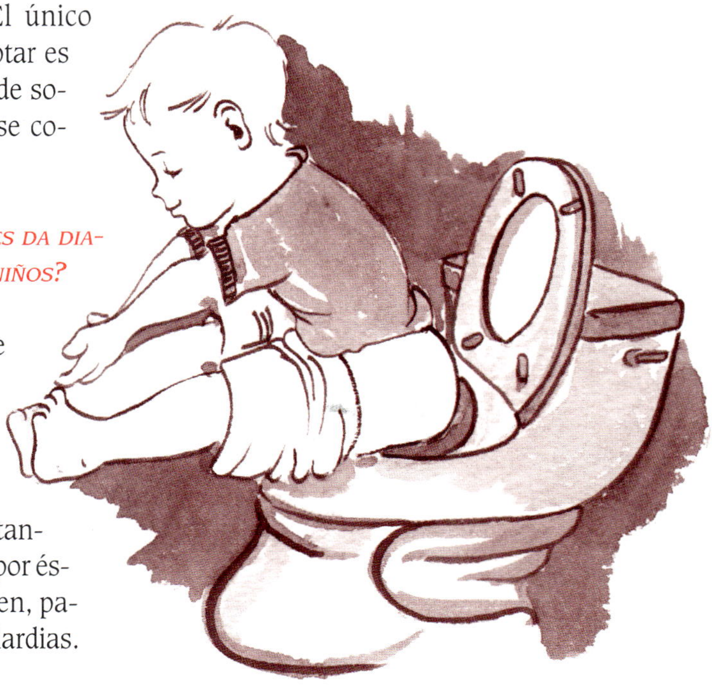

223. ¿POR QUÉ LES DA DIARREA A LOS NIÑOS?

Casi todas las diarreas de los niños se deben a que entran por la boca microbios (agentes invisibles) tales como virus o bacterias o toxinas (sustancias dañinas) producidas por éstas en los alimentos, o bien, parásitos como amibas y giardias.

224. ¿De dónde vienen estos agentes que producen diarrea?

Las bacterias y parásitos provienen de las materias fecales (deposiciones) de otras personas, adultos o niños. Algunos virus pueden ser ambientales.

225. ¿Cómo pueden llegar a la boca del niño las materias fecales de otras personas o animales?

- Por el agua, que aunque venga de acueducto, con mucha frecuencia está contaminada, desde su origen o en el trayecto o en los tanques.
- Por la leche que mal ordenada, fácilmente se contamina con materias fecales de la vaca o de las manos del ordeñador.
- Por las manos de la persona que prepara los alimentos, o coge las del niño, sin bañárselas muy bien después de limpiarse el ano al hacer deposición.
- Por los dedos del niño o del chupete, sucios de tierra casi siempre contaminada.
- Por verduras dadas al niño mal lavadas y crudas, sin pensar que con mucha frecuencia son cultivadas con abono humano o animal o rociadas con aguas negras.
- Por frutas sin lavar, a pesar de que con frecuencia han estado en el suelo sucio.
- Por verduras y frutas aun bien lavadas, pero cortadas o picadas con el mismo cuchillo (sin lavar), usado para cortar carnes contaminadas en el matadero con materias fecales de los mismos animales.
- Por dar estas carnes a medio asar (u otros alimentos) o guardadas de un día para otro sin nevera y recalentadas.
- Por las patas de moscas, cucarachas o ratones que traen materias fecales a los alimentos dejados sin tapar.
- Por dar teteros, inclusive de leche en polvo, dejados sin nevera y recalentados.
- Por preparar los teteros del niño con agua conservada tibia en termos que son difíciles de lavar bien.

226. ¿Cómo se evitan las diarreas?

- Hirviendo 10 minutos o mejor filtrando toda agua que se dé al niño, aunque sea de acueducto.
- Hirviendo a fuego lento, 5 a 10 minutos, la leche fresca que se dé al niño, aunque sea pasterizada.
- Bañándose las manos con abundante agua y jabón, limpiando, o mejor, cepillando las uñas y secándose con toalla limpia o mejor con papel. Hacer esto sistemáticamente, después de hacer deposición y además, antes de preparar los alimentos del niño o de darle el seno. Aun así, hay que evitar tocar con los dedos la leche en polvo, los bordes del biberón o el chupo, el pezón del pecho, así como todos los alimentos que el niño va a consumir.

- No contentarse con lavar el tetero; hay que hervirlo por lo menos 10 minutos, cada vez que se vaya a usar. Si se hierven todos los del día, hay que conservarlos en un recipiente bien tapado.
- No dejar al niño en el suelo de tierra o de baldosa, pero sucio de tierra o de materias fecales humanas o de animales.
- Mantener limpias las manos del niño, bañándolas bien, frecuentemente.
- Si se usa chupo de entretención, procurar retirarlo al tercer mes. Lavarlo bien con agua y jabón, cada vez que se caiga al suelo.
- No dejar alimentos destapados, expuestos al pisoteo de moscas, cucarachas o ratones.
- No dar verduras y frutas sin antes lavarlas con agua hervida o mejor, filtrada.
- Si no tiene nevera, no guarde comida preparada de un día para otro y mucho menos en el horno que permanece tibio. No dé nunca "calentado" a niños pequeños.
- Piense que las carnes siempre vienen contaminadas de los mataderos. En ella y en la sangre se multiplican mucho los microbios y las toxinas. La mesa donde se arregla la carne debe mantenerse muy limpia. Aun así, nunca ponga sobre ella la carne misma u otros alimentos ya cocinados, porque en éstos se multipli can más los microbios.
- Mantenga siempre limpio el lavaplatos. Aun así, nunca ponga allí alimentos que se van a consumir crudos.
- Mantenga muy aseado y limpio el sanitario o letrina.
- Cuide que siempre haya papel higiénico disponible. En especial, en el sanitario que usa la persona que prepara los alimentos del niño (madre o sirvienta).
- Procure prolongar la alimentación al pecho lo más posible. La leche materna no contiene microbios y sí aumenta las defensas del niño contra las infecciones. Además, el agua con que hay que preparar la leche en polvo puede contener virus que no se destruyen con el hervido.
- La leche materna sola es suficiente alimento para el niño hasta los cuatro me ses. Antes de esta edad no agregue leche ni otros alimentos que exponen al niño a padecer diarreas.

Capítulo VI

La infección respiratoria aguda

Las infecciones respiratorias son las enfermedades más comunes en la infancia, en todo el mundo. Han desplazado del primer lugar en frecuencia a las enfermedades diarreicas. Son una causa importante de mortalidad infantil, especialmente en los países del Tercer Mundo, porque pueden complicarse con una bronconeumonía. La mayoría de las muertes por esta causa ocurren en la casa y no en el hospital como cabría esperar. Muchas veces esto sucede por simple ignorancia de la madre, porque no supo percibir el momento en que una simple gripe empezó a agravarse y cuando cayó en cuenta de ello, ya era demasiado tarde y no había nada que hacer.

Por esta razón, una de las principales acciones de la actual campaña para bajar la mortalidad por infección respiratoria aguda, consiste en instruir a la gente para que pueda saber cuándo la enfermedad requiere la presencia del médico, y cuándo es leve y puede ser tratada en la casa.

Esta infección usualmente llamada "gripe" o resfriado, es tan frecuente en la infancia que resulta imposible pretender que cada vez que el niño la padezca sea llevado a consulta. Es por ello muy importante que la madre tenga algunas nociones sobre lo que es y aprenda a manejarla. El término "aguda" no necesariamente significa gravedad, lo que quiere decir es que la dolencia se ha iniciado recientemente, es decir, hace unos pocos días, en todo caso, menos de quince.

Generalmente (aunque no siempre), se manifiesta con fiebre y se localiza en el aparato respiratorio. Este está formado por una porción alta y una baja. El sector alto comprende la nariz (fosas nasales), los senos paranasales (cavidades de la cara y de la base del cráneo que se comunican con la nariz), la garganta (faringe) con las amígdalas y el oído medio y la epiglotis, lengüeta que tapa la vía respiratoria cuando tragamos algo.

Cuando un microbio, sea virus o bacteria, se asienta en alguno de estos sitios, decimos que el paciente tiene "infección respiratoria alta" y se habla entonces de rinitis, rinofaringitis, faringoamigdalitis, epiglotitis, o de sus complicaciones que son: sinusitis y otitis media.

Las vías respiratorias bajas comprenden la laringe (cuerdas vocales donde se emite la voz) y la tráquea, o sea el tubo grueso que continúa la laringe hacia abajo y que luego se bifurca en dos gruesos bronquios, uno para cada pulmón, dentro del cual se ramifican en millares de pequeños bronquios y bronquiolos diminutos, que desembocan en los alvéolos, especie de saquitos que constituyen el pulmón propiamente dicho y donde la sangre que viene del corazón toma el oxígeno del aire y expele el gas carbónico. Cuando una infección ataca las vías respiratorias bajas, según el sitio, se habla de laringitis (llamada también "crup"), traqueítis, bronquitis, bronquiolitis, alveolitis o neumonitis, neumonía y de combinaciones de éstas como son: laringotraqueobronquitis, bronconeumonía, etc.

Se puede pensar que está afectado el aparato respiratorio alto cuando el niño tiene fiebre (infección, lo más probable) y además hay estornudos, catarro, picazón y obstrucción nasal (rinitis), dolor de garganta espontáneo y al tragar (faringitis y amigdalitis), dolor de oído y secreción por la oreja (otitis media), dolor de la cara o la cabeza o párpados abotagados (sinusitis). La otitis y la sinusitis se consideran como complicaciones de las rinitis y faringitis. Cuando aparece tos de perro, ronquera de la voz y un ruido (estridor) al entrar el aire, se puede suponer que está afectada la laringe (cuerdas vocales) o sea, que hay laringitis (*crup*); cuando la tos es seca, de tono ronco, probablemente está afectada la tráquea; cuando es húmeda, como moviendo flemas, habrá bronquitis; cuando hay hervor de pecho y la tos es oprimida, se puede suponer que existe obstrucción bronquial como sucede con el asma; cuando hay dificultad para inhalar manifestada por respiración rápida, ensanchamiento de la nariz a cada inspiración (aleteo nasal) y hundimiento de los espacios entre las costillas o debajo de ellas, se supone que está afectado el pulmón mismo (neumonía). Cuando se dificulta botar el aire y el tórax parece inflado, quizás se trate de una bronquiolitis, que es propia de niños menores de un año, o bien de una crisis de asma.

227. *¿ES NECESARIO LLAMAR AL MÉDICO O LLEVAR AL NIÑO A CONSULTA CADA VEZ QUE TIENE GRIPE?*

Cuando un niño tiene fiebre, catarro, obstrucción nasal y dolor discreto de garganta, pero conserva relativamente el apetito, está activo y en general se ve bien, se puede establecer que la "infección respiratoria aguda" es benigna, y que por lo tanto la madre misma puede manejarla. Estas infecciones, que por lo general corresponden al aparato respiratorio alto, casi siempre son producidas por un virus y se curan solas, pero hay que ayudar con medidas generales y de apoyo para que no se compliquen.

Pero cuando la fiebre dura más de dos días o reaparece después de haber bajado, duele o supura el oído, el dolor de garganta es tan intenso que impide alimentarse o simplemente hay inapetencia, aparece tos húmeda (con flema) o el niño respira más rápido que lo habitual, quiere decir que la infección se está agravando y se hace necesario consultar al agente de salud más cercano. Cuando la dificultad respiratoria es evidente y se acompaña de aleteo nasal, hundimiento debajo de las costillas y máxime si hay color azulado de los labios y uñas, la situación es de extrema urgencia y debe acudirse a un hospital. Este cuadro corresponde generalmente a una infección respiratoria complicada o localizada en el aparato respiratorio bajo.

228. ¿Cómo se maneja una infección respiratoria aguda leve?

Las infecciones respiratorias agudas que describimos como benignas o leves, son producidas generalmente por virus y se curan solas en pocos días. Pero para que no se compliquen y para aliviar un poco al niño, se deben tomar algunas medidas de soporte o sintomáticas.

La madre puede manejar sin problemas una fiebre de menos de 38.5. Si no sube de ese punto no es necesario administrar medicamentos, antes bien, es bueno dejarla obrar pues puede contribuir a matar los microbios. Basta con mantener al niño con ropa ligera y holgada (aun en clima frío) e incluso airear el cuerpo desnudo utilizando un periódico a modo de abanico durante unos 15 minutos (ver el capítulo XI sobre manejo de la fiebre).

Si aun así el niño se muestra molesto o dice sentirse mal, con dolor de cabeza o del cuerpo, o si en un momento dado sube mucho la fiebre, habrá que darle además alguna droga antitérmica mientras se consulta al médico. Se usará de preferencia el acetaminofén (del cual hay varias marcas, en gotas o en jarabe), administrado a intervalos de cuatro horas, según la dosis señalada en la etiqueta del producto comercial. A falta de éste pero sólo en los mayores de dos años se puede usar aspirina para niños, de acuerdo con las siguientes dosis: una y media hasta los tres años, y dos de ahí en adelante, cada cuatro horas. Cuando se administre aspirina es necesario verificar si el niño está orinando bien, pues de lo contrario puede resultar tóxica por acumulación.

Nunca deben emplearse antitérmicos del tipo de la dipirona, porque pueden ocasionar serios problemas en la sangre. Es muy frecuente entre nosotros que la madre angustiada por la fiebre alta, le administre al niño este tipo de fármacos o el dependiente de la farmacia se la recomiende. Tampoco es aconsejable hacer fricciones o baños de agua tibia o fría, pues si bien bajan la fiebre, lo hacen tan rápido que se produce escalofrío y ésta vuelve a subir más alto que antes. Ni qué hablar de utilizar alcohol para hacer fricciones o echarlo en el agua con que se baña el niño; aunque sea medicinal (etílico), algunos lo absorben, se les baja el azúcar en la sangre y pueden, incluso, llegar a tener convulsiones. Sobra decir que el alcohol de reverbero (metílico) es terriblemente tóxico, puede matar al niño o dejarlo ciego (ver capítulo X: manejo de la fiebre).

El catarro y la obstrucción nasal se alivian instalando varias gotas de suero fisiológico (solución salina) en cada fosa nasal, con la frecuencia que se desee. El suero fisiológico puede comprarse en la farmacia (del mismo que se inyecta intravenoso), pero éste no debe guardarse demasiado tiempo. Resulta más económico prepararlo diariamente en la casa disolviendo un cuarto de cucharadita de sal de cocina en cuatro onzas de agua hervida tibia.

La tos se puede aliviar aumentando la humedad del aire que se respira. Lo mejor es tender una sábana húmeda en la pieza del enfermo. Si se dispone de un vaporizador o humidificador mecánico puede usarse, pero por períodos no superiores a media hora, que se pueden repetir cada tres horas. No conviene utilizarlo por períodos más largos, pues enrarece el oxígeno del aire que el niño respira. Lo que sí se desaconseja terminantemente es poner a hervir agua en ollas destapadas, pues han ocasionado quemaduras graves y hasta incendios.

Se recomienda mantener húmedo el ambiente para que la flema de la expectoración sea fácil de mover con los golpes de tos. Sin embargo, más útil que humectar el aire es mantener bien hidratado al niño con el suministro frecuente de líquidos azucarados (jugos, aguas caseras y hasta gaseosa, si eso es lo único que recibe).

En ningún caso se deben dar por cuenta propia, remedios contra la tos. Esta es un reflejo de defensa y protección del aparato respiratorio que ayuda a que salgan (hacia el exterior en los niños mayores o hacia el estómago en los pequeños) las secreciones producidas por la infección. Lo único que se podría administrar sería una droga dilatadora de los bronquios, pero sólo cuando el médico la haya prescrito en otra ocasión.

En cuanto a la alimentación, el niño puede comer lo que desee. Otra cosa es que, como ocurre a menudo, esté inapetente, en cuyo caso no se le debe forzar, sino a lo sumo darle los alimentos en pequeñas dosis con mayor frecuencia. Esta recomendación es especialmente válida para los niños con algún grado de desnutrición. Obligarlos a comer estando enfermos hace que le tomen fastidio a la comida.

Cuando la tos es húmeda, conviene cambiar la posición del niño (boca abajo, de lado, etc.) de ser posible cada hora, y a ratos acostarlo sobre el regazo y darle golpes suaves en la espalda para ayudar a que salgan las flemas.

Todas estas medidas están específicamente diseñadas para ser practicadas por la madre en caso de una infección respiratoria aguda de carácter leve. Pero como es obvio, se deben aplicar también cuando la infección sea más grave, mientras se consulta con el médico.

229. ¿Puedo bañar al niño cuando está con gripa?

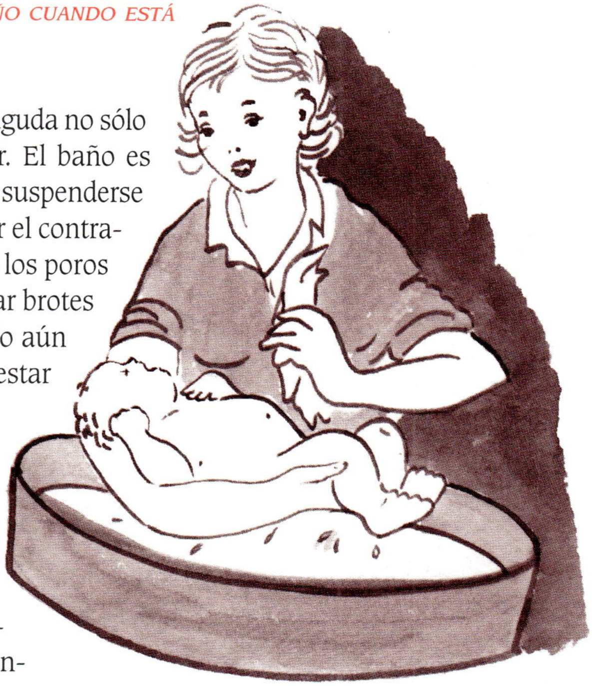

El niño con infección respiratoria aguda no sólo se puede sino que se debe bañar. El baño es una medida higiénica que no debe suspenderse cuando el sujeto está enfermo, por el contrario, conviene mantener expeditos los poros para permitir la sudoración y evitar brotes (sudamina) que puedan fastidiarlo aún más. Por supuesto, el agua debe estar tibia y el baño tiene que ser corto (no necesariamente con jabón), para que no alcance a causar escalofríos. Una vez fuera del agua, hay que secarlo rápido y vestirlo con ropa ligera holgada. Si el pequeño pudiera dar las gracias después de esta elemental atención, con gusto lo haría.

230. ¿Se puede sacar de la casa al niño resfriado?

Al niño con infección respiratoria aguda no le conviene ni el sol ni el ejercicio, pues, además de que seguramente no los desea, le pueden aumentar la fiebre. Pero trasladarlo de un lugar a otro, llevarlo por ejemplo al médico o al hospital, no le hace el menor daño, ni siquiera en clima frío. El frío perjudicial es el que se inhala por la boca directamente a los bronquios; no el que circunda la piel. Por esta razón no hay que abrigarlo más de lo normal, ni mucho menos encerrarlo.

231. Mi hijo vive resfriado, de nada vale mantenerlo encerrado, ni cuidarlo para que no se enfríe, ¿por qué será?

La mayoría de los agentes que desencadenan la reacción exagerada de las vías respiratorias (alergia) muy parecida a la gripe (pero que a diferencia de ésta dura mucho tiempo y repite constantemente), se encuentran más dentro de la casa que fuera de ella. Tales son: el polvo casero que se levanta con el barrido, la limpieza en seco, el movimiento de las cortinas, tapetes, persianas, cobijas, etc., el talco, que además de ser completamente innecesario, llena los bronquios de materias extrañas (silicato de magnesio), que aumenta las secreciones y el trabajo de la tos; los humos en general, pero en especial el de tabaco, que paraliza los mecanismos que mueven las secreciones dentro de los bronquios; los insecticidas, que son altamente irritantes de las vías respiratorias; la cera de pisos y todos los productos de limpieza que vienen disueltos en derivados del petróleo; los hongos del olor a moho que se percibe en las casas mal impermeabilizadas y con goteras. En general, todos los productos que huelen fuerte y son irritantes de las vías respiratorias, deben evitarse. La mayoría de las gripes que se prolongan o repiten constantemente, con tos especialmente nocturna o acentuada por el ejercicio, corresponden al llamado síndrome de hiperreactividad bronquial, especie de asma que siempre requiere consulta médica.

232. ¿Son efectivas las unturas en el pecho y la nariz?

Las sustancias llamadas balsámicas fueron muy usadas en el pasado, pero son altamente irritantes y pueden llegar a obstruir las vías respiratorias del niño que son mucho más estrechas que las del adulto. Además, unidas a la tan acostumbrada suspensión del baño, producen brotes que fácilmente se confunden con una enfermedad eruptiva.

233. ¿A un niño con gripa y fiebre muy alta se le deben dar antibióticos?

Ningún antibiótico es antitérmico, es decir, ninguno es capaz de bajar la fiebre directamente. Lo hacen cuando la enfermedad que produce la fiebre es causada por una bacteria sensible a ese antibiótico. Es, por lo tanto, un error muy grave dar este tipo de medicamentos cuando se desconoce el origen de la fiebre, cosa que únicamente el médico puede determinar. Además, sólo éste dispone de elementos de juicio para elegir un antibiótico entre los muchos que existen.

234. ¿Qué es la rinitis?

Es una afección de la nariz, ésta generalmente se observa tupida, con abundante secreción y estornudos. Es un padecimiento muy frecuente, leve, pero que fastidia bastante. En ocasiones es producida por virus respiratorios, y en estos casos se acompaña habitualmente de síntomas de resfriado. La segunda causa en frecuencia es por alergia, acompañándose entonces de piquiña en la nariz. Esta es una enfermedad crónica que frecuentemente obliga a respirar por la boca. De esta manera puede causar alteraciones de la mordida y de los maxilares y trastornos auditivos por acumulación de líquido en el oído medio.

235. *¿Qué es la conjuntivitis alérgica?*

Es una molestia ocular que cursa con congestión de la conjuntiva y que se manifiesta por enrojecimiento del ojo y picazón importante. Es frecuente que se acompañe de alergia en la nariz pues suele deberse a alergia a elementos que se encuentran en el aire.

236. *¿Tiene cura la rinitis alérgica?*

La rinitis alérgica afecta a uno de cada diez niños, es ella en gran parte la causa de que hablemos de "los niños mocosos" para referirnos a niños pequeños. En muchísimos casos la alergia va disminuyendo con la edad, más si se acompaña de cuidados especiales, ej.: disminuir las sustancias irritantes como el polvo de habitación. Un grupo de niños necesitará tratamiento médico, generalmente a base de antihistamínicos y corticoides inhalados. Un último grupo muy reducido podrá beneficiarse de vacunas antialérgicas.

EL ASMA BRONQUIAL

237. *El médico me ha dicho que mi hijo tiene asma, ¿qué quiere decir esto?*

El asma es una enfermedad muy común, afecta a uni de cada veinte niños. Se caracteriza por obstrucción de los bronquios y se manifiesta por dificultad para expeler el aire, lo que se expresa con mucha frecuencia por una especie de silbido (pechuguera, opresión) y por supuesto, tos de predominio nocturno. También es casi de regla que el paciente tenga accesos de tos y fatiga cuando hace algún ejercicio, sobre todo correr con la boca abierta. El asmático puede tener estos síntomas en forma más o menos permanente o bien en crisis agudas. En presencia de estas manifestaciones se impone la consulta médica.

238. *¿Es cierto que el asma es incurable?*

Hay dos clases de asma, la que se da en sujetos que por familia tienen tendencia a reaccionar con catarro, tos y fatiga al inhalar alergenos tales como pólenes, hongos, caspa de animales, ácaros (insectos microscópicos contenidos en el polvo casero). La otra, se presenta en niños sin familiares alérgicos, pero que un día sufren una infección viral de sus bronquios y éstos quedan como expuestos, despulidos, sensibles y muy dispuestos a reaccionar no sólo contra los alergenos mencionados sino también con humos (especialmente de tabaco), cera de pisos, insecticidas o bien al frío, con producción de los mismos síntomas mencionados, del asma. Ambas son controlables, evitando los inhalantes irritantes y administrando drogas que desinflaman los bronquios por tiempo prolongado.

239. ¿Es hereditaria el asma?

Las enfermedades alérgicas son muy frecuentes en la especie humana, afectan a uno de cada ocho individuos. El asma afecta al 5% de la población y es mucho más frecuente su aparición en ciertas familias, por lo cual se considera que puede heredarse un riesgo de presentarla. Si ambos padres han sido asmáticos el riesgo es mayor. Si hay herencia de asma es importante realizar medidas de prevención como darle al niño seno, ojalá sin otros alimentos, durante los primeros cuatro meses de vida y tener un especial cuidado en el aseo del dormitorio para que esté libre de polvo casero.

240. ¿Es verdad que el asma pasa en la adolescencia?

Es una creencia generalizada, aun en ciertos médicos, sin embargo es inexacta. Se considera que el 50% de los niños con asma dejarán de padecerla en la adolescencia y la otra mitad continuará presentándola. Es posible que con los eficaces tratamientos actuales esta posibilidad haya mejorado en los últimos años. Pero no podemos confiarnos a este fenómeno descuidando darle al niño un tratamiento adecuado.

Además, muy frecuentemente los niños que han sido asmáticos, aunque ya no presenten crisis, continúan presentando una vías respiratorias muy sensibles.

241. ¿Se puede prevenir el asma?

Se considera que una lactancia al seno prolongada y ojalá exclusiva durante los primeros cuatro meses, como ya hemos comentado, el crecer en un ambiente relativamente libre de polvo casero, y evitarle al niño enfermedades respiratorias como la tos ferina, pueden colaborar en evitar el asma.

242. ¿Es conveniente darle cortisona al asmático?

Existe un temor exagerado entre los padres al uso de la cortisona oral en los niños asmáticos. Ello se debe, y con razón, al abuso que se hizo de ella en el pasado. Actualmente se ha aprobado su uso oral en niños con crisis asmáticas, sin pasar de siete días. Sin embargo, esta decisión debe ser tomada por el médico tratante. Se dispone en la actualidad de varios derivados de la cortisona para uso en forma de inhaladores, que llegan directamente al sitio requerido, los bronquios, sin causar problemas al resto del organismo. Estos medicamentos se consideran muy convenientes en niños con asma severa, pues son muy efectivos y bien tolerados. Su formulación debe ser realizada siempre por el médico.

243. ¿QUÉ CUIDADOS ESPECIALES REQUIERE EL NIÑO ASMÁTICO?

Con los tratamientos adecuados se busca que el niño asmático lleve una vida común y corriente. Es frecuente que la madre lo sobreproteja lo cual le causa más perjuicios que beneficios, por ejemplo no lo deja salir a la calle y lo obliga a inhalar todo el tiempo polvo de casa que contiene ácaros, lo abriga demasiado haciendo que se acalore en todo ambiente cerrado, es clásica la camiseta de bayetilla roja que sólo sirve para acalorarlo, o impidiéndole realizar el ejercicio físico que todo niño requiere para mantenerse saludable. Y en muchos casos lo pasan a dormir a perpetuidad en la cama de los padres. Estos cuidados no son necesarios y sí antes bien perjudiciales.

El niño asmático se beneficiará de un abrigo moderado, del uso de una bufanda o un pasamontañas al exponerse al cambio súbito de temperatura, de iniciar el deporte lentamente con calentamiento y de evitar un enfriamiento súbito, como por ejemplo, abrir el refrigerador. Aparte de estos pocos cuidados razonables, el niño asmático, que esté recibiendo un buen tratamiento médico, debe realizar una rutina de vida igual a otro niño no asmático.

244. ¿QUÉ DEPORTE ES ACONSEJABLE PARA EL NIÑO ASMÁTICO?

El niño asmático debe realizar la actividad deportiva adecuada para su edad, iniciando siempre lentamente para que el aire caliente de los pulmones vaya saliendo poco a poco y se intercambie por aire ambiental. En caso necesario, si presenta fatiga excesiva con el deporte, el médico le formulará una medicación, generalmente en forma de inhalador, para ser aplicada antes de iniciar el deporte. La natación es una buena actividad para el asmático porque le enseña a utilizar bien los músculos de la respiración.

245. *¿SON ÚTILES LAS VACUNAS DE ALERGIA PARA EL ASMA?*

Cuando el niño asmático presenta síntomas severos que no mejoran con un buen tratamiento a base de medicamentos, existe la posibilidad de que se beneficie con un tratamiento a base de vacunas, que suelen ser inyecciones subcutáneas, semanales. Estas contienen las mismas sustancias que le causan el asma y van logrando crear en el niño una tolerancia. Este tratamiento es largo, cerca de dos años, y requiere disciplina para completarlo. Es una alternativa buena cuando los síntomas son muy severos y el niño no mejora con los medicamentos apropiados.

LAS AMIGDALAS Y ADENOIDES

246. *A UN NIÑO QUE LE DAN FRECUENTES AMIGDALITIS, ¿HAY NECESIDAD SIEMPRE DE OPERARLO?*

La operación de las amígdalas ha disminuido afortunadamente en todo el mundo, quedando restringida para los casos que presentan obstrucción respiratoria que perturba el sueño, así como algunos pocos que siguen presentando amigdalitis severas (más de 5 por año) a pesar de buenos tratamientos. En efecto, el manejo de la amigdalitis de repetición no es la operación sino un adecuado tratamiento de cada episodio que se presente. Además, el hecho de que un niño aqueje dolores de garganta no quiere decir que tenga auténtica amigdalitis.

247. *¿QUÉ SON LAS ADENOIDES?*

Son un tejido similar al de las amígdalas, pero localizado internamente hacia la nariz. Cumple una función muy similar a las amígdalas. Pueden crecerse por varias razones, como infecciones a repetición, alergia, etc. En un gran número de casos, no se conoce la causa por la cual se crecen. El crecimiento de las adenoides es más acelerado en los primeros cinco años. Cuando las adenoides se crecen, la respiración por la nariz se hace difícil y es frecuente que el niño respire por la boca y ronque durante el sueño, por lo cual se corre el riesgo de alterar la cara, en especial la mordida.

248. ¿Cuándo se operan las adenoides?

En épocas anteriores se abusó de la cirugía de adenoides y amígdalas. Actualmente se considera que las adenoides y las amígdalas se operan en casos muy similares, con frecuencia al tiempo. Cuando se crecen, por su ubicación pueden alterar el funcionamiento del oído (la ventilación del oído ocurre por la trompa de eustaquio, que es un tubito que va del oído medio a la nariz y es alterada en su funcionamiento al aumentar de tamaño las adenoides), además cuando la obstrucción es muy grande causa ronquido y altera el sueño del paciente. En estos casos, y cuando está causando alteración de la mordida, puede considerarse la posibilidad de cirugía. Es conveniente, si el paciente tiene síntomas de alergia, como conjuntivitis o rinitis asociadas al crecimiento de las adenoides, empezar tratando la alergia antes de la cirugía, por el riesgo de que las adenoides vuelvan a crecer rápidamente pues no se estaría eliminando la causa del crecimiento. Una consideración adicional para pensar más esta cirugía es la anestesia general que ella requiere.

249. ¿Se reproducen las adenoides?

Se pueden reproducir, de tal manera que el resultado de la cirugía puede ser muy transitorio, en especial si no se ha investigado y tratado la causa de su crecimiento, infecciones a repetición, alergia, etc.

250. ¿Son buenas las gotas en los oídos, cuando éstos duelen?

Cuando los oídos duelen, por ejemplo, en el curso de una gripe, de nada sirve aplicar gotas en los oídos. A lo sumo y mientras se consulta al médico, se pueden poner gotas nasales de las que se usan para destapar. Un dolor persistente de oídos merece consulta médica porque la otitis media no tratada puede alterar definitivamente la audición.

251. Mi hijo tiene las antiestreptolisinas elevadas (ASO o ASTOS). ¿Es cierto que ello significa fiebre reumática?

No, las antiestreptolisinas elevadas significan sólo que en un pasado reciente el niño ha tenido una infección por estreptococos, que es el germen que más afecta la garganta y que eventualmente, cuando no se trata, puede generar fiebre reumática. Ese dato por sí solo no requiere ningún tratamiento (porque la infección ya pasó), pero sí vigilancia clínica de futuros episodios.

252. ¿Qué es la fiebre reumática?

Es una enfermedad importante que aparece unas dos a tres semanas después de una infección de garganta por estreptococos, mal tratada. Para poder decir que un niño tiene fiebre reumática se requiere que tenga, además de fiebre, por lo menos una de las cuatro siguientes manifestaciones: inflamación roja y caliente de varias articulaciones grandes (como rodillas, codos, tobillos), en forma migratoria; aparición de un soplo en el corazón; corea (movimientos desordenados de los miembros); y nodulitos subcutáneos, que son pequeñas masas debajo de la piel. Es muy frecuente que haya antecedentes familiares de fiebre reumática pues se considera que se puede heredar un riesgo especial.

253. ¿Dolores de piernas quieren decir fiebre reumática?

Los dolores a lo largo de las piernas (hueso o músculos), cambiantes y especialmente nocturnos, aunque el niño tenga amigdalitis, prácticamente nunca son manifestación de fiebre reumática. No justifican tratamiento de ésta ni mucho menos operación de amígdalas.

CAPÍTULO VII

El recién nacido

La mayor preocupación de la mujer embarazada es saber si su hijo va a ser normal o no. Por eso es tan importante que haya asistido a la consulta pregestacional (capítulo I) y acuda cumplidamente al control prenatal, pues son muchos los problemas que pueden prevenirse cumpliendo con las recomendaciones del médico y obedeciendo las instrucciones sobre el lugar donde debe ser atendido el parto. A esto es a lo que se llama valoración o enfoque de riesgo. Un embarazo normal en una mujer sana, puede ser atendido en un pequeño hospital local, o incluso, a falta de médico a domicilio, por una comadrona bien calificada. Pero cuando se prevé que el niño puede ser prematuro o que por enfermedad de la madre o complicaciones del embarazo puede nacer con un peso muy bajo, el parto debe realizarse en un hospital o clínica de tercer nivel, en el que se disponga de todas las facilidades para atender eficientemente el caso.

Se denomina recién nacido al niño en su primer mes de vida. Es una etapa muy especial de la vida. Es la época en que se puede enfermar y morir con mayor facilidad. Además el niño debe adaptarse, súbitamente, a un medio muy diferente del vientre materno, donde tenía automáticamente resueltas sus necesidades básicas, como calor, alimentación, oxigenación, etc. El recién nacido se halla sin experiencia previa ante las enfermedades infecciosas, por ello está en un riesgo mayor de enfermar gravemente y aun morir. Para suplir esta falta de defensas, la naturaleza ha dotado a la leche materna de múltiples elementos que le ayudarán al recién nacido y al lactante a afrontar el riesgo de infección.

El recién nacido puede presentar dificultad respiratoria o asfixia del cerebro, que pueden producirle la muerte o dejar en él secuelas irreparables. Todos los médicos que atienden consulta prenatal conocen perfectamente los factores de riesgo y su consejo debe ser escuchado y atendido por las madres en gestación. En caso de que se prevean dificultades, un pediatra bien entrenado en problemas del recién nacido debe estar presente para auxiliarlo, pues si hay alguna emergencia se debe actuar de inmediato. Por esta razón, aunque la familia tenga su pediatra, es mejor que el niño sea atendido por los médicos especialistas que permanecen en la clínica u hospital, porque están mejor preparados para ello y porque además conocen los equipos de que dispone el establecimiento y saben usarlos.

Como las enfermedades del recién nacido son diferentes de las de otras edades de la vida, es importante que la madre cuente con la presencia de un médico que pueda explicarle con claridad lo que es normal y lo que puede ser anormal en su hijo.

254. ¿Por qué el recién nacido tiene la cabeza deforme?

En los partos por la vía natural o vaginal, a la porción de la cabeza que va adelante y que es la que corona, se le hincha el cuero cabelludo y por eso se ve como alargada. Cuando el trabajo de parto ha sido muy largo, estas deformaciones pueden ser mayores. En general, esto no tiene importancia y desaparecerá en pocos días. Los niños recién nacidos por cesárea se conocen porque no sufren esta deformación llamada "bosa serosanguínea".

Otra aparente anomalía del cráneo es el cabalgamiento de los huesos, que forman como gradillas entre uno y otro. Se produce por la compresión de la cabeza al pasar por la pelvis de la madre y al igual que lo anterior, no tiene ninguna importancia y desaparece pronto. Este fenómeno tampoco se ve en los nacidos por cesárea.

En algunos primogénitos grandes, desaparecida la bosa serosanguínea, en el lugar donde ella estaba o al lado, generalmente sobre el hueso parietal (los parietales son los huesos que forman los lados y el vértice de la cabeza), aparece una tumefacción blanda (consistencia parecida a la de la mejilla) que se llama cefalohematoma. Ello se debe a que, al pasar forzadamente la cabeza contra los huesos de la pelvis de la madre, se desprende parcialmente el periostio (membrana que cubre los huesos) y se produce por debajo una hemorragia. En general no reviste gravedad (a menos que el parto haya sido muy largo y traumático o con fórceps, en cuyo caso este hematoma puede representar una fractura). La mayoría de las veces desaparece sin dejar huella en el curso de los dos primeros meses. Unos pocos se recubren de hueso y forman una prominencia dura que se alcanza a notar durante varios años, pero que a la postre también se disimula con el crecimiento global de la cabeza.

255. ¿Por qué los recién nacidos tienen los párpados hinchados?

Algunos niños, cuando vienen un poco de frente, y debido a la presión a que son sometidos, nacen con los párpados muy hinchados y a veces hasta con manchitas

de sangre en la piel azulosa. Pero al margen de esto, es sabido que, aunque no sea muy notorio, el cuerpo de los recién nacidos siempre está un poco hinchado, lo que explica, además, por qué pueden pasarse los primeros días de vida con muy poco líquido y alimento.

256. ¿Qué significan unas manchas de sangre en forma de media luna que algunos recién nacidos tienen en los ojos?

Son pequeñas hemorragias que tienen lugar por debajo de la conjuntiva (membrana que recubre la porción anterior del ojo), y que desaparecen solas sin necesidad de ningún tratamiento. Al igual que el cefalohematoma, significan que el parto ha sido difícil y que por lo tanto hay que vigilar al niño para descartar la posibilidad de una hemorragia interna. Afortunadamente esto raras veces ocurre, pues es maravillosa la forma como el cerebro soporta, sin dañarse, el duro trance del parto.

257. ¿Qué son las flemas? ¿Cuánto tiempo duran saliendo y ahogando al niño?

Las flemas son una mezcla de líquido amniótico (que todavía queda en el estómago y las vías respiratorias del niño después del nacimiento), saliva y algo del contenido vaginal de la madre. Para que salgan sin sofocarlo se acostumbra aspirarlas en el momento del parto y luego, por precaución, se suele poner la cuna inclinada hacia la cabecera. A pesar de esto, en las horas que siguen al nacimiento, pueden venirse en bocanadas que tratan de ahogar al niño y producen mucha alarma, sobre todo a la madre novata. Para tranquilizarse hay que recordar que los recién nacidos son bastante resistentes a la asfixia y que la mayoría se defiende muy bien de estos ahogos. Se les puede ayudar sin embargo; para ello, se toma al niño con una mano en el pecho y la otra en la espalda y, con la cabeza hacia abajo, a la vez que se lo sacude se le dan golpes suaves en la espalda.

Pero cuando el recién nacido expulsa saliva y flemas constantemente y tiene la respiración ruidosa, debe darse aviso inmediato al médico, porque puede haber una obstrucción congénita del esófago, que requiere de cuidados especiales y cirugía.

258. *Desde que nació mi niño está con la nariz tapada, le suena la respiración y a veces hasta se ahoga cuando va a comer, ¿será que se resfrió al nacer o que se contagió de gripa?*

No es usual que a los niños les dé gripe al nacer y, aunque así fuera, el catarro y la obstrucción nasal no aparecen de repente. Todos los médicos y enfermeras que atienden partos saben que no se debe dejar enfriar al recién nacido, pero no porque les produzca catarro, sino porque el frío agrava los efectos de la asfixia y puede perjudicar de diversas formas, especialmente a los prematuros. La obstrucción nasal se debe la mayoría de las veces a que, como el aire que respira es seco, las flemas que quedan en la nariz y la misma secreción nasal, mezcladas a veces con sangre del parto, se endurecen al secarse y obstruyen completamente la estrecha luz de las fosas nasales del recién nacido. Este, por otra parte, es lo que se llama "un respirador nasal obligado", o sea, que sólo puede respirar por la nariz; cuando ésta se tapa, no puede hacerlo ni siquiera abriendo la boca, porque la lengua se le pega al paladar y no deja pasar el aire.

De ahí que se presenten, especialmente durante el sueño, sofocaciones con cianosis. En esta emergencia el recurso es apretarles las mejillas para hacerlos llorar, con lo cual recobran su color rosado.

Lo mejor para destaparle la nariz al recién nacido es echarle varias gotas de suero fisiológico, de la farmacia o casero, en cada fosa nasal, cuantas veces sea necesario para ablandar las secreciones y producir estornudos que las desalojen.

Si a pesar de ello, el niño continúa con problemas de obstrucción nasal, debe consultarse al médico, pues puede tratarse de un defecto de la parte posterior de las fosas nasales llamado "atresia de las coanas", rara entidad que requiere tratamiento quirúrgico especializado.

259. *¿Por qué será que mi bebé estornuda tanto?*

Los estornudos en el recién nacido no sólo son normales sino necesarios para mantener bien abiertas las fosas nasales, cosa que como vimos, es fundamental para el bienestar, la respiración y la alimentación del niño. Pero para que los estornudos sean eficaces, se necesita mantener blandas las secreciones nasales, bien sea con una adecuada humectación del aire o con suero fisiológico, como se explicó en la respuesta precedente. Nunca introduzca aplicadores, copitos o instrumentos similares en la nariz del niño: con esto lo único que consigue es lesionar la mucosa nasal, hacerla sangrar y obstruirla más por los coágulos.

260. ¿Por qué será que el niño tiene la lengua sucia? ¿Será mala digestión?

El dorso de la lengua de los recién nacidos es normalmente de color blanquecino, lo cual no quiere decir que tengan mala digestión o problemas en el estómago como popularmente se cree. Pero si lo que se aprecia son como coagulitos de leche, conviene mirar por dentro los labios y las mejillas (carrillos) para ver si allí también se encuentran esas placas blancas, en cuyo caso hay que consultar al médico porque puede tratarse de hongos (moniliasis) adquiridos en la vagina de la madre en el momento de nacer (cuando haya tenido flujo por hongos al final del embarazo) o por algún biberón mal esterilizado. Hay que tratar bien la moniliasis de la boca de los niños, porque además de que les perturba la alimentación, puede pasarse al pecho de la madre y causarle erupciones y grietas que pueden hacer fracasar la alimentación natural.

261. ¿Es normal que el recién nacido tenga la piel de color rojo y los labios azulados?

El niño nace con un exceso de sangre para soportar la privación de oxígeno producida por el parto y eso explica su color encendido. Al cabo de una semana, éste empezará a desvanecerse. El tono azulado de los labios, palmas de las manos y plantas de los pies, también se considera normal en las primeras horas de vida, y se debe a que todavía la circulación por esos lugares es imperfecta. Ahora bien, si el color es muy intenso y persiste, quizás esté demasiado frío, lo cual no es conveniente; y naturalmente, si es generalizado (cianosis), hay que consultar inmediatamente al médico.

262. ¿Es normal que el niño no haga deposición en las primeras horas de vida?

Posiblemente lo hizo antes de nacer, en cuyo caso el médico que atendió el parto debió advertirlo por el color del líquido amniótico. Pero también puede suceder que tenga el ano imperforado, por lo cual debe ser examinado con atención.

263. ¿A qué edad bajan los testículos?

Cuando el niño nace, los testículos deben estar ya en el escroto. Esto es algo que debe ser verificado por el médico o los padres en la primera revisión que se le haga. En caso de que no sea así, y falta uno de los dos o ambos, hay que examinarlo y tener en cuenta el hecho en las próximas consultas. En términos generales, si a los dos años uno o ambos testículos no han descendido, se debe tomar la decisión de operar, pues pueden atrofiarse y quedar infértiles, además se cree que son más propensos al cáncer.

Es importante saber, sin embargo, que los testículos ocultos no tienen nada que ver con el comportamiento sexual; no producen tendencias homosexuales, ni afectan la potencia sexual, ni siquiera con la fertilidad si el afectado es sólo uno de los dos. El problema es cuando ambos testículos se atrofian por haber sido operados tarde, porque entonces sí puede haber infertilidad.

264. ¿Qué significa que un niño se queje en las horas que siguen al nacimiento?

Hace muchos años, cuando no se disponía de los modernos métodos para asistir a los niños nacidos con dificultad respiratoria, se oía en las maternidades un dicho cruel: "Prematuro que se queja, prematuro que nos deja". Aunque eso hoy en día está lejos de ser cierto, lo que sigue siendo válido es que el quejido es síntoma importante en cualquier niño, pero especialmente en el recién nacido y máxime si es prematuro. En efecto, los prematuros son más dados a tener problemas pulmonares y cerebrales, que se manifiestan simplemente por un quejido. Sobra decir entonces que todo recién nacido que se queje debe ser atendido de urgencia por un médico bien capacitado en neonatología.

265. ¿Hay que limpiarles los oídos a los niños?

El cerumen es una defensa que la naturaleza ha puesto en los conductos auditivos para proteger su piel y amortiguar los ruidos estridentes que son lesivos para la audición. El conducto auditivo dispone de unos pelitos que al moverse, van sacando la cera sobrante. Muchas madres le tienen fobia al cerumen y exageran la limpieza del conducto auditivo. Al introducir copitos, lo único que se consigue es aprisionar el cerumen contra el tímpano, y crear tapones que dificultan la audición. Durante el baño se deben limpiar los pabellones de las orejas, nunca el conducto auditivo.

266. ¿Puedo dormir con el bebé o habrá peligro de que lo ahogue o le contagie alguna enfermedad?

Tal como se explica a propósito de "Errores en la crianza de los niños", el recién nacido añora la tibieza del líquido amniótico y los latidos del corazón de su madre. Por ello acostumbra llorar cuando se le pone en una cuna separada. La madre piensa que tal vez tiene hambre, que la leche que le da no es suficiente, pero muchos se contentan sólo con que se les pase a la cama de sus padres. La idea de que se les pueden transmitir enfermedades no tiene mayor fundamento; tampoco he sabido nunca que una madre dormida haya ahogado a su hijo. Permitir que lo ponga en su propia cama facilita, por otra parte, la lactancia materna.

267. Los ojos de mi bebé tienen una secreción amarilla, ¿qué debo hacer?

Por ley, todo niño recién nacido debe recibir, a continuación del parto, unas gotas de nitrato de plata, sulfa o antibiótico para prevenir la infección gonocóccica (venérea) que cuando no se trata puede causar ceguera. El nitrato de plata ya poco se usa porque puede producir cierta irritación, que se manifiesta por secreción amarilla. Esta también puede deberse a infecciones diversas que el niño adquiere en el momento de pasar por la vagina o bien a través de las manos de quienes lo atienden. Lo mejor es irrigarle frecuentemente los ojos con una solución salina, utilizando una jeringa sin aguja. Si la secreción persiste, hay que llevarlo al médico, pues además del peligro que representa para los ojos una infección venérea, se conoce hoy otra producida por un microbio llamado clamidia, que si no se trata, puede pasar a los pulmones y causar neumonía. Nunca se le deben poner colirios o ungüentos que contengan cortisona, pues se extiende la infección y hasta se puede perforar la córnea y causar la pérdida del ojo.

268. ¿Cómo se cuida el ombligo del niño? ¿Le pongo merthiolate, gasa y fajero?

Al cordón umbilical hay que ponerle diariamente, hasta que caiga y sane la herida, alcohol yodado o mejor (para evitar la absorción del yodo que puede perjudicar la tiroides) betadina en solución. No es conveniente usar merthiolate porque no es muy bueno para controlar una infección y además por su color rojo impide ver si hay enrojecimiento en la piel circundante, que es una señal de alarma sobre una infección que habría que tratar urgentemente. El ombligo es puerta de entrada de muchas infecciones que pueden ser fatales como el tétanos y la septicemia. Precisamente por ello hay que cuidarlo tanto. No se debe cubrirlo con gasa y fajero porque se puede facilitar la infección por algunos microbios que viven y se multiplican mejor en medios poco oxigenados (anaerobios). Por otra parte, el apósito inmoviliza el ombligo y hace que tarde más en caer, y cuanto más tarde caiga, más factible es que se infecte. En términos generales, si pasan diez días y éste no se ha desprendido, lo mismo que si sangra o tiene mal olor y está como blando, o la piel de alrededor se pone roja y congestiva, conviene consultar con el médico.

269. Mi hijo puja mucho, ¿no será peligroso que se hernie? ¿Le pongo fajero?

El orificio por donde pasa el cordón umbilical con sus vasos sanguíneos, que vienen de la placenta y van al corazón, persiste de tamaño variable en casi todos los

niños durante algún tiempo y puede formar una protuberancia parecida a la hernia que a lo sumo dura hasta los seis años, edad en la que ya se puede decidir quiénes necesitan operación. Unos pocos niños tienen verdaderas hernias en el ombligo o encima de él debido a la falta de unión de los músculos que constituyen la pared abdominal. Algunas son grandes y necesitan cirugía, más por estética que por otra cosa, pues no suelen doler ni estrangularse (como sí ocurre con las de la ingle).

Las hernias no tienen nada que ver con el hecho de que el niño puje, ni tampoco se

evitan incomodándolo con el uso de fajeros que, para que permanezcan en el sitio, tienen que estar muy apretados. No hay que olvidar que para respirar los niños utilizan mucho el diafragma y por eso en cada inspiración el abdomen se levanta. El fajero impide ese movimiento y lo obliga a respirar anormalmente, utilizando únicamente las costillas.

270. ¿Qué deben hacer los padres cuando no se puede definir si el recién nacido es niño o niña?

Es mejor hablar primero de lo que no se debe hacer, que es ocultar el hecho con vergüenza (lo que no tiene ningún sentido), asignarle a la criatura el sexo más aparente (lo que con mucha frecuencia resulta errado) y dedicarse a sufrir con la perspectiva de que llegue a ser homosexual. Hoy en día, aun en los casos más complejos, se pueden definir en poco tiempo, así que lo primero que hay que hacer es posponer el bautizo o el registro civil hasta cuando se tenga certeza sobre cuál es el sexo real. Si los padres le asignan uno equivocadamente, sin consultar con el médico especialista, lo van a criar en determinado sentido, y el día que se descubra el error, será muy difícil hacerlo cambiar.

El diagnóstico del sexo en el recién nacido ambiguo es médicamente importante, porque una de las formas más frecuentes es la llamada hiperplasia suprarrenal congénita, en la cual la niña nace con apariencia de varón (clítoris grande) y súbitamente comienza a vomitar por alteración metabólica, se deshidrata y puede morirse si no se la atiende oportunamente. Finalmente, la ambigüedad en el sexo no tiene nada que ver con el comportamiento sexual; hembras erróneamente criadas como varones, se comportan como tales, puesto que se han acostumbrado a ello.

271. *Mi hijo tiene una bola en la ingle que le aparece y le desaparece. El médico dice que debe operarse de una vez. ¿No será mejor esperar a que esté más grande?*

Esta masa cambiante corresponde a una hernia inguinal que debe operarse tan pronto como se diagnostique, aunque el niño sea un recién nacido. Si no se hace, puede haber estrangulación, lo que obliga a una cirugía más complicada. Por otra parte, los progresos de la anestesia aseguran que hoy en día la operación de hernia inguinal sea un procedimiento casi totalmente exento de riesgos.

272. *¿Cómo hago para saber si mi niña está bien de las caderas?*

Todo médico que atienda recién nacidos está en la obligación de verificar, especialmente en niñas, cuál es el estado de sus caderas, para descubrir la llamada displasia de caderas, anomalía que si no se trata en los primeros meses, puede originar cojera y deformidades de por vida. Mucha gente cree que ahora hay más casos de displasia de caderas; lo que pasa es que hoy en día se la diagnostica más y con más prontitud. Sin embargo, se han cometido excesos de diagnóstico, interpretando como tal la simple diferencia en el número o posición de los pliegues del muslo, cosa que en el recién nacido no tiene ese significado.

273. *Mi niña recién nacida tiene las piernas curvadas y los pies hacia adentro. ¿Será que se va a quedar así?*

Durante los primeros días, incluso meses, los niños conservan las piernas en la misma posición que tuvieron dentro de la matriz. Esto no tiene importancia ni requiere ninguna medida o consulta ortopédica. Es al médico que examina al recién nacido a quien corresponde determinar si hay anomalías del tipo de pie chapín, que sí requiere pronto tratamiento.

274. ¿Qué es la circuncisión y cuándo debe practicarse?

La circuncisión consiste en quitar la piel que cubre la punta del pene, es decir, el glande. Normalmente los recién nacidos tienen muy estrecho el orificio del prepucio, al punto de que es imposible descubrir el glande, pero esto no causa dificultad para orinar, sino, a lo sumo, de higiene. A medida que el niño crece, el prepucio se va dilatando espontáneamente y alrededor de los seis años casi todos (97%) lo tienen completamente expandido. En tiempos bíblicos, Moisés ordenó circuncidar a todos los niños a los ocho días de nacidos, probablemente como medida higiénica, pues los judíos vivían en tierras desérticas en las que la escasez de agua no permitía bañarse con mucha frecuencia. En los tiempos modernos, los hebreos siguen practicando la circuncisión como rito religioso. Se ha dicho que los hombres circuncidados no padecían cáncer del pene y sus esposas tendrían menos cáncer del cuello de la matriz; también se aseguraba que los circuncidados sufrían menos enfermedades venéreas. Estas afirmaciones han sido completamente revaluadas y las autoridades de salud están de acuerdo en que no hay ninguna razón médicamente válida para quitarle el prepucio a todos los recién nacidos. La circuncisión es una operación que sólo está indicada cuando a los seis años el prepucio no se ha dilatado. Practicada en el recién nacido, tiene riesgos de hemorragia e infección y dado que comúnmente se hace sin anestesia, constituye un traumatismo doloroso cuyas consecuencias nadie ha estudiado. Además, cuando se quita el prepucio a esa edad, en los meses que siguen y antes de que el niño comience a controlar su vejiga, el glande está permanentemente expuesto a las irritaciones producidas por el amoniaco de la orina y fácilmente se ulcera; cuando, como es frecuente, la úlcera es alrededor del orificio de la orina o meato urinario, el niño experimenta gran dolor al orinar y no raras veces se han visto cicatrices que obstruyen el meato y requieren cirugía.

275. Mi hijo recién nacido tiene una especie de caspa gruesa que le cubre gran parte de la cabeza, ¿qué cuidados requiere?

Se trata de la denominada costra láctea, que es una forma de presentación de la dermatitis seborreica. Algunas estadísticas muestran que los niños con costra láctea presentan mayor incidencia de dermatitis atópica, que con frecuencia se acompaña de riesgo de padecer asma bronquial y rinitis alérgica. Es importante consultar al pediatra quien le prescribirá alguna sustancia queratolítica, pero quien principalmente le ayudará a prevenir la alergia respiratoria, que con frecuencia se anuncia con esta forma de dermatitis.

276. *Estoy alimentando al seno a mi hijo de seis meses y me encuentro que estoy nuevamente embarazada, ¿es nocivo para mi salud o para la del niño?*

En ocasiones, una mujer lactando puede quedar embarazada, el seno es una forma de espaciar los nacimientos, no es un método anticonceptivo seguro. En ciertos casos se recomienda suspender la lactancia, pero no porque sea peligroso para el niño ni para la criatura que se está formando. El riesgo puede ser para la madre, pues su organismo soporta una pesada carga metabólica cual es alimentarse y nutrir a dos criaturas más. Es conveniente consultar con su médico.

Capítulo VIII

Errores en la crianza emocional de los niños

Durante mi ya larga vida profesional he tenido oportunidad de conversar con millares de madres y padres, sobre todo primíparos, que se muestran muy preocupados por el temor a equivocarse en la crianza de los niños. En la nueva generación de padres se observa un especial interés por hacer las cosas bien, sobre una base realista. Se es consciente de que no hay padres perfectos, pero que vale la pena hacer el mejor esfuerzo por ser padres aceptables. Sin embargo, la preocupación suele limitarse casi exclusivamente al aspecto físico; en efecto, han oído hablar bastante acerca de la gravedad y consecuencias desastrosas de no saber manejar a tiempo una diarrea, un vómito, una fiebre, una tos, un accidente, etc. Es bien conocido que un pequeño error u omisión en estas materias, puede tener consecuencias serias y con frecuencia inmodificables.

Pero lo que no se tiene en cuenta es que los errores en la crianza emocional de los niños pueden ser aún más graves y pueden producir resultados lamentables a corto y a largo plazo. ¿Cuántas veces habré presenciado un cuidado físico impecable de niños y niñas, para que cuando abordan la pubertad o la adolescencia llegue la madre al consultorio llorando por "la guerra que le está dando ese muchacho"? Se quejan de que es inseguro, inestable, nervioso, rebelde, desagradecido, que no quiere estudiar, que es drogadicto, etc., sin saber que muchas veces, ellas mismas son las causantes de los desajustes emocionales de sus hijos. Hasta problemas físicos como la obesidad, que tanto perturba y hace infelices a los adolescentes, pueden haberse originado en un mal manejo del llanto del bebé. Sí, la salud física es muy importante, pero la mental no lo es menos. ¿De qué sirve tener un cuerpo sano, si no se es feliz? También he oído a muchos adolescentes decir: "Sí, mi madre me cuidó muy bien, soy sano, nada me duele, pero no soy feliz". ¿Culpa de quién?

De la misma manera muchos pediatras se dedican únicamente a la prevención y manejo de los problemas físicos y poco o nada les interesan los afectivos, con la agravante de que tampoco podrían intervenir a ese nivel porque en la mayoría de las escuelas de medicina no se los prepara para ello. Cuando son consultados en ese sentido, es frecuente que se refugien en lo que saben por "tradición", o sea, por lo que aprendieron de sus propias madres y abuelas, por "lo que se acostumbra". La sentencia: "Así te crié yo", que tan frecuentemente le dirige la madre a su hija primípara, o a su joven hijo médico, tiene una autoridad y una fuerza tremendas y convierte los errores de crianza en "hereditarios". Se ha visto que en varias encuestas, el colombiano no recuerda con cariño su infancia e intenta hacer ahora las cosas de diferente manera.

Sin embargo, generalmente se tiende a repetir los patrones de crianza. Castigamos, premiamos, imponemos normas como lo hicieron nuestros padres cuando éramos niños. Así se hereda, por ejemplo, la inmadurez de muchísimas madres jóvenes y viejas (y de muchísimos padres), que es el origen de todos los errores que se cometen en la crianza de los niños. Y digo que son inmaduras cuando son más sentimentales (temperamentales) que inteligentes; cuando actúan más con el corazón que con el cerebro; cuando se sulfuran por todo, son inestables; "se les salta la chispa", o sea, que tienen bajo el umbral de la frustración (como dicen los psicólogos); por lo general son personas "tremendistas"; las cosas más sencillas las ven gravísimas; hacen tempestad en un vaso de agua; todo las "pisotea"; lo sencillo lo vuelven complejo; para toda solución tienen un problema; se desconciertan, se descontrolan y proceden con torpeza ante cualquier obstáculo por pequeño que sea. Esta actitud no tiene nada que ver ni con la inteligencia ni con la instrucción; hasta se podría decir que es más frecuente en sujetos muy instruidos e inteligentes. Si para las personas equilibradas y maduras es difícil tratar con ellos, ¿qué no lo será para los niños, inmaduros de por sí, que son hijos, nietos, sobrinos o alumnos, y que esperan que ellos les enseñen a madurar? El producto sólo puede ser un nuevo inmaduro, inseguro, desobediente, resabiado, amargado, en una palabra incapaz de enfrentarse a la vida y por lo tanto infeliz. Las personas inmaduras son también desorganizadas y como consecuencia de ello, no les alcanza el tiempo para nada, ni siquiera para atender y amar al hijo, lo que a la postre genera abandono; dejar que se críe solito es el refugio al cual se acogen las madres inmaduras.

Si reconocemos que la falta de instrucción en materia de crianza emocional de los niños, tanto de parte de la familia como de los médicos, es sin duda una causa muy importante de la mayoría de los errores que se cometen todos los días, trataré de subsanar en algo esa falla, respondiendo algunas de las preguntas que con más frecuencia se me han hecho a ese respecto.

277. *Mi niño de seis meses llora muchísimo y sólo se calma alzándolo. ¿Será que lo estoy malcriando? ¿Es verdad que a los niños hay que dejarlos llorar para que se les amplíen los pulmones?*

El cuento de que al niño hay que dejarlo llorar para que se amplíen los pulmones es eso, puro cuento. Al niño se le distienden los pulmones completamente en los primeros minutos, máximo horas, que siguen al nacimiento; de no haber sido así, lo habrían tenido que mantener en una cámara de oxígeno y estoy seguro que ése no es el caso de su hijo.

El llanto es el lenguaje del niño y en los menores de diez meses, siempre significa que hay algo que le molesta; que está con hambre, cansado en una posición o demasiado apretado, que tiene frío o calor, que le molestan los ruidos o la luz, que tiene miedo, deseo de succión, agrieras o dolor, que está mojado o sucio, que se siente solo, etc. ¿Tendrá sentido entonces ignorar de una plumada todo esto y refugiarse en la ingenua explicación de la necesidad de "ampliar los pulmones" y en la tiránica recomendación de no alzarlo y dejarlo que llore? De ninguna manera; lo sensato es averiguar lo más rápido posible, "por qué llora el niño" y, mientras tanto, alzarlo y hacerle sentir que se le quiere ayudar. Dejarlo llorar en su cuna, así no más, es abandonarlo, es sembrarle inseguridad, es matricularlo en la escuela de la neurosis, de la angustia y la depresión del adulto. Y esperar a que levante la casa a gritos para finalmente satisfacerle alguna de aquellas necesidades, eso sí que es malcriarlo porque se le enseña a utilizar el llanto (y la violencia) para conseguir lo que quiere. A partir del año ya el niño malcriado ha aprendido a utilizar el llanto como arma y su interpretación se complica porque comienza a aflorar el "llanto de necedad", de capricho. Las madres inteligentes y equilibradas (maduras), que han sabido interpretar y atender oportunamente el llanto del bebé, podrán también después del año, estar seguras de que si el niño llora no es por capricho o necedad, es por algo que hay que averiguar y atender.

278. *¿Debo despertar al niño para darle de comer?*

¿Habrá cosa más deliciosa que el sueño? ¿A quién le gusta que lo despierten? ¿Quién dijo que el estómago del niño tiene reloj? Si no se despierta por sí mismo es porque todavía no tiene hambre. Está bien que la madre se aliste para darle el pecho o vaya preparando el biberón para alimentarlo tan pronto se despierte y ojalá antes de que llore, lo que no conviene es obligarlo a comer antes de que tenga hambre.

279. *Mi mamá me ha dicho que el niño debe comer cada tres horas, pero resulta que él quiere comer cada dos o a veces menos. ¿Qué hago? ¿Lo dejo llorar y espero a que sean las tres horas para que se organice en su alimentación?*

Quizás la observación de que la mayoría de los niños, después de los tres meses, adoptan un horario de tres horas para alimentarse, llevó a la gente al extremo de pensar que todos deben someterse a ese horario. La realidad es que hay grandes diferencias entre los niños en cuanto al tamaño del estómago, el tiempo en que se desocupa en el duodeno (parte del intestino que sigue al estómago), la rapidez o lentitud con que digieren y absorben los alimentos, etc. Un niño prematuro de bajo peso al nacer, tiene normalmente un estómago pequeñito que se llena con dos sorbos, pero sus necesidades nutritivas son grandes y necesitan bastante leche, la que obligatoriamente tiene que ser consumida en pequeñas tomas frecuentes, incluso durante la noche. El vigor de los niños también es muy variable, algunos se cansan fácilmente tomando el pecho y se duermen a los primeros chupones. A todos estos sería injusto y hasta cruel someterlos al horario rígido de las tres horas; además existe el peligro de que se desnutran si no reciben suficiente alimento.

280. *Tengo un niño de cuatro meses que es muy llorón; se le ofrece alimento, come un poquito y se calma pero al ratico vuelve a llorar y otra vez repite la operación. ¿Qué se puede hacer?*

Sería mejor preguntarse "¿qué será lo que quiere el niño?". Es un error creer que el niño siempre llora por hambre. Cuando un niño realmente tiene hambre, por lo general recibe bien y se calma por varias horas. De no ser así, es porque esa no es la causa del llanto y entonces hay que buscarla. Si no se investiga o no se encuentra y se insiste en darle comida cada vez que llora, además de malcriarlo enseñándole a utilizar el llanto como arma para manipular, se están sentando las bases para una futura obesidad, que es el resultado de aprender a satisfacer todas las necesidades y angustias con comida.

281. *¿Cómo se sabe si el niño llora por dolor?*

Si el niño llora por hambre, sed, humedad, suciedad, incomodidad, calor, frío, excesiva luz, ruido o miedo, es fácil calmarlo; basta con acercársele, hablarle, cargarlo y atenderlo. Hasta el llanto por hambre cesa por unos minutos al alzarlo, porque esto le hace pensar que ya le van a dar de comer. El niño que llora por dolor no se calma cuando lo alzan, ni recibe comida. Si tiene menos de tres meses y el llanto se presenta sistemáticamente a cierta hora (después de las 5 p.m., por ejemplo), tal vez se trate del llamado "cólico infantil" del que se habla en otra parte. Si de acuerdo con estas reflexiones se estima que algo le duele al niño, es necesario consultar pronto al médico.

282. ¿ES MALO ALZAR A LOS NIÑOS?

Depende de la edad y de la razón por la cual se los carga. Ya dijimos que cuando el niño menor de un año llora es porque algo le fastidia y hay que cargarlo mientras se averigua qué es lo que quiere. Después del primer año, si se lo ha acostumbrado a llorar para satisfacer sus necesidades, es factible que haya aprendido a utilizar el llanto como arma para manipular, y que lo haga por necesidad de "chochera"; si se está seguro de que el niño no tiene una necesidad real, ha llegado el momento de reeducarlo y habrá que dejarlo llorar hasta que se calme y entonces sí alzarlo.

En el niño pequeño que no puede hablar ni desplazarse, además de las necesidades físicas que lo mortifican, hay una que para él es muy importante y que poco se reconoce y es la de estar acompañado, tener cerca a la mamá; estar seguro de que en cualquier momento ella estará allí para auxiliarlo. Una forma de dar constantemente al niño esta "seguridad de compañía" es estar cerca de él, hablarle, hacerle una caricia y también alzarlo antes de que llore. Así el niño aprenderá que no necesita llorar para solicitar la compañía y la proximidad de su madre. Claro está que esto sólo se puede hacer cuando está despierto; es una agresión con el niño si está plácidamente dormido, despertarlo y sacarlo de su cuna porque el papá, la abuela o la tía quieren alzarlo (necesidad de ellos, no del niño).

A esto de que el niño pequeño debe estar siempre acompañado hay que hacerle una salvedad: no se puede pedir que la madre o quien la sustituye esté constantemente como un centinela al lado de él, pues éste también tiene que aprender a estar a ratos solo, aunque con la certeza de que hay alguien rondando por ahí. Si se acostumbra a la compañía permanente, empezará a tener problemas con el sueño. La angustia de estar solo lo despertará durante la noche.

Cuando un niño ha sido bien criado de acuerdo con estas normas, en cuanto sea capaz de desplazarse gateando o caminando, empezará a rehusar los brazos, sencillamente porque siente que ya puede buscar la compañía por sus propios medios. Si a pesar de que ya camina quiere estar siempre cargado, es porque durante el primer año, cuando pidió compañía le dieron brazos, o sea, que se estableció un vicio de crianza.

283. ¿Cómo se pueden evitar los cólicos de los niños? ¿Cambiando la leche? ¿Dándoles remedios contra los gases?

Es apenas normal que el estómago y el intestino del niño se llenen de gases a partir de su primera respiración y llanto al momento de nacer. Es inútil e imposible pretender suprimir los gases con drogas. Lo anormal (y que produce cólico) es que sean excesivos distendiendo el tubo digestivo o que se interrumpa su libre circulación. Al contrario de lo que comúnmente se cree, no es que los gases ocasionen llanto sino que el niño que llora demasiado, traga mucho aire y se llena de gases. Entonces, la prevención de los cólicos radica en hacer todo lo posible porque el niño no llore en demasía. Esto se logra comprendiendo que el llanto del niño pequeño no es necedad sino expresión de una necesidad y que cuanto más pronto se le atienda menos durará y el niño no tendrá que aumentar el volumen para hacerse atender. La ciencia está en que la madre aprenda pronto a saber qué es lo que quiere el niño con sus diversos llantos: comida, contacto, movimiento, succión, estímulo o reposo, etc.

En relación con contacto y reposo hay que reconocer que el ser humano es, en cierto modo, un marsupial y así se comporta los primeros tres meses. No está bien separarlo abruptamente de su madre como se hace en las culturas occidentales. En Oriente, y en nuestras comunidades indígenas, los niños que son cargados permanentemente lloran mucho menos y no conocen los cólicos. No es cierto que alzar frecuentemente a los niños, e incluso ponerlos a dormir desde el comienzo de la noche en la cama de su madre (sin esperar a que lo pidan a gritos), sea malcriarlos. Todo lo contrario: esto facilita que, después de los tres meses, puedan ser puestos en su cuna y después de los seis, duerman en alcoba separada.

El día para el niño está hecho para conocerse a sí mismo y al mundo que lo rodea. Si al niño no se le estimula a que haga esto, sino a que duerma todo el día, es apenas natural que moleste de noche. Mantener al niño estimulado durante el día, contribuye a la maduración de su sueño, que consiste en disminuir el sueño inquieto e interrumpido nocturno del recién nacido, reemplazándolo por períodos más largos y más plácidos.

Recordar que los niños alimentados al pecho o con leches maternizadas debidamente preparadas, no se sobrealimentan porque sólo comen exactamente lo que necesitan. Si el niño que llora, recibe ávidamente comida, eso es lo que hay que darle para que se calme. Pero como no todo llanto es hambre, forzarlo a comer cuando no es por esto que llora, lo irrita y lo hace llorar más. Los cólicos infantiles son el resultado de una falta de comprensión del llanto de un niño, probablemente temperamental, por parte de una madre que no ha sido preparada para interpretarlo (por eso son más frecuentes entre los varoncitos primogénitos). Los padres deben saber esto y en lugar de acusar a su mujer por no ser capaz de calmar al niño, ayudar a atenderlo y permitir el descanso de la madre, pues de lo contrario el nerviosismo, cansancio, ansiedad, falta de sueño e inseguridad de ésta, aumentarán su ineficiencia e irritarán más al niño.

284. MI NIÑO DUERME MUY MAL. CADA RATO SE DESPIERTA Y HAY QUE PASARLO A NUESTRA CAMA. ¿POR QUÉ SERÁ?

Tal como se explicó en la respuesta anterior, los niños que no han sido bien educados durante el día en el sentido de saber estar a ratos solos (pero no abandonados sino acompañados a distancia o a intervalos espontáneos), mucho menos admiten la soledad nocturna con su oscuridad y silencio. De modo que como en todo, lo más conveniente es la prevención, no cometer aquellos errores diurnos para evitar los nocturnos. Ya en presencia del problema, lo mejor es poner en práctica las recomendaciones para el día, y de noche, hacerle sentir (hablándole, acariciándolo, tomándole una manita) que está acompañado. Tampoco está mal ponerlo a dormir unas pocas noches en la cama de los padres, mientras se le afirma la sensación de seguridad.

285. ¿POR QUÉ SERÁ QUE MI NIÑO NO SE QUIERE DORMIR? VEO QUE ESTÁ RENDIDO DE SUEÑO, PERO APENAS LO PONGO EN LA CUNA COMIENZA A DAR ALARIDOS Y SE HACE CARGAR O QUIERE QUE LE JUEGUEN.

Este también es un subproducto del mal manejo de "la compañía" durante el día. Cuando se han seguido las recomendaciones dadas en las respuestas precedentes acerca de que el niño debe tener la certeza de la proximidad, alcance y ayuda de la madre, tanto de día como de noche, es fácil cumplir con la tan recomendada rutina

de bañar, vestir, dar de comer y poner el niño despierto en su cuna para que se duerma. Pero si a éste se le ha creado la "angustia de separación y abandono" de la que hablamos atrás, lo más probable es que no quiera dormirse, porque sabe por experiencia que, apenas se duerma, su madre lo abandonará.

La única solución a este problema es sacrificarse unas cuantas noches (los errores cuestan); establecer una rutina de manejo (baño, vestido, comida), no excitar demasiado al niño con juegos y televisión antes de dormir, ponerlo en su cuna y estarse con él hasta que se duerma. Pero no hay que dejarlo apenas esto ocurra; hay que seguir a su lado, de manera que cuando vuelva a despertarse, como seguramente ocurrirá a los pocos minutos, se dé cuenta de que sigue acompañado, y así una y otra vez hasta afirmarle esa seguridad. Si esta misma actitud se mantiene durante el día, en cierto tiempo (no siempre corto) será factible hacer lo recomendado para niños normalmente criados, que es ponerlos despiertos en su cuna y dejarlos con una caricia de despedida.

286. *¿Es malo que yo duerma con el niño en mi cama? A mí me gusta y a él también.*

Es muy posible que ya lo haya consultado con médicos, mamás, amigas y "enciclopedias del hogar", y estoy seguro que todos le habrán dicho que esto es malísimo para el niño, para usted, para su matrimonio, etc. Analicemos los argumentos en que se basan: que se va a dormir encima de él y lo va a ahogar, jamás he sabido de un caso así. Por el contrario, pienso que la llamada "muerte súbita", en la que por diversas causas (la mayoría desconocidas todavía), el niño es encontrado muerto en la cuna (por eso se le llama también muerte en cuna), se hubiera podido evitar muchas veces si éste hubiera estado con su madre, pues ella instintivamente habría advertido el momento en que dejó de respirar. Que el adulto tiene "humores" e infecciones inaparentes que perjudican al niño; lo de los humores es cosa de medicina medioeval, no existen.

En cuanto a las "infecciones inaparentes", todo ser vivo (hombre o animal) es portador de una flora microbiana tan normal que es hasta indispensable para la vida, porque gracias a ella es posible defenderse de los microbios que sí producen enfermedad en la piel, en la garganta, en los pulmones, en el intestino, etc. Aquellos microbios saprofitos (normales) no sólo no son perjudiciales para el niño, sino que conviene que los adquiera y pronto. Si realmente se le tuviera temor habría que prohibir la alimentación al pecho, que establece el contacto más íntimo y epidérmico que pueda imaginarse y sin embargo, es lo mejor que se puede hacer por el niño pequeño. Quizás una infección ostensible de la piel o una enfermedad que como la tuberculosis o la lepra requiera contagio reiterado para poderse transmitir, podría ser una contraindicación más valedera para el colecho.

Quede bien claro que no estoy aconsejando que todos los niños pequeños duerman siempre en la cama con sus padres. Pueden hacerlo con frecuencia los menores de tres meses, pues necesitan abrigo, contacto protector y lactancia materna. A medida que crecen se les va poniendo más en la cuna y el bebé debe aprender a no protestar cuando tenga que dormir solo porque debe saber que no se le está abandonando.

287. *¿A qué edad debe sacarse el niño de la alcoba de sus padres?*

Invariablemente todos los libros, incluso los de psicología, responden "a los seis meses". Personalmente creo que ésa es una cifra arbitraria y sería mejor cambiar la respuesta por una que tenga en cuenta más que la edad cronológica de la criatura, su nivel de desarrollo. Tal como lo hemos explicado antes, si un niño ha sido bien educado en el día, en el sentido de que sabe estar solo porque confía en que su madre no lo abandonará, admitirá sin protestar que lo saquen a los seis meses, de la alcoba de sus padres. Lo más probable es que sólo adquiera seguridad de compañía cuando se sienta capaz de buscarla por sus propios medios, o sea, de desplazarse de un lugar a otro, ya sea gateando o caminando. Sin embargo puede haber niños que a pesar de que ya caminan aún no hayan logrado madurar en ese sentido, precisamente porque se han cometido errores en la crianza.

En ese caso sería absurdo arrancarlo abruptamente de la alcoba sin antes subsanar los errores cometidos. Como se ve, no hay una edad cronológica fija para sacar al niño del cuarto: todo depende del estado de su madurez emocional. Alcoba aparte no significa lejos, ni a puerta cerrada; esto es conveniente desde muchos puntos de vista; la alcoba del niño debe estar cerca, ser de fácil acceso y tener siempre las puertas abiertas.

288. *¿Es verdad que es perjudicial para el niño, incluso para los más pequeños, presenciar las relaciones sexuales de sus padres?*

Es un error pensar que porque un niño no habla tampoco entiende. Nunca seremos suficientemente imaginativos para comprender la cantidad de cosas que los niños pequeños captan del lenguaje y de las actitudes de los mayores. Los sexólogos y psicólogos están de acuerdo en que hay que ser sumamente discretos en las relaciones sexuales en proximidad de ellos, pues aunque sean pequeños, pueden interpretar los sonidos propios de éstas, como agresiones entre sus padres, lo que es a todas luces inconveniente para su estabilidad emocional. El problema se agrava con los niños mayores; muchos llegan a padecer insomnio (para espiar a los padres) u otros problemas del sueño tales como no querer dormir nunca en su propia cama sino en la de sus padres.

289. *¿Le pongo chupo de entretención al niño? ¿Qué es preferible, el chupo o el dedo?*

He aquí una cosa bien difícil de responder concretamente, en primer lugar porque no está todavía resuelta, y segundo, porque se la puede considerar desde varios

puntos de vista e intereses. Lo primero que debemos preguntarnos es si al niño le hace falta o le satisface el acto de chupar, aunque no sea para comer. Gracias a la ecografía hemos podido comprobar que muchos niños se chupan el dedo desde que están en el útero. Chuparse el dedo es simplemente una señal de actividad y todo ser vivo sano tiene tendencia a ella. Siempre que veo a un recién nacido chuparse la mano, me alegro porque eso me garantiza que está sano o que por lo menos no padece ninguna enfermedad tan importante que le altere su tendencia innata a la actividad. Además, al niño le gusta repetir o prolongar lo que le resulta placentero; estar en contacto íntimo con la madre y calmar el hambre mientras succiona, hace que esto último le satisfaga sobremanera. Muchos niños, apenas sueltan el seno, se meten el dedo o toda la mano a la boca y siguen succionando. La madre cree que se quedó con hambre pero no hay tal: si se le ofrece más no recibe; lo que quiere es simplemente chupar. Además, sin entrar en explicaciones freudianas, al niño le gusta chupar y este acto es un reflejo que se adquiere desde los primeros días: basta tocarle el mentón o la mejilla o introducirle algo que le toque el paladar, para que inmediatamente comience a chupar. Se sabe también que los movimientos repetidos, sincrónicos, son sedantes y se hacen automáticamente. De la misma manera que muchos adultos mueven las piernas o contraen los músculos masticatorios cuando están nerviosos o concentrados en otra cosa, algunos niños menean la cabeza para dormirse. En resumen, el niño sí necesita chupar, tanto más cuanto más pequeño sea, aunque por supuesto, habrá unos que lo requieran más que otros, según su temperamento: los que son por naturaleza apacibles, necesitan menos de este sedante. Yo no sé exactamente qué fue primero, si el invento del biberón para alimentar al niño que no dispone de leche materna o el del chupo de entretención para reemplazar al dedo, pero me supongo que fue primero el biberón, puesto que la alimentación es una necesidad más imperiosa y vital que la entretención. Si el hecho de que se chupen el dedo es tan antiguo como la humanidad, hay que considerarlo entonces como un acto natural que lejos de impedirse debe ser permitido (de acuerdo con lo que hemos explicado). Reemplazar el dedo por el chupo, en cambio, es introducir una modificación artificial y no hay razón para ello. No son claros los motivos que tuvieron las madres (o los médicos) para cambiar el dedo por el chupete. Seguramente influyó el argumento de que, si el niño ha de seguir chupando más allá del año de edad, es más fácil desprenderlo de un chupo que del dedo. Los ortodoncistas modernos opinan que tanto la succión del dedo como la del chupo, cuando se prolongan más allá del año, son perjudiciales para los dientes y el paladar, pero que más dañino es el dedo, por ser más duro, prolongarse más tiempo y ser más difícil de quitar. Hay niños (muy naturistas, pienso yo) que aun queriendo succionar, no reciben el chupo por más que la madre intente acostumbrarlos. Así como también los hay que prefieren el chupete al dedo: esto lo he observado casi exclusivamente en niños prematuramente destetados, sencillamente porque asocian la sensación placentera de alimentación con el chupo artificial y no con la piel.

Los pediatras por su parte, se preocupan con razón porque el chupete se cae al suelo y no siempre es fácil de esterilizar, lo cual puede ser causa de infecciones intestinales; por eso la mayoría son enemigos del chupo de entretención. También el dedo puede ser portador de infecciones cuando no se tiene la preocupación de mantener las manos del niño limpias, pero quizás menos que el chupo. Muchas madres son enemigas de este último porque el niño se habitúa a él, se despierta apenas se le cae de la boca, llora y hay que estarse levantando durante toda la noche para reponérselo. En cambio, es más fácil que él mismo encuentre su dedo. ¿Y cuál es mi opinión?

Sobre la base irrefutable de que todos los niños necesitan succión y además de que ésta les gusta, los entretiene y los calma, recomiendo permitir que se chupen los dedos o la mano entera si lo prefieren. ¿Que se les va a dañar la arcada dentaria y el paladar? Esto ocurrirá si la crianza es defectuosa y se prolonga la succión como mal hábito más allá del tiempo que la naturaleza la tiene programada. ¿Cuál es este tiempo? Ya dijimos que la succión del dedo es una expresión necesaria de actividad y cuando el niño está en capacidad de mover sus miembros y su cabeza, pero aún no puede caminar, correr o saltar, la actividad de la boca es su recurso y lo hace con deleite. Si dentro de una buena crianza lo estimulamos a que sea cada día más activo con todo su cuerpo, permitiéndole libertad de movimientos, cada día se entusiasmará más con éstos y se desinteresará por el de la boca. Hasta los niños mayorcitos enviciados al chupo, lo dejan mientras corren o saltan, lo que no sucede si están mirando televisión (que impone inactividad). Si el niño ha sido bien criado, alrededor del año, cuando ya camine, empezará a dejar la succión del dedo casi constante de los primeros meses (4 horas diarias según se ha registrado) para tomarlo sólo a la hora de dormirse o en algunos momentos difíciles a modo de consuelo; de esta manera es muy improbable que se produzcan problemas ortodóncicos.

En las revistas populares aparecen con frecuencia artículos sobre psicología y crianza infantil seguramente escritos por personas con poca experiencia, y en muchos de ellos se afirma que si un niño se chupa mucho el dedo (sin especificar la edad) es porque no ha sido bien criado. Ese tipo de opiniones ha influido en muchas madres que además se sienten frustradas cuando su hijo prefiere chuparse el dedo a jugar con ellas o atender a sus estímulos. Hay estudios serios que demuestran que durante el primer año los niños pueden succionar normalmente hasta cuatro horas diarias y ello no debe ser motivo de preocupación (los escolares juegan partidos de fútbol de 4 horas y nadie se inquieta por eso). Cuando se aprisiona al niño con ropas que lo inmovilizan o se le encarcela en un corral y no se le deja retozar en el suelo (limpio y exento de peligros por supuesto) ni se le lleva al parque o al campo, sino que más bien se le emboba frente al televisor horas enteras, su único recurso es el dedo (o el chupo) y esta actitud se mantendrá hasta que le liberen de sus prisiones y pueda reemplazar el elemental movimiento de la boca por un ejercicio corporal completo.

290. *¿Qué se puede hacer cuando un niño llega a la edad de cuatro años, por ejemplo, y todavía se chupa el dedo o usa chupo de entretención? ¿Amarrarle las manos? ¿Ponerle guantes que no se pueda quitar? ¿Echarle picante en los dedos?*

Cuando veo a un niño de más de dos años con dedo o chupo en la boca constantemente, llego a la conclusión de que su crianza ha sido defectuosa, especialmente en lo que se refiere a estímulos del desarrollo y libertad de movimientos. Los malos hábitos se deben evitar ante todo; si esto no se hace, se instalarán lentamente y una vez establecidos no se pueden suprimir de tajo; con esto lo único que se consigue es agravar el problema y crear otros nuevos. Forzar en ese momento al niño es suprimir la válvula de escape y fomentar explosiones. Puede "hacerse perdedizo" el chupo, pero esto hiere al niño como la pérdida de un ser querido; amarrarle las manos o ponerle guantes es tan cruel como no poder uno rascarse donde le pica; además, si es de noche, el niño se despertará constantemente, lo cual se convertirá en una tortura; el sabor picante pasa y acaba por gustarles. Conclusión, los malos hábitos no se pueden cortar de tajo; lo que hay que hacer es extinguirlos, desacondicionarlos como dicen los psicólogos. En lugar de estas represiones o de estarle gritando que se saque los dedos o el chupo de la boca, hay que ponerle oficio a las manos: ocuparlo, atenderlo, mantenerlo activo, no dejarlo solo, y si la madre no puede ocuparse de ello, matricularlo pronto en un buen jardín infantil.

291. *Mi hijo es muy necio y desobediente, a pesar de que le pego duro, no obedece. ¿Qué hago?*

Pegarle a un niño para que obedezca o para castigarlo por algo que hizo mal, es un acto doblemente cobarde e injusto. Cobarde porque el adulto se aprovecha de su tamaño y de su fuerza para asaltar la indefensión del niño; si el ofensor tuviera la misma estatura y fuerza que la madre o el padre, éstos no se atreverían a tocarlo. Es injusto porque siempre, absolutamente siempre, la culpa de que el niño se haya vuelto desobediente y dañino es de los propios padres, porque, quizás sin darse cuenta, cayeron en graves errores de crianza. Cometer errores en la crianza de los niños es frecuente y excusable porque el público no tiene acceso a información seria al respecto y además hay conceptos tradicionales que se oponen al sentido común que, si se aplicara, daría por resultado una buena crianza. El niño que desobedece y hace daños a propósito está simplemente reaccionando contra una educación desarticulada y contradictoria: lo que la madre prohíbe el padre lo permite; una abuela lo regaña y la otra lo aplaude. Como consecuencia, todos pierden autoridad e imagen frente a éste que no sabe a quién obedecer y termina complaciéndose en no hacerlo.

Los padres que logran imponerse por miedo a los castigos, no se dan cuenta de que se están haciendo odiar de sus hijos irremediablemente. El niño siente odio por la persona que lo castiga, aunque muy pocos se atreven a decirlo pero lo expresan haciendo maldades. Y si aprende a odiar a sus progenitores, le será fácil enconarse y ser malévolo con el prójimo. Buena cuota de causalidad debe tener este hecho en el fenómeno de la violencia en algunos países, como el nuestro, donde todavía es muy común que los padres manifiesten su cólera con castigo físico. Pero la cólera es un estado de locura transitoria y no conduce a nada bueno pues el niño, que no es tonto, se da cuenta de que la dureza de la sanción no es para que obedezca, sino que es producto del estado de ánimo de quien la aplica. Si usted le está pegando a su hijo para que obedezca o para reprenderlo por daños, por favor, no lo haga más. Reconozca que en la crianza del niño se han cometido errores y no agregue a éstos el gravísimo, perjudicial, injusto y contraproducente de pegarle. Ante todo, póngase de acuerdo con los demás adultos que lo rodean en lo que se le puede y no se le puede permitir, y mantenga una sola actitud durante todos los días, no según el día de la semana, la hora y el genio en que se encuentren. Si esto no da resultado, no le pegue, consulte con un psicólogo.

292. *¿Es verdad que hay padres que maltratan a sus hijos con tal violencia que les causan fracturas, heridas, quemaduras?*

Sí, es verdad y sucede con alarmante y creciente frecuencia, no sólo entre los padres de poca instrucción sino, curiosamente, también entre los sectores más educados de la población. La vida moderna, con todas sus complejidades, desempleo o exceso de trabajo, vivienda estrecha, falta de recreación, madres solteras, padres ausentes, alcoholismo, drogadicción, etc., es una de las posibles explicaciones a este terrible fenómeno que los pediatras enfrentamos horrorizados en los servicios de urgencias de los hospitales. Todo empieza con el recurso fácil de pegarle al niño para que obedezca, lo cual, además de injusto y cobarde, es contraproducente porque genera más desobediencia. Poco a poco éste se vuelve desafiante, hasta el punto de exasperar a sus padres que, bajo el impulso de esa locura transitoria que se llama ira, son capaces de llegar a extremos increíbles en el castigo físico. Si usted tiene la costumbre de castigar físicamente a su hijo para hacerlo obedecer, y ante el fracaso ha ido aumentando la fuerza de las represalias y además lo hace con cólera, consulte urgentemente con un psicólogo, porque está al borde de ingresar en el fenómeno del "niño maltratado", causado por "padres maltratadores", que puede acabar con la muerte física o mental de éste y poner fin definitivamente a su tranquilidad, pues llegará el momento en que ya no será capaz de acallar el remordimiento.

293. *Mi hijo no come absolutamente nada desde que nació. ¿Qué hago?*

Aunque parezca increíble, ésta es una queja que oímos los pediatras todos los días en nuestros consultorios. Yo me atrevo a pensar que esta tremenda exageración (lo es, puesto que de lo contrario el niño estaría más que muerto), se origina en un intento de la madre por llamar la atención del médico hacia un problema que los anteriores han menospreciado. Cuando yo escucho esta queja, comprendo su significado e invito a la madre a que me cuente con exactitud qué es lo que al niño le gusta comer y qué es lo que le fastidia y rechaza hasta con náuseas. Muchas madres reconocen que a su hijo sólo le gustan las golosinas y que como no se come la comida regular, se las dan a manos llenas y a cualquier hora. Esta confesión explica de una vez varias cosas: la primera es, por qué no se ha muerto de desnutrición "sin comer nada desde que nació"; la segunda y más importante, es que el niño no es inapetente sino que tiene un apetito caprichoso y deformado. ¿Culpa de quién? De la persona (madre, abuela, niñera, tía) que le enseñó a consumir golosinas y que a la hora de la comida, cuando aquél no tenía hambre, lo obligaba a comer sopas y verduras relativamente insípidas. Este vicio pudo haberse originado también en la costumbre de felicitarlo o calmarlo con dulces.

294. ¿Qué tiene de malo que un niño coma dulces? ¿No son también alimento? ¿Y si a él le gustan, por qué no complacerlo?

Sí, los dulces son alimento del tipo de los hidratos de carbono que son los que producen energía (un gramo de azúcar genera 4.4 calorías), y se sabe que este nutriente debe representar el 50% del total de los que se consumen diariamente. Pero el consumo desordenado de dulces, tiene muchos inconvenientes. En primer lugar, los azúcares y almidones (dulces, chocolatinas, helados, gaseosas, galletas e inclusive frutas, etc.), al mantener elevado el tenor de azúcar en la sangre, suprimen uno de los mecanismos más importantes del apetito, que es la hipoglicemia. Si uno se midiera el azúcar en la sangre al despertar por la mañana (glicemia), podrá encontrar, por ejemplo, 80 mg %. Luego del desayuno, que generalmente incluye jugo (que contiene azúcar), pan (que contiene harinas que representan azúcar) y café o chocolate con azúcar, se eleva la glicemia, pongamos a 110 mg %, y el hambre cesa. En el curso de la mañana esos azúcares se consumen (metabolizan) en el trabajo de los músculos y al llegar al mediodía, la glicemia puede estar otra vez en 80 % (como en ayunas) y el sujeto siente otra vez hambre. Si un niño se pasa toda la mañana ingiriendo pequeñas cantidades de dulces, frutas, bizcochos, etc., la glicemia se mantiene en sus 100 mg %, y es apenas natural que al servírsele el almuerzo lo rechace y prefiera jugar. Posiblemente su peso no mostrará ninguna anormalidad durante cierto tiempo, porque, aunque sea en forma de hidratos de carbono, está recibiendo todas las calorías que necesita, pero su dieta es desequilibrada, pues le están haciendo falta nutrientes esenciales como son las proteínas, las grasas, los minerales y las vitaminas.

El otro gran inconveniente del consumo excesivo y desordenado de dulces es la aparición de caries dentales, de las que se habla en el capítulo referente a salud oral. Dado que es imposible hacer que el niño se cepille los dientes cada vez que se coma un dulce, la permanencia de azúcares en la boca necesariamente genera la formación de la "placa bacteriana" que es la que perfora el esmalte dental.

295. ¿Por qué será que a mi niño le gustan tanto los dulces? ¿Estará diabético?

Es una creencia muy extendida que el gusto excesivo por los dulces es señal de diabetes, pero no es cierta. Como se explicó en la respuesta precedente, se trata de un mal hábito alimentario: es una forma de apetito caprichoso, creado, sustentado y fomentado por la madre o las demás personas que rodean al niño, y que deciden mimarlo, complacerlo, premiarlo o sobornarlo con algo tan agradable como es una golosina, frente a la cual cualquier otro alimento resulta insípido y despreciable.

Resignarse a que "como no se desayuna, ni almuerza, ni cena hay que darle dulces para que no se muera de hambre", es perpetuar el vicio de crianza, el círculo vicioso de que "come dulces porque no toma lo de sal y no toma lo de sal porque come dulces".

296. ¿QUÉ HAY QUE HACER CUANDO UN NIÑO PIDE DULCES CONSTANTEMENTE? YA HE ENSAYADO A NO DARLE DULCES ENTRE COMIDAS Y SIN EMBARGO NO ALMUERZA NI COME.

Los vicios de crianza se generan lentamente y es absurdo pretender cortarlos de tajo: esto resulta traumático y contraproducente para el niño que, por otra parte, siempre es inocente del vicio que se le creó. Piense cuál puede ser el origen de este hábito y descubrirá que hace algún tiempo, para calmarlo porque estaba intranquilo, o cuando quería que hiciera o no hiciera algo, recurrió a los dulces. O bien, se asoció sistemáticamente la dádiva de dulces a algún evento importante y agradable como la llegada del padre o de la tía y el niño es, por naturaleza, muy adicto a repetir situaciones agradables. Cuando un niño pide dulces, sobre todo si es un "adicto", lo primero que hay que hacer es pensar qué será lo que realmente quiere: quizás se siente solo, desea entretenerse, está buscando una caricia, o necesita más espacio para su actividad vital. En una palabra, está aburrido y lo más sencillo para matar el aburrimiento es comerse un dulce (porque eso fue lo que le enseñaron). Los dulces se hicieron para los niños y ahí están; la televisión los promueve constantemente y no tiene nada de raro que la madre o la tía sean a su vez devoradoras de dulces y gaseosas. Sería entonces cruel prohibirles las golosinas si los mismos adultos no son capaces de privarse de ellas... Si se quiere que el niño no coma golosinas, éstas no deben estar a la vista porque son muy tentadoras. Se debe disminuir gradualmente su consumo entre comidas, distrayéndolo con otras cosas como actividad, juego, caricias, compañía, etc., y a la hora de la comida se le pueden dar, pero no como premio (soborno) a que se tome la sopa o lo demás "de sal" porque así se perpetuará la idea de que lo "de sal" es "lo malo" y las golosinas "lo bueno". Tampoco se puede pensar que como por arte de magia, con uno o dos días de no darle dulces entre comidas, va a comerse vorazmente todo el almuerzo y la comida; crear vicios es fácil, pero quitarlos es difícil y demorado. Piense, finalmente, si no será usted la que goza dándoselas, y si reconoce que con ello le causa daño, reprímase de ese "pequeño placer".

297. ¿COMER GOLOSINAS CON LAS COMIDAS NO ES IGUALMENTE PERJUDICIAL PARA EL APETITO?

Es costumbre en algunos países tomar la fruta al comienzo de la comida y no al final como se hace en otros lugares. Sin embargo, a pesar de ser un alimento altamente azucarado, esto no impide seguir con lo demás. La explicación es que se necesitan por lo menos veinte minutos para que un alimento entre a la circulación, eleve la glicemia y quite el hambre. Es por esto que a los obesos se les recomienda que coman despacio, porque si lo hacen por ejemplo en diez minutos, son capaces de comer el doble o el triple. Al niño muy aficionado a los dulces se le debe prometer (y cumplir), que con la comida (que debe ser siempre un momento agradable) se le darán dulces y gaseosas y que las puede consumir al principio (y no como premio y soborno de la insípida sopa).

298. *Mi niño de tres años sólo quiere biberón, no le gusta la comida de sal, se atora hasta con un grano de arroz. Me han dicho que le quite los biberones, pero me da miedo porque es lo único que toma. ¿Qué hago?*

Algunas de las madres que dicen que un niño "no come absolutamente nada", acaban confesando que se toma 5 o 6 biberones de 8 onzas, con lo cual, lógicamente, está consumiendo todos los nutrientes necesarios (excepto hierro). Así se explica que ostente buen peso y talla, acordes con su edad, aunque la falta de hierro lo ponga anémico y lo haga ver algo pálido. Se trata de una alimentación casi completa, equilibrada y suficiente, pero inadecuada para la edad del niño que ya debería ser capaz de deglutir semisólidos y sólidos y haber abandonado la alimentación por succión que es propia de los bebés. Algún médico intransigente y severo quizás haya recomendado suprimir abruptamente los teteros para obligarlo a consumir sólidos. Puede que algunas veces ese sistema haya dado resultado pero constituye sin duda una agresión innecesaria contra el niño que por otra parte no es responsable del vicio de crianza de que lo hicieron objeto. Este probablemente se originó en que alrededor de los cuatro meses (véase el capítulo sobre alimentación complementaria) no se inició la administración gradual de papillas, compotas y cremas consistentes, con lo cual se desarrolla en el niño la habilidad neuromotora necesaria para pasar semisólidos y sólidos. Pudo haber sucedido también que las primeras ofertas ocurrieron en un momento en que el niño aún no estaba suficientemente maduro para ello (no todos los niños maduran sus funciones a la misma edad, unos demoran más que otros) y la madre, impaciente y obsesiva por la alimentación, decidió actuar por la fuerza; el niño no olvidará esta desagradabilísima experiencia y persistirá en su preferencia por los líquidos y por el biberón.

299. *¿Qué hacer entonces para que deje los biberones y empiece a comer sólidos?*

Como siempre, recordar que los errores no se pueden cortar de tajo sino que es indispensable desvanecerlos, desacondicionarlos con mucha paciencia. Por otra parte, hay que grabarse en la mente la idea fija de que ningún niño, que no padezca alguna enfermedad física o mental importante, se va a dejar desnutrir (o "morir de hambre" como dicen las madres) en presencia de comida. El primer paso con estos "bebedores de leche" es disminuirla, para lo cual lo mejor es comenzar por poner en taza o en vaso la leche de uno de los biberones del día y ofrecérsela como quien no quiere la cosa; si no se la toma toda tanto mejor, eso es lo que queremos, que tome menos leche. Esto se hará gradualmente, al tiempo que se le ofrece otro tipo de comida sin ninguna insistencia, dejando, para sustituir de últimos, el biberón de la mañana y el de acostarse, que es el más difícil de quitar porque está (viciosamente) asociado al acto de dormirse. Dado que se trata de un proceso de estímulo a la maduración y desarrollo general del niño, simultáneamente se corregirán otros errores como la persistencia en el uso de pañales y la excesiva superprotección y asistencia en el vestido, la comida, el juego, etc.

300. *A mi niño no le gusta la sopa. Yo se la preparo de mil maneras, pero no la recibe. Mi mamá me dice que la sopa es el principal alimento y que hay que hacérsela tomar como sea. ¿Qué puedo hacer?*

Entre los pueblos mejor alimentados del mundo, la sopa no es plato principal; en los menús franceses, por ejemplo, no es más que un platillo que sirve de entrada. En algunos países de América Latina, en cambio, es costumbre por tradición probablemente indígena, preparar todos los alimentos en forma de sopa, y se considera muy importante que los niños se la tomen desde muy pequeños, cuando todavía el alimento básico es la leche o sea otro líquido. Esto es contrario al normal desarrollo en la habilidad de comer; el niño debe irse acostumbrando poco a poco a los alimentos sólidos. Es apenas lógico que un niño que ya recibe suficiente líquido en forma de leche no quiera ni pueda tomar más líquido en forma de sopa.

301. *¿Por qué será que mi hijo prefiere jugar a comer? Se le sirve la comida, prueba un poquito y en seguida corre a jugar.*

A nadie, niño o adulto, le gusta hacer lo que resulta desagradable. Si a base de ruegos, amenazas o hasta castigos, el momento de la comida se ha convertido en una tortura para él, es apenas lógico que prefiera jugar, aunque sienta hambre. No acabe abruptamente con sus juegos para llevarlo a comer; espere a que se canse de jugar, el mismo ejercicio le dará apetito.

302. *Mi hijo es sumamente lento para comer, a veces se llega la comida siguiente y todavía no ha terminado la anterior. ¿Qué puedo hacer para que se coma todo y rápido?*

El comer excesivamente despacio (bradifagia) es un mal hábito alimentario íntimamente relacionado con la inapetencia, con la cual a menudo se confunde. En ocasiones es un modo de llamar la atención, pues con ello el niño mani-

pula casi permanentemente a su mamá. Habrá que hacerle sentir, con suficiente antelación, que no necesita recurrir a ello para que lo acompañen y lo atiendan. Otras veces se debe a que las aspiraciones de la madre en materia de comida, son superiores a las necesidades del niño, o dicho en otras palabras, que se le sirve más de lo que éste realmente necesita. Si ya se sabe que sólo consume bien 6 onzas de leche, ¿qué sentido tiene servirle sistemáticamente 8, sólo porque la fábrica de biberones los hizo de este tamaño? Y lo mismo puede decirse de un huevo o de un banano; no hay ninguna razón para que tengan que ser consumidos en su totalidad. En la mayoría de los casos la bradifagia se corrige (lentamente como todos los vicios de crianza) sirviéndole poco, sólo de lo que se sabe que le gusta, limitando a media hora el tiempo de la comida y dejándolo comer con su propia mano, sin rogarle ni obligarlo nunca.

303. *Si no le doy yo con mi propia mano, el niño no come absolutamente nada. ¿Qué debo hacer? ¿Obligarlo?*

Hay niños de dos años que ya manejan hábilmente sus manos para muchas cosas y que deben ser capaces de comer solos, incluso con cucharita, a los que sin embargo "hay que darles la comida". Muy probablemente esta actitud se originó el día en que el pequeño intentó por primera vez comer solo y la natural torpeza de sus movimientos le hizo derramar la comida, ensuciando la mesa y el piso, por lo cual su madre decidió ayudarle pues ella lo haría mejor. A él esto le resultó demasiado cómodo y aprendió a portarse "como un sultán", dejando que le dieran la comida cuando ya es capaz de disparar una ametralladora de juguete. Al niño hay que responsabilizarlo desde muy tierno de su propia subsistencia. Hay que servirle de lo que se sabe que le gusta (sin preguntar, porque tampoco conviene que se acostumbre a comer "a la carta"...) y dejarlo comer con su propia mano; entre los 2 y los 3 años se le puede ayudar discretamente, después de los 3 años nunca debe comer con mano ajena. Si se niega, no hay que hacerle mala cara ni regañarlo; con la mejor de las sonrisas se le dice que tal vez no tiene hambre, se retiran los platos, se cambia de tema y no se le vuelve a dar nada hasta la comida siguiente.

304. *Es una lucha para que mi hijo coma; primero lo distraigo con juegos, después le ruego y en vista de que no recibe, lo amenazo con no llevarlo a alguna parte o con encerrarlo o pegarle, sólo así consigo que me coma algo y si no fuera por eso, "habría muerto de hambre".*

Los desgraciados niños que padecen esta diaria tortura, tienen por lo general predilección por ciertos alimentos y si no están comiendo bien, es porque seguramente se insiste en darles lo que no les gusta. Además, con estos ruegos, juegos, sobornos, amenazas y castigos, lo único que se logra es convertirlo en un neurótico, no sólo con la comida sino en todo su comportamiento. Si un niño es activo, lo más probable es que no padezca ninguna enfermedad tan importante como para quitarle el apetito. Además, algún médico lo habrá examinado y de haber problema, lo habría advertido. Jamás he visto a un niño que sin estar gravemente enfermo, física o mentalmente, se cruce de brazos a dejarse "morir de hambre". Suprima de una vez por todas estos trucos y artilugios para hacerlo comer; sírvale a sus horas (ojalá no más de 3 veces al día), alimentos bien presentados dentro de los comunes de la casa; limite a media hora el tiempo para comer y al cabo de este tiempo retire los platos sin hacer mala cara, ni regañar, ni amenazar. Probablemente no empezará a comer automáticamente, pero lo que sí es seguro es que poco a poco, a medida que se haya dado cuenta de que ya no manipula a la familia con su falsa inapetencia y que además no necesita de ésta para obtener cariño y atenciones y comenzará a alimentarse con agrado como debe ser.

305. *Mi hija de nueve años está engordando demasiado. En las comidas se sirve mucho y además "golosea" todo el día. ¿Será que está enferma de la tiroides?, ¿le doy pastillas para quitar el apetito?*

Si tiene buena estatura y buen desarrollo mental, es seguro que el problema no tiene nada que ver con la tiroides. Además, el hipotiroidismo no acumula grasa sino agua, o sea mixedema. Por otra parte, las hormonas sólo deben ser formuladas por el médico y las pastillas para quitar el apetito o para adelgazar casi nunca están indicadas en los niños, porque son peligrosas y además no sirven. El hecho de que un niño coma demasiado, casi siempre revela desarreglos emocionales de vieja data: desde muy pequeño se le enseñó a satisfacer con comida todos sus deseos y luego aprendió a desquitarse de todas sus frustraciones comiendo a más no poder. Así se explica la imposibilidad de tratar la obesidad con drogas, la reconocida dificultad de su manejo y los frecuentes fracasos. Sin embargo, nunca es tarde para comenzar y hay que hacer algo. Lo primero es dialogar con ella (o con él) para hacerle ver las desventajas de la obesidad en la moda, la habilidad para los deportes, la imagen ante sus compañeros, etc., y de esta manera interesarla para que colabore en el manejo del problema. Quizás quiera tomarse un vaso de agua antes de comenzar a comer, con lo cual se

dilata el estómago y disminuye la voracidad del apetito. No lleve al comedor una tentadora bandeja de donde la niña pueda tomar cualquier cantidad de alimento; traiga los platos servidos desde la cocina y póngale a ella un tercio menos de cada uno de los alimentos que viene consumiendo, sin privarla de ninguno (ni siquiera de los que engordan). Para que no lo note, use platos pequeños, pues en platos grandes todo parece poco. Enséñele (y dé ejemplo) a comer despacio; se sabe que el apetito disminuye sólo a los veinte minutos de haber probado el primer bocado, por eso la persona que come rápido (como es costumbre de los gordos) es capaz de comer doble o triple, si todavía la bandeja está a su alcance. No pretenda suprimir de un tajo "las golosinas"; esto es imposible y la niña lo tomará como un castigo y se desquitará a las horas de las comidas o empezará a "contrabandear" a escondidas. Si prefiere los azúcares y las harinas (dulces, gaseosas, helados, galletas, pan), trate de que las cambie por proteínas como quesos, carnes magras, etc., que por no acumularse engordan menos. Prepare helados con sacarina y compre sólo gaseosas dietéticas. Explíquele además que las gaseosas normales, dada la gran cantidad de azúcar que contienen, producen más sed. Trate de aumentar el ejercicio físico, buscando algún deporte que a ella le guste como por ejemplo la natación (que a casi todas les agrada) y ojalá que llegara a ser del tipo competitivo para que signifique un real desgaste de calorías. Si ya entiende de números, haga que ella misma se pese semanalmente y lleve un registro escrito de lo que pesa y que al más leve aumento se prive de algo ese día para rebajarlo, con la mira puesta en no subir de peso, por ejemplo, durante un mes. El médico podrá suministrar una gráfica que resulta muy llamativa para los niños que quieren colaborar.

306. ¿Cómo hago para que mi hijo deje los pañales y use la bacinilla o el inodoro?

Eso que se llama el "control de esfínteres", hace parte del desarrollo general del niño y por supuesto, no se puede lograr aisladamente. La buena crianza enseña que, desde muy pequeño, el niño debe tener libertad de movimientos para desplazarse y hacer las cosas por sí mismo. La limpieza y la comodidad que ella trae consigo, son una necesidad de que éste debe experimentar para desear procurársela. Un niño que usa pañal, ni siquiera se da cuenta de cuándo orina o defeca y en clima caliente hasta puede que le guste sentir el frescor de la humedad. Esto a su vez hace que no se desarrollen los mecanismos inconscientes y semiconscientes que son los que controlan la vejiga durante el sueño. De todo esto se deduce que lo que hay que hacer para que un niño controle la vejiga durante el día, no es mostrarle a toda hora una bacinilla o fastidiarlo sentándolo varias veces en el inodoro, sino simplemente suprimirle los pañales durante el día (esto se debe hacer a los dieciocho meses y no antes). Así es como el niño se da cuenta (conscientiza) del momento en que se orina, porque se le mojan las piernas, las medias y los zapatos y eso le fastidia. Sólo después de unas cuantas de estas experiencias desagradables empezará primero, a avisar que se orinó para que lo cambien y, luego, cuando la madre advierte que esto le está gustando demasiado y se hace la sorda dejándolo un rato sucio, lo hará de antemano.

Así mismo hay que hacer notar que no controlará la vejiga durante el día, si antes no ha aprendido a quitarse la ropa o a desabotonarse; el desarrollo debe ser parejo en todos sus aspectos. Un niño bien criado y sin problemas orgánicos debe controlar su vejiga de día a los dos años y de noche a los tres. Si no lo hace es porque seguramente se han cometido errores de crianza que lo han atrasado en su desarrollo integral. Ya hemos hablado de las equivocaciones y fallas en el manejo del llanto, del sueño, del apetito, etc., pero específicamente en relación con el control de esfínteres, el error más común es el entrenamiento prematuro.

Obligar a un niño de un año o menos a permanecer sentado en una bacinilla y castigarlo porque se hace en el tapete como si se tratara de un perrito, es absurdo desde todo punto de vista. Hay que recordar que a esta edad la vejiga es automática, cuando tiene cierta cantidad de orina se contrae y la expulsa. Además, el niño todavía no está en capacidad de entender por qué tiene que hacer en una bacinilla. Si más tarde se le sigue fastidiando con ésta y otras cosas, inconscientemente "se sacará el clavo" o sea, fastidiará a su vez a su madre y a toda la familia orinándose por la noche en la cama (enuresis nocturna), que es un problema mucho más difícil de manejar que el de la diurna.

307. *Mi hijo de cinco años, que ya controlaba su vejiga y su intestino, tanto de día como de noche, ha vuelto a hacerse en la ropa constantemente. ¿Habrá que castigarlo para que vuelva a aprender?*

Esto, que se llama enuresis o encopresis regresiva o secundaria, merece consulta médica porque en el caso de la enuresis, por ejemplo, puede tratarse de una infección urinaria que pone irritable la vejiga y ocasiona tal urgencia que el niño no alcanza a llegar al sanitario ni puede controlarse durante la noche.

La encopresis (hacerse las deposiciones en la ropa), cuando es sistemática, casi siempre responde a un desarreglo de la conducta que merece ser estudiado, y recordar que de nada valen los castigos. Una forma de encopresis es la constipación voluntaria, en la cual el niño se niega a hacer la deposición, pero el movimiento del intestino, que es involuntario, mantiene materia fecal a nivel del ano y así permanece con la ropa sucia. También es un problema que merece ser consultado con el médico y eventualmente con el psicólogo. La forma más frecuente de enuresis y encopresis secundaria es la de manifestación de celos por la llegada de un nuevo hermanito. Es transitoria cuando se la maneja bien, vale decir, haciéndole ver al niño que no necesita hacer eso para seguir siendo querido, acariciado y atendido.

308. *Mi hijo de siete años todavía se orina en la cama y no vale castigarlo. ¿Qué hay que hacer?*

En primer lugar hay que recordar que esto, que se llama enuresis nocturna, ocurre durante el sueño y es completamente inconsciente. Por tanto es injusto, contraproducente y absurdo castigarlo por ese motivo. El niño debe ser visto por el médico, en primer lugar, para que descarte causas orgánicas (anomalías congénitas, infección urinaria, etc.), y en segundo lugar, para que programe su manejo. Para esto, la mejor contribución que la madre puede hacer es acopiar una serie de datos que serán de gran utilidad para el médico. Si los progenitores, pero sobre todo el padre, se orinaron en la cama hasta cuando fueron ya mayorcitos, hay que prepararse para afrontar este problema por bastante tiempo. En efecto, se sabe que en la enuresis nocturna hay mucho de familiar.Hay que observar si durante el día el niño tiene que ir muchas veces al baño lo cual, unido a que la orinada de la noche se produzca recién acostado, indica que la vejiga es pequeña. En ese caso, conviene entrenarlo para que aguante al máximo las ganas de orinar, con el fin de dilatarla. Pero si el deseo de orinar se le presenta con mucha urgencia, frecuentemente se le sale la orina sin querer y moja la ropa (descartada la infección), lo más probable es que el esfínter que controla la salida de la vejiga no tenga suficiente fuerza y en ese caso también habría que ejercitarlo, enseñándole al niño a cortar el chorro a mitad de la micción, contar hasta diez y luego soltarlo. Pero también puede suceder que el niño no esté orinando hasta el final. Esto se descubre porque, en una micción corriente, cuando dicen "ya" y se les pide que orinen un poquito más, lo pueden hacer a veces en cantidad. Estos residuos sistemáticos hacen que la vejiga parezca pequeña cuando en realidad lo que pasa es que se queda siempre a medio desocupar. Lo indicado en este caso, es enseñarle al niño a orinar a fondo, sobre todo antes de acostarse. Un niño que a los tres o más años todavía toma biberones, es un bebé tanto a nivel psicológico como de alimentación y como tal, es lógico que se orine en la cama. Suprimir los biberones es el primer paso para comenzar a manejar una enuresis nocturna, porque como ya se ha dicho, hay que fomentar el desarrollo general y armónico del pequeño; es imposible desarrollarlo por sectores. Muchos reemplazan el biberón por gaseosas y la gran cantidad de líquido que con ellas se consume tiene que evacuarse a alguna hora y generalmente el día no alcanza; a media noche vuelven las ganas de orinar y si el niño tiene sueño profundo, irremediablemente lo hará en la cama. Por esta razón, una recomendación general para todos los enuréticos es que no tomen ningún líquido después de las seis de la tarde. Castigar, ridiculizar o avergonzar a un niño porque se orina en la cama es tan injusto e inútil como burlarse del padre que ronca cuando está profundamente dormido. Por el contrario, hay que alabarlo mucho y hasta premiarlo cuando amanezca seco, pero no decirle nada cuando se orine en la cama. Lo que sí se puede hacer, pero no como castigo o represalia sino simplemente para hacerlo partícipe del programa, será pedirle que lave él mismo su pijama y la ropa de cama. Drogas y alarmas electrónicas para la enuresis nocturna rebelde sólo pueden ser indicadas y controladas por el médico. Es bueno saber que la imipramina que se usa en algunos casos de enuresis, ingerida en exceso, constituye una de las intoxicaciones más difíciles de manejar porque afecta el corazón y con frecuencia ocasiona la muerte. Así que, si el médico la prescribe, hay que tener cuidado de que no quede nunca al alcance de los niños.

309. *TAN PRONTO LE QUITO EL PAÑAL EMPIEZA A TOCARSE LOS GENITALES. A MENUDO LO ENCUENTRO CON ERECCIÓN DEL PENE. ¿SERÁ MALO?, Y EN ESE CASO, ¿QUÉ PUEDO HACER PARA EVITARLO?*

Es normal que los niños tengan erecciones desde el nacimiento e incluso desde antes, según se ha visto en ecografías, o sea, que no hay que preocuparse en absoluto por eso. En cuanto a la tendencia a manipularse los genitales, también se considera normal y es apenas natural que lo hagan tan pronto se les quita el pañal; el niño (o niña) tiene curiosidad por su cuerpo y por todo lo que lo rodea. Si los genitales han estado cubiertos durante largas horas y no se les ha podido ver ni tocar como todo lo demás, estará feliz de hacerlo tan pronto le quitan el estorbo del pañal. Quizás si, en algunos casos el manipuleo parece excesivo, conviene acompañar al cambio de pañal con mucho estímulo verbal, mimos y caricias en otras zonas del cuerpo.

310. *HACE ALGÚN TIEMPO DESCUBRÍ QUE MI HIJA SE MASTURBABA DELANTE DE LA GENTE, LA REGAÑÉ Y HASTA LE HE PEGADO PERO DE NADA LE HA VALIDO, PORQUE AHORA LO HACE A ESCONDIDAS.*

Esto es lo que podría llamarse un mal manejo primario de la masturbación. El hecho de que un niño se masturbe es considerado como algo completamente normal y hasta necesario más tarde, y no hay ninguna razón para creer que por ello la niña va a ser una ninfomaníaca o el niño un sádico. Por lo tanto, este acto no debe reprimirse sino a lo sumo evitar que se vuelva excesivo. Esto ocurre cuando el niño ha sido víctima de diversos errores de crianza y se siente solo, privado de afecto, etc. Se ha recomendado recientemente que a los niños que se masturban con relativa frecuencia, se les aumenten las caricias físicas en otras partes del cuerpo, especialmente en la cabeza y en la cara.

311. *Sorprendí a mi niño de seis años bajándole los pantaloncitos a una amiguita vecina y tocándole los genitales. Me preocupa que lo siga haciendo con ésta y con otras y que sus madres lo sepan. ¿Qué me aconseja que haga?*

Estos juegos sexuales son completamente normales, hacen parte de la curiosidad general de los niños hacia su cuerpo y hacia el mundo que los rodea y no tienen el significado perverso que los adultos suelen darle. Como parte del proceso de socialización del niño, hay que hablar con él para señalarle la inconveniencia de que lo haga e informar del hecho a la madre de la niña para que ella a su vez eduque a su hija en estas materias.

312. *Mi hijo hace unas terribles pataletas, ¿qué debo hacer en esos casos?*

Los niños van explorando con cuáles armas pueden conseguir lo que desean. Si en algún momento la pataleta fue exitosa, tenderá a repetir esta estrategia triunfadora. Es importante recordar que si el niño obtiene lo que desea con este mecanismo de presión, perpetuará este patrón de comportamiento.

Su actitud debe ser firme, si lo prefiere finja ignorar lo que está sucediendo. De esta manera

logrará desactivar ese mecanismo de presión. Al comprobar en repetidas ocasiones que no obtiene éxito, cambiará su comportamiento.

313. *SOY MUY ORDENADA Y QUISIERA QUE MI HIJO APRENDIERA ESTA COSTUMBRE. ME HAN DICHO QUE ESTA CONDUCTA PUEDE VOLVERLO OBSESIVO.*

Es conveniente crear buenos hábitos, de salud, de cooperación y de orden. En especial del orden que colabora a la vida, no el orden caprichoso, al arbitrio del adulto. Cierto orden, como también cierta disciplina, son necesarios. Pero sin exageración. Una excesiva normatización puede ser demasiado impositiva y represiva. No olvidemos que el niño, aun a corta edad, tiene derecho a la intimidad, a tener cierta autonomía con sus pertenencias.

314. *CON UNO DE MIS HIJOS TENGO INNUMERABLES Y SORPRENDENTES AFINIDADES. ¿ES PERJUDICIAL PREFERIR A UN HIJO SOBRE OTRO?*

En mi ya larga práctica he podido constatar que con frecuencia los padres tienen mayor afinidad con alguno o algunos de sus hijos. Ello no debe llevar a preferirlo sobre los otros hermanos. Esta conducta acarrea resentimientos. Cada uno de los hijos debe recibir lo que es justo, es decir lo que necesita, que no es igual a darles a todos lo mismo. Con nuestro comportamiento siempre amoroso y justo debemos cuidarnos de crear desigualdades.

315. *¿ES PERJUDICIAL SER DEMASIADO NORMATIVO EN LA VIDA DOMÉSTICA?*

Una familia necesita normas, pero ojalá sean mínimas y tengan sentido, que no tengan como finalidad salvaguardar los caprichos del adulto. Se ha visto que un exceso de normas crea personalidades obsesivas. Además, un exceso de normatividad impide la creatividad. Es deseable que sean normas, no dogmas, y ojalá puedan ser dialogadas. La vida, en especial la vida en familia cambia y las normas deben también adaptarse. Debe haber claridad en las normas. Cada uno en la familia debe tener sus derechos pero también sus deberes muy claros. Desde los primeros años debe comenzar el aprendizaje de que la familia es una sociedad participativa.

316. *Mi hijo quiere una mascota, ¿es conveniente?*

Un pequeño animal suele constituir una compañía y colaborar en el horizonte afectivo de los niños, en especial ahora que la familia se ha reducido al núcleo de padres e hijos y éstos suelen ser muy pocos. Un animal doméstico, cuando las condiciones de la vivienda permiten tenerlo en adecuadas condiciones de confort y de higiene, puede ser una ocasión de encargarle responsabilidades al niño.

No es aconsejable, en el caso del niño alérgico, en especial si tiene rinitis o asma, que tenga perro ni gato, pues de su pelambre pueden alimentarse los ácaros. En caso de tenerlo ya, que al menos no tengan contacto con los dormitorios, lo cual se hace difícil si se carece de patio.

Capítulo IX

Salud oral

La dentadura no sólo es necesaria para masticar y alimentarse; cumple también un importante papel en el habla (fonación) y en la estética facial.

Las caries dentales y la gingivitis son las enfermedades más frecuentes en el género humano y a veces las responsables de la pérdida total o parcial de la dentadura, con la cual el individuo se convierte en un auténtico minusválido que tiene que usar prótesis. A pesar de que ambos males se pueden prevenir fácilmente, son millones las personas que a causa de ellos han perdido sus dientes. Si desde la más tierna infancia se pusieran en práctica procedimientos tan sencillos como el cepillado dental y la consulta frecuente con el odontólogo, el ser humano podría llegar a la vejez portando su dentadura completa.

Además, se sabe que muchas enfermedades generales se originan en infecciones gingivales y diversos trastornos digestivos y nutritivos dependen del mal estado de la dentadura. Es por eso que dentro de una auténtica atención primaria de salud, los problemas bucales ofrecen particular interés.

317. ¿Es verdad que los niños se enferman cuando les salen los dientes?

Es una creencia muy difundida popularmente, pero no es cierta. A los niños les empiezan a salir los dientes aproximadamente a los 5-6 meses y este proceso se prolonga hasta los dos años y medio, cuando aparece la 20a. pieza, que es el segundo molar. Este período de dentición coincide con la época en que más se enferman los niños (diarreas, infecciones de diversa índole, brotes, etc.), y por eso se le relaciona tan frecuentemente con enfermedad.

La dentición hace parte del proceso de crecimiento y desarrollo y no hay razón para que cause ningún daño, como tampoco lo causa el hecho de crecer o de que los testículos o las glándulas mamarias aumenten de tamaño. Lo que sí puede suceder es que, como las encías pican cuando están saliendo los dientes, el niño suele frotárselas con su manita no siempre muy limpia y éste puede ser el origen de infecciones intestinales, de la boca o de la garganta causantes, ellas sí, de diarreas y fiebres.

318. *MI MADRE Y MI ABUELA INSISTEN EN QUE SIEMPRE QUE SUS HIJOS TENÍAN FIEBRE, A LOS POCOS DÍAS LES SALÍA UN DIENTE. ¿ES ESO POSIBLE?*

Muchas de las enfermedades infantiles son lo que se llama "autolimitadas", es decir, que se curan solas. Se sabe que la fiebre es un fenómeno que acelera el metabolismo y algunos eventos del crecimiento, como por ejemplo, el de la erupción dentaria. O sea, que no es que la dentición produzca fiebre sino que la fiebre hace salir dientes si el niño está en edad de dentición.

319. *YO HE OBSERVADO QUE MI HIJO SE FROTA LAS ENCÍAS, ESTÁ MUY MOLESTO Y HASTA LLORA CUANDO LE ESTÁN SALIENDO LOS DIENTES. ¿DEBO DARLE ALGÚN CALMANTE O APLICARLE ALGO PARA ALIVIARLO?*

Quiero repetirle que la dentición es un hecho normal y que como tal no necesita ningún remedio. Cuantas menos medicinas se le den a un niño, tanto mejor. Recuerde que éste conoce buena parte del mundo que lo rodea precisamente con la boca ("fase oral" de los psicólogos), o sea que el hecho de que chupe las cosas o se frote las encías no quiere decir que esté sufriendo. El que llore o solloce tampoco implica necesariamente algo grave; el llanto es su primer lenguaje y con él simplemente está expresando que siente algo (no siempre doloroso o desagradable), que quiere algo.

Los sedantes no sólo son innecesarios sino perjudiciales para el pequeño, que se desarrolla bajo el impulso de los estímulos que le llegan del exterior; es comprensible que todo lo que disminuya su capacidad para percibirlos, sobre todo si se administra por tiempo prolongado, lo atrasa en su desarrollo.

En cuanto a los remedios locales de tipo anestésico o analgésico (que quitan el dolor), son totalmente ineficaces; primero porque lo que hay no es dolor sino picazón y, segundo, porque aunque sirvieran de algo, con la saliva perderían rápidamente su efecto.

320. *MI NIÑO TIENE DIEZ MESES Y AÚN NO LE HAN SALIDO LOS DIENTES. ¿QUÉ DEBO HACER?*

Cuando se dice que a los niños les debe salir el primer incisivo inferior a los 5-6 meses, se está haciendo referencia a lo que sucede en la mayor parte de los

casos pero debe entenderse que igualmente pueden salir antes o después.

Que un niño nazca con dientes es anormal pero no grave. Lo más frecuente es que sean supernumerarios, es decir, que antecedan a los reales primeros y se espera que éstos, o sea los de leche o deciduales, de todas maneras salgan. Estos dientecitos suelen ser pequeños y hasta flojos; mortifican el pezón de la madre y son capaces de ulcerar la lengua del bebé. También que se desprendan y aspiren a los bronquios. Por esta razón se recomienda extraerlos, cosa que por lo demás, un odontólogo puede hacer muy fácilmente.

En eso de que los dientes salgan temprano o tarde hay mucho de familiar. He conocido niños perfectamente normales que tienen sus primeros incisivos a los doce o catorce meses. Sin embargo, si al cumplir el primer año aún no tiene ningún diente, vale la pena hacérselo notar al médico en la consulta de crecimiento y desarrollo que es obligatoria a esa edad. Si alguno de sus progenitores, padre o madre, tuvieron ese mismo retardo, lo más probable es que el asunto no tenga ninguna importancia, siempre y cuando el niño no muestre otra señal de enfermedad. Pero si ése no es el caso, hay dos enfermedades que pueden estar influyendo: el hipotiroidismo y el raquitismo.

321. *A mi hijo le están saliendo los dientes de arriba primero y creo, además, que se trata de los colmillos. ¿Será eso anormal?*

Los colmillos (caninos) nunca salen antes que los incisivos y generalmente lo hacen a los dieciocho meses. Lo que a usted le parecen colmillos son los incisivos laterales superiores, que ocasionalmente pueden salir de primeros y le dan al niño un aspecto risible. Este fenómeno es una variante normal y no tiene ninguna importancia; por lo general se presenta en niños que han tenido cierto atraso en la dentición y podemos predecir, casi con certeza, que en unas pocas semanas se presentará una erupción masiva de los dientes, es decir, que le saldrán todos al tiempo.

322. *A mi hijo le están saliendo los dientes manchados y alguien me dijo que es por unos antibióticos que se le administraron hace algunos meses. ¿Es eso cierto? ¿Qué puedo hacer?*

Hace algunos años se usaban mucho las tetraciclinas para el tratamiento de diversas infecciones infantiles y se dejaron de emplear precisamente porque manchaban los dientes y además, los volvían tan frágiles como la tiza. Hoy prácticamente esta droga se ha descontinuado. Si su niño no ha recibido tal tipo de antibiótico, tal vez las manchas se deban a enfermedades sufridas por usted durante el embarazo. El problema es puramente estético y tal vez no sea necesario hacer nada. Sin embargo, vale la pena conversar con el odontólogo en la primera cita que se haga con él, que debe ser tan pronto como le hayan salido completamente los dientes de leche.

323. *A MI HIJO LE FORMULARON HIERRO PARA EL TRATAMIENTO DE UNA ANEMIA, Y AL POCO TIEMPO DE ESTARLO TOMANDO SE LE NEGREARON LOS DIENTES. ¿ES NECESARIO SUSPENDER LA MEDICINA?*

Es usual que el hierro administrado por la boca manche de negro los dientes, pero eso es transitorio y el color desaparece espontáneamente al poco tiempo de suspender la medicación. Además, el tratamiento de la anemia es muy importante y no debe suspenderse por esta simple razón. Si el niño tiene más de cinco años, ya puede tomar pastillas, y si es indispensable darle jarabe o gotas, conviene enjuagarle la boca después de darle el remedio.

324. *MI HIJO RECHINA LOS DIENTES MIENTRAS DUERME. ME HAN DICHO LAS AMIGAS QUE POSIBLEMENTE TIENE PARÁSITOS. ¿SERÁ NECESARIO DARLE UN PURGANTE?*

Cuando dos hechos son muy frecuentes, es fácil relacionarlos falsamente. Tal ocurre con el bruxismo, que es como se llama este rechinar de dientes, tradicionalmente atribuido a la presencia de gusanos o lombrices en el intestino. Pero hoy en día, gracias a que existen remedios que con una sola dosis eliminan todos estos parásitos, se ha podido probar sin lugar a dudas que ésta no era la causa, pues después del tratamiento los niños siguen rastrillando los dientes.

Los psicólogos opinan que se trata de una liberación de agresividad; según ellos, el niño en sueños trataría de morder a su padre o a su madre. Quizás se deba a un estado de tensión, que mantiene al niño con los músculos contraídos durante el sueño. Problemas de maloclusión dentaria, como mordida cruzada pueden también estimular la ejecución de estos movimientos. Por esta razón conviene, más bien que darle un purgante, consultar con el odontólogo a fin de que le revise la mordida y, si es necesario, aplique una protección para evitar un desgaste prematuro de la dentadura.

En ocasiones, el bruxismo puede deberse a obstrucción crónica de la nariz que impide que el oído ventile adecuadamente y el rechinar de dientes puede ser un mecanismo para abrir la llamada trompa de eustaquio, por donde ocurre tal ventilación. Si su hijo es un respirador bucal ésta puede ser la causa, consulte a su pediatra.

325. *MI HIJO DE DOS AÑOS YA TIENE TODOS LOS DIENTES DE ARRIBA DAÑADOS, LOS ÚNICOS QUE PARECEN BUENOS SON LOS COLMILLOS. ¿SERÁ FALTA DE CALCIO?*

La calidad básica de los dientes de leche depende de la alimentación de la madre durante el embarazo. En principio salen sanos, pero si no se limpian por lo menos dos veces al día se cubren con una película llamada "placa bacteriana" que es la que ocasiona las caries. En el caso de su hijo, que ya a los dos años tiene completamente dañados los incisivos superiores, lo más probable es que hayan empleado la mala costumbre de dormirlo con un biberón de leche. Esta se le queda toda la noche en la boca y el azúcar que contiene (lactosa) fomenta la formación de la placa bacteriana y la aparición de caries. Por eso se las llama "caries de biberón". La razón por la cual los colmillos no están afectados es que fueron los últimos en salir y por lo tanto aún no han sido atacados.

Este problema requiere una visita urgente al odontólogo para que ayude a salvar la dentadura hasta donde sea posible, o por lo menos a preservar el espacio para la segunda dentición.

326. *¿A QUÉ EDAD SE DEBE EMPEZAR A LAVARLES LOS DIENTES?*

A las pocas horas de haber hecho erupción un diente, se comienza a formar la placa bacteriana que lentamente va permitiendo que las bacterias ataquen el esmalte y se produzcan las caries. Por lo tanto, la limpieza de la dentadura debe hacerse desde el momento en que se inicia la dentición. Al principio puede utilizarse una gasa o un aplicador y luego se entrenará al niño en el uso del cepillo.

327. *¿QUÉ ES LA PLACA BACTERIANA?*

La placa bacteriana es una especie de película que se va depositando sobre los dientes y va creando un medio ácido que favorece el ataque de las bacterias que acaban por perforar el esmalte dental. Estas bacterias se alimentan de azúcar y es por eso que los niños que comen dulces a toda hora, sufren de caries; pero más daño aún hace la leche de los biberones nocturnos, pues durante el sueño cesa la acción lavadora de la saliva.

328. ¿En qué consiste un correcto cepillado de los dientes?

Dos cosas son esenciales en el lavado de la dentadura, que todas las superficies queden bien limpias y que no se deje ningún sector sin lavar. Para lo primero, debe procederse siempre en sentido vertical, en los dientes de arriba, de arriba hacia abajo; y en los de abajo, de abajo hacia arriba. Además, con la ayuda de la seda dental, es posible terminar la limpieza de las superficies interdentales, retirando con ella los residuos de comida que hayan quedado allí depositados. Nunca deben usarse palillos para este propósito porque traumatizan la encía. Para estar seguros de que toda la dentadura quede limpia, hay que proceder siempre en el mismo orden; primero arriba y después abajo; primero a la derecha y después a la izquierda; primero por fuera y después por dentro, para terminar con la superficie de oclusión de todas las muelas, limpiándolas con un movimiento circular del cepillo.

329. ¿Qué hacer cuando no se dispone de crema dental?

Más importante que la crema dental es la buena técnica de limpieza. La crema dental ayuda, pero no es indispensable, así que nunca debe dejarse de lavar la dentadura por no disponer de dentífrico.

330. ¿Es importante darle flúor a los niños para prevenir las caries?

En los lugares donde el agua del acueducto no tiene flúor, sí es importante darlo en forma de tabletas, pero por diversos motivos éstas ahora no se consiguen. Por esta razón, cuando se sepa que en el acueducto del lugar no se está adicionando esta sustancia, conviene llevar periódicamente al niño al odontólogo para que la aplique localmente.

331. ¿Por qué algunos niños tienen mal aliento, especialmente por la mañana?

Con mucha frecuencia el mal aliento de los niños se debe a una limpieza dental deficiente. Esto debe servir de voz de alerta para mejorar la técnica, porque además del peligro de las caries, existe otro no menos grave para la dentadura que es la gingivitis.

332. ¿Qué es la gingivitis?

La gingivitis es la inflamación de las encías, que también es ocasionada por la "placa bacteriana", pero influyen además los residuos de comida que quedan entre los dientes.

Cuando a pesar de limpiar bien la dentadura persiste la halitosis (mal aliento), quizás sea porque la lengua permanece sucia especialmente en su porción posterior. Esto sucede especialmente a los niños que respiran por la boca durante el sueño porque tienen problemas de nariz o de adenoides que les dificultan la respiración nasal.

333. ¿Qué hacer con la lengua sucia que causa halitosis?

Mientras el médico averigua y trata de corregir la causa, es importante incluir la lengua en el lavado bucal, haciéndole una especie de barrido con el cepillo.

334. Además de la halitosis, ¿qué importancia tiene la gingivitis?

La inflamación de las encías comienza por el borde, pero se va extendiendo hasta llegar al alveolo, o sea al hueso. Esto hace que el hueso se vuelva poroso y que las piezas se aflojen a tal punto que, con el tiempo, mucha gente llega a perder toda la dentadura aunque no tenga caries. El conocimiento que hoy se tiene sobre el origen de las dos enfermedades que hacen perder la dentadura (las caries y la periodontitis), permite suponer que si el ser humano cuidara su dentadura desde la niñez, podría llegar a la más extrema vejez con todas sus piezas dentarias. La pérdida prematura de los dientes es una invalidez que la humanidad sufre por descuido en la limpieza diaria.

335. *¿A qué edad se debe llevar al niño al odontólogo para que le revise la dentadura?*

Se acostumbra llevarlos a los tres años, cuando ya está completa la dentadura decidual (dientes de leche) pero no hay ningún inconveniente en hacerlo antes para que se familiarice con el profesional y luego colabore con él. Es un grave error llevar al niño por primera vez al odontólogo cuando ya hay que hacerle una extracción o perforarle una muela, pues éste es parte del origen del miedo ancestral que todos le tenemos a la dentistería.

336. *Cuando a un niño le salen torcidos los primeros dientes, ¿se debe suponer que los definitivos también estarán afectados?*

Lo más probable es que no, pero siempre es conveniente estar atentos a la erupción de la segunda dentición para que el ortodoncista (odontólogo especializado en problemas relacionados con la posición de los dientes) programe con tiempo lo que hay que hacer con el fin de evitar problemas de mordida o defectos antiestéticos.

337. *A mi niño de dos meses parece que se le queda pegada la leche por dentro de las mejillas (carrillos) y de los labios. ¿Qué debo hacer?*

Si esas manchas blancas fueran coagulitos de leche, sería fácil retirarlas. Pero si ello no es posible, lo más seguro es que se trate de una infección de hongos llamados monilias. Por lo general el niño los adquiere en el momento del nacimiento, de la vagina de la madre, donde son bastante comunes y llegan a veces a causar flujos al final del embarazo. Conviene consultar con el médico, pues así como están en la boca pueden hallarse también en el intestino y causar diarreas. Así mismo es prudente informar de ello al ginecólogo pues también usted debe ser tratada.

338. *Mi hijo respira por la boca todo el tiempo, ¿además de la estética que otra importancia tiene?*

Como los niños están aún estructurando su arquitectura ósea facial, ocurre que la respiración bucal puede alterar el paladar haciéndolo alto, lo cual influye sobre el resto de la cara y altera la correspondencia entre los dientes superiores e inferiores. Además, el tener la boca cerrada facilita el crecimiento armónico del maxilar superior y el inferior. Esta costumbre no se corrige repitiéndole todo el día "cierra la boca", sino arreglando el patrón de respiración. Consulte a su pediatra.

Capítulo X

El parasitismo intestinal

Un indicador indirecto, pero muy objetivo del grado de insalubridad y falta de educación en materia de salud de una población es el hecho de que sus habitantes tengan parásitos intestinales. La mayoría de ellos entran por la boca y son exclusivos del hombre. Suena un poco grotesco, pero no es falso afirmar que quien tiene parásitos intestinales es porque ha comido directa o indirectamente materias fecales de otra persona con parásitos. Esto puede significar que el agua que se consume no es potable porque está contaminada con heces humanas, o que las hortalizas son regadas con aguas negras o abonadas con estiércol humano, o que se está defecando en campo abierto y que los niños, al gatear, ingieren con sus manos sucias los huevecillos y quistes que se volverán parásitos nocivos en su intestino. Puede ocurrir también que la gente no esté educada para bañarse bien las manos después de ir al baño o al llegar de la calle, y antes de preparar alimentos o de comer; que aun con la certeza de que el agua no es potable, las hortalizas y frutas están contaminadas y los ordeñadores no se lavan las manos, el agua de beber no se hierve, las frutas y hortalizas no se lavan a chorro y la leche no se pasteriza ni se hierve.

En resumen, la prevalencia de parásitos intestinales en una comunidad, significa que ésta vive en un medio insalubre y sucio y que además no posee un mínimo de instrucción sanitaria que le permita defenderse de él.

Si la suciedad es tal que resulta prácticamente imposible librarse de los parásitos, con mayor razón se estará propenso a adquirir infecciones más sutiles y penetrantes como son las bacterianas y virales. De una comunidad que se encuentra en semejantes condiciones, difícilmente se puede esperar que asista a consultas prenatales o de control de crecimiento y desarrollo, ni que utilice las vacunas para prevenir enfermedades infecciosas, o sea que, además de los parásitos, con seguridad estará agobiada por múltiples problemas de salud.

Mucha gente cree que el parasitismo es una enfermedad inevitable. Es por eso que todavía hay madres que le piden al médico un purgante para darle al niño cuando sale de vacaciones, para que éstas le aprovechen más, o porque no come, o porque está flaco o tiene el abdomen abultado. Algunas se alarman cuando descubren que nunca le han dado a su hijo un purgante y que por lo tanto debe estar plagado de parásitos.

Agreguemos a esto la obsesión que existe en nuestro medio, aun en las clases altas que se supone tienen mejor información en salud, acerca de la amibiasis, de la cual son responsables muchos médicos que encuentran en ella una explicación fácil para toda suerte de dolencias. Personalmente estoy convencido de que en algunos países es mayor problema el abuso que médicos, laboratoristas y el público en general hacen del diagnóstico de la amibiasis, que ésta en sí misma. La creencia hasta hace poco generalizada de que la mayoría de las diarreas agudas de los niños, incluso de los lactantes, eran debidas a amibas, fue un grave error. Hoy se sabe que menos de tres de cada cien niños sufren este mal y que la presencia de sangre en las deposiciones no significa necesariamente que ésta sea la causa. Muchos niños han muerto de infecciones bacterianas, o de invaginación intestinal mal interpretadas y tratadas como amibiasis. Incluso, el cáncer del colon del adulto ha sido interpretado como amibiasis "crónica" e "incurable", con lo que en muchos casos se impidió un tratamiento oportuno.

Los parásitos intestinales se pueden reunir en dos grandes grupos: los protozoarios (que quiere decir, primeros animales), están constituidos por una sola célula y sólo se pueden ver a través de microscopio. Las más importantes son la amiba y la giardia. Hay muchas clases de amibas, pero la que causa diarrea con sangre es la histolítica, llamada así porque destruye el epitelio intestinal y forma úlceras. Se localizan en el colon, pero puede migrar por la sangre y producir abscesos en el hígado o en el cerebro. Las giardias viven en el duodeno (primera porción del intestino), o sea, a continuación del estómago, inflaman el intestino y trastornan la digestión y causan diarreas.

El otro gran grupo de parásitos está formado por los helmintos y comprende los ascárides o lombrices, que son los más grandes, así como los diversos tipos de gusanos (tricocéfalos, oxiuros, uncinaria y estrongiloides). Estos dos últimos no se adquieren por la boca como los demás, sino que penetran por la piel (por no usar calzado en el campo); después de un largo recorrido por la sangre y los pulmones llegan en forma de larvas al estómago y el intestino, donde se adhieren y chupan sangre de la cual se alimentan. Por eso producen anemia al paciente sobre todo cuando son numerosos. Los demás viven de los alimentos que el sujeto consume, pero se necesita tener muchos o que la persona coma muy poco para que causen desnutrición. Cuando se come bien, hay para todos...

339. ¿Qué es exactamente la amibiasis?

La amibiasis es primordialmente una enfermedad del colon, o sea, de la porción terminal del intestino (por eso se dice colitis amibiana), caracterizada por la presencia de pequeñas ulceraciones que producen moco y sangre. El paciente se ve afectado por una diarrea de deposiciones muy frecuentes y acompañadas de intenso dolor.

340. ¿Qué son las amibas?

Las amibas son unos parásitos microscópicos, es decir, que no pueden apreciarse a simple vista porque están formados por una sola célula. Tienen dos maneras de presentarse: como quiste o como trofozoíto. Los quistes son la forma dormida de la amiba, mientras permanezcan así, rodeados de una conchita, no pueden hacer ningún daño a quien los albergue. Pero cuando se liberan de su caparazón, lo que puede suceder por un cambio alimentario o una infección, se convierten en trofozoítos, que es la forma activa de la amiba. Estos se mueven por medio de unas especies de pies que van formando con su cuerpo y son muy hambrientos; se alimentan de tejidos y de sangre para lo cual perforan la pared del intestino y forman las úlceras más o menos profundas que mencionamos al principio y que son las que causan la diarrea con moco, sangre y dolor. Por eso se llaman histolíticas, que quiere decir que destruyen tejidos.

341. ¿Qué peligros representa para el paciente la amibiasis?

En los adultos la enfermedad, además de ser muy molesta por la diarrea y el dolor, tiene un peligro potencial, raro pero muy grave, que se produce cuando los trofozoítos penetran a un vaso sanguíneo que los lleva al hígado o al cerebro en donde forman abscesos que pueden ser mortales. En los niños este peligro también existe, pero hay otro más factible que es el de la deshidratación causada por diarrea, que si no se trata oportunamente también conduce a la muerte.

342. ¿Es cierto que Colombia es el país del mundo donde hay más amibiasis?

Esta es una exageración que incluso ha afectado el turismo. Hay que distinguir entre "tener amibas" y "padecer amibiasis". "Tener amibas" es tener los quistes como comensales silenciosos en nuestro intestino. Se calcula que hasta un 20% de nuestra población alberga quistes de amiba en su intestino, o sea que tiene amibas pero probablemente sólo el 2% padece la enfermedad, es decir, desarrolla los trofozoítos que son los que ulceran el intestino.

Todo lo demás son exageraciones de laboratoristas mal entrenados que confunden la histolítica con otro tipo de amibas que son habitantes normales del intestino y que no hacen daño, o con simples células de la pared intestinal que se le parecen bastante. Hay que reconocer también que algunos médicos utilizan las amibiasis como un fácil recurso para sus diagnósticos.

343. ¿Es cierto que la amibiasis es incurable?

No, en absoluto. Los actuales tratamientos contra la amibiasis son efectivos casi el 100% de los casos. La fama de incurabilidad se deriva de que en aquellos lugares en donde las condiciones sanitarias son muy deficientes o no se tienen buenos hábitos higiénicos, es muy fácil que haya reinfecciones. Y si una persona termina el tratamiento y a los pocos días se vuelven a encontrar quistes en sus materias fecales, fácilmente llegará a la conclusión de que en realidad nunca estuvo curada. Otro factor que aparenta incurabilidad es que algunos laboratorios siguen reportando como amiba histolítica, elementos que en realidad no lo son.

344. ¿Cómo se adquieren las amibas?

Las amibas se adquieren ingiriendo los quistes que se encuentran en el agua o en alimentos contaminados con materias fecales humanas. Con frecuencia se adquieren por medio de verduras que han sido regadas con aguas negras. El agua por sí sola, cuando no recibe tratamiento adecuado, es fuente de amibiasis y también lo es la leche si ha sido adulterada con aguas contaminadas. Las moscas pueden transportar amibas, paseándose sobre materias fecales humanas y luego sobre alimentos. La costumbre de dar la mano y la de chuparse los dedos o comerse las uñas, puede también influir en la adquisición de estos parásitos.

345. ¿Cómo puede evitarse la amibiasis?

Lo primero es usar exclusivamente agua potable tanto para beber como para lavar y preparar los alimentos. O sea, que ésta debe haber sido filtrada y adicionada de cloro tal como se hace en los buenos acueductos. Las aguas de acueducto no clorinadas o las aguas de pozo o manantial, deben clorinarse en la casa, filtrarse o hervirse. Las verduras, las frutas y cualquier alimento que se vaya a consumir crudo, debe ser lavado a chorro para liberarlo de posibles amibas. Hay que luchar contra las moscas y proteger los alimentos de su contacto. Hay que bañarse las manos antes de comer y no morderse las uñas. Y para no transmitir a los demás las propias amibas, hay que bañarse las manos siempre al salir del baño y disminuir al mínimo indispensable la manipulación de alimentos.

346. *Mi niño es muy barrigón, ¿será que tiene parásitos?*

La creencia muy popular de que el abdomen prominente es señal inequívoca de que hay parásitos se origina probablemente en que los niños que se ven al borde de las carreteras en tierra caliente, enflaquecidos, barrigones y con el ombligo afuera, están evidentemente llenos de parásitos. Pero no se debe a éstos la prominencia del abdomen sino a que, dada su condición de desnutrición, tienen flácida la pared abdominal y a que la alimentación a base de harinas y azúcares les mantiene distendido el intestino por gases de fermentación. Otra explicación a esta creencia puede ser que se hace una analogía con los terneros que cuando no se desparasitan periódicamente, se llenan físicamente de gusanos y la panza se les abulta considerablemente. Pero los niños criados con relativa higiene nunca llegan a tener parasitismos tan intensos como para abultar el abdomen.

Sin embargo, siempre que se note que un niño tiene el abdomen notoriamente prominente conviene consultarlo con el médico, pues éste podría ser síntoma de un tumor abdominal (en niños aparentemente sanos se ha encontrado en los riñones el tumor de Wilms), que diagnosticado a tiempo, tiene tratamiento curativo.

347. *Yo nunca he purgado a mis hijos. ¿Es verdad que hay que desparasitarlos todos los años o cada vez que regresen de tierra caliente?*

Hace muchos años a los remedios contra los parásitos se les llamaba "purgantes" porque, por ser muy tóxicos, era necesario eliminarlos rápidamente adicionando un laxante. Los productos disponibles hoy en día no son purgantes, sino apenas vermífugos que expulsan las lombrices y gusanos (vermes).

Hoy en día, para adquirir la mayoría de los gusanos (excepto oxiuros) y ascárides o lombrices, se necesita tener hábitos higiénicos muy deficientes. Esto quiere decir que entre gente medianamente educada en materia de salubridad y con mínimos conocimientos de higiene personal, las helmintiasis (por lo menos abundantes), no deben ser frecuentes y no se necesita estar dando vermífugos periódicamente. Tampoco se necesita ir a tierra caliente para adquirir parásitos; los ascárides, los tricocéfalos y los oxiuros, así como las amibas y las giardias, se pueden adquirir en todos los climas. Los únicos gusanos exclusivos de climas cálidos son las uncinarias y los estrongiloides, que penetran por la piel.

Hay que saber sin embargo, que los oxiuros, las amibas y las giardias se pueden encontrar en personas relativamente limpias porque se transmiten por las manos y por el agua no hervida.

348. MI HIJO ESTÁ MUY INAPETENTE, PÁLIDO Y TIENE UNAS MANCHAS BLANCAS EN LA CARA. ¿DEBO DARLE UN PURGANTE?

Con excepción de las giardias y del parasitismo masivo por gusanos y lombrices que, como dijimos, hoy en día ya no es frecuente, los parásitos intestinales no causan inapetencia, ni palidez, ni manchas en la cara.

Un niño realmente pálido (no sólo en la piel sino en la conjuntiva, en los labios, encías y en los surcos de las manos) y verdaderamente inapetente (véase el capítulo VIII), debe ser visto pronto por el médico, pues es posible que esté iniciando una enfermedad maligna como la leucemia que, diagnosticada a tiempo, puede ser curable. Las manchas blancas en la cara corresponden por lo general a la llamada "pitiriasis alba", entidad benigna y tratable.

Nunca deben darse "purgantes" (vermífugos) a ciegas, sin saber si el niño tiene parásitos y cuáles. Aunque hoy en día existen vermífugos de amplio espectro, es decir que actúan contra casi todos los gusanos y lombrices, hay todavía excepciones como los estrongiloides y tenias que requieren drogas especiales y además, por supuesto, los protozoarios (amibas y giardias) que no se tratan con vermífugos.

Siempre que por cualquier razón, válida o no, se sospeche que un niño tiene parásitos, lo sensato es hacer un examen coprológico para verificarlo y, de acuerdo con el tipo de parásito hallado, prescribir el correspondiente tratamiento.

349. ¿LA PICAZÓN DE LA NARIZ ES SEÑAL DE PARÁSITOS INTESTINALES?

La mayoría de las picazones en la nariz denotan rinitis alérgica en cuyo caso hay además catarro y nariz tapada (ver capítulo VI). Cuando se trata sólo de rasquiña (sin rinitis), algunos médicos consideran que es posible pensar en parasitismo y vale la pena buscarlo con un examen coprológico. De nada sirve, en este caso, dar como se hace empíricamente un antihelmíntico (contra lombrices y gusanos) pues éste no actúa contra las giardias.

350. AL NIÑO LE PICA MUCHO LA COLITA Y, PENSANDO QUE SON PARÁSITOS, SE LE HAN HECHO VARIOS EXÁMENES DE MATERIA FECAL QUE SIEMPRE RESULTAN NEGATIVOS. ¿QUÉ OTRA COSA PUEDE SER?

La picazón en el ano y sus alrededores con mucha frecuencia se debe a unos gusanitos llamados oxiuros, cuya particularidad es que no ponen sus huevecillos en el interior del intestino, como los demás, sino que para ello salen por el ano (especialmente durante la tarde y la noche), los depositan en la piel perianal y vuelven a entrar. En estas excursiones (que a veces en las niñas llegan hasta la vulva, haciendo que despierten aterrorizadas), ocasionan el prurito, molesto para el paciente pero benéfico para el parásito que logrará completar su ciclo de vida, pues el sujeto se rasca y se chupa los dedos o no se baña las manos para comer y

de esta manera ingresan nuevos parásitos al organismo. Muchos casos de flujo en las niñas se deben a infecciones de la vulva producidos por estos parásitos y por los dedos no siempre limpios de la niña que se rasca.

Se entiende entonces que casi nunca se encuentran huevecillos de oxiuros en los exámenes de materia fecal, y puesto que buscarlos en la piel perianal (que es lo recomendado) es difícil y que los tratamientos son sencillos e inofensivos, ante el síntoma de picazón anal, los médicos prescribimos un vermífugo activo contra oxiuros. Vale la pena agregar que cuando en una casa hay un niño con picazón anal es necesario averiguar si existen otros niños o adultos con los mismos síntomas, pues todos deben tratarse al tiempo para romper el ciclo de transmisión manual capaz de mantener el parasitismo en la familia.

351. LE MANDÉ HACER UN EXAMEN DE MATERIAS FECALES A MI HIJO Y PARECE QUE TIENE UN VERDADERO ZOOLÓGICO. EL RESULTADO DICE ASÍ: QUISTES DE E. COLI, YODAMEBA, ENDOLIMAX NANA, CHILOMASTIX MESNILI, BLASTOCISTIS HOMINIS Y GIARDIA LAMBLIA. ¿LE DOY PURGANTE?

No hay tal zoológico, con excepción del último (la giardia lamblia), todos son habitantes normales del intestino que no causan ningún daño y por tanto no requieren ningún tratamiento y menos un "purgante", que sólo actúa contra gusanos y lombrices pero no contra protozoarios, que no son la mayoría de los enumerados. El *blastocistis hominis* que no hace daño y su único interés es que los laboratoristas poco experimentados lo confunden con quistes de amiba histolítica e inducen al diagnóstico y tratamiento innecesario de amibiasis.

En este resultado de examen coprológico, el único parásito que merece consideración es la giardia lamblia, porque ésta sí es capaz de producir diarreas, con frecuencia prolongadas, dolores en la "boca del estómago" al comer, inapetencia y urticaria gigante. Es el único parásito que es más frecuente en niños pequeños que en mayores; se transmite por las manos, por el agua no filtrada y por alimentos contaminados por personas portadoras de parásitos que no tienen la sana costumbre de bañarse las manos después de defecar. El auge de las guarderías y jardines infantiles ha aumentado su transmisión. Para evitarlas es necesario recordar que la sola clorinación del agua no mata las giardias, sino que es indispensable el filtrado. Por esta razón, muchos niños pequeños a quienes se les enseña a nadar, aun en piscinas clorinadas, con frecuencia sufren de giardiasis.

Capítulo XI

La fiebre y el vómito

Aunque en casi todos los capítulos de este libro se habla de la fiebre, hemos decidido dedicarle uno especial, considerando la enorme importancia que este síntoma tiene en nuestro medio, donde todavía las enfermedades infecciosas prevalecen y son las responsables de millares de muertes todos los días.

Si nuestra intención básica es preparar a las madres y a los educadores para que los niños reciban un cuidado pediátrico primario de óptima calidad, enseñarles a interpretar y manejar la fiebre, tiene sin lugar a dudas especial importancia.

La fiebre es de por sí "buena" pues es parte de nuestras defensas y ayuda a controlar las infecciones. Es el signo más precoz y objetivo de enfermedad infecciosa y por lo tanto debe poner en guardia a la persona que atiende al niño. Al mismo tiempo, su altura y persistencia son guías utilísimas para calibrar la severidad e importancia de la enfermedad y también para saber si un tratamiento contra la infección está siendo efectivo.

Quede bien claro que es importante aprender a reconocer la fiebre para saber cuándo un niño está enfermo, pero no bajársela a toda costa. En efecto, en presencia de cualquier infección la fiebre debe ser bienvenida porque significa que el organismo se está defendiendo. Se sabe que los recién nacidos, los desnutridos avanzados y los niños que reciben drogas que suprimen la inmunidad, no consiguen elevar su temperatura aun en presencia de infecciones graves, y esto es precisamente lo que comporta mayores peligros. El desconocimiento de este hecho tan simple hace que casi todo el mundo se empeñe, desesperadamente, en tratar de bajar la fiebre. En procura de esto, se toman medidas y se dan drogas que con frecuencia agravan la enfermedad. Aunque se aceptara que la fiebre misma puede ser dañina, es seguro que drogas como la dipirona y procedimientos como baños fríos y lavativas heladas son mucho más lesivos para la salud que la fiebre como tal. Por otra parte, la mayoría de las anécdotas sobre daños cerebrales causados por fiebres altas no tienen soporte científico porque es muy difícil definir si aquéllos fueron ocasionados por la enfermedad que causó la fiebre o por ésta misma.

Los mayores abusos en el tratamiento antitérmico se cometen con los niños que tienen tendencia a las convulsiones febriles. Con frecuencia los mismos médicos, presionados por los padres angustiados, recurren a aplicar inyecciones de dipirona o manejan agresivamente la fiebre con medios físicos imprudentes, por temor a que la convulsión se repita. Sin embargo, se sabe que las auténticas convulsiones febriles simples, a pesar de su apariencia dramática, no sólo no son peligrosas para la vida y el cerebro del niño, sino que no repiten en la misma enfermedad aunque la fiebre aparezca alta. Si lo hacen, es porque la convulsión no es simple, tal vez padezca epilepsia y en ese caso hay que darle anticonvulsivantes, o tal vez tenga meningitis y, entonces, hay que hacerle una punción lumbar para averiguarlo.

En el cuidado pediátrico primario, la fiebre debe ser utilizada como señal de enfermedad, como medida de su gravedad y como guía para seguir su curso. Con frecuencia ésta es la única manifestación de que una enfermedad persiste y requiere investigación y tratamiento. Si se mantiene al enfermo saturado de medicamentos para bajar la fiebre, es muy difícil saber si realmente está curado.

Pero la fiebre puede ocasionar malestar, dolor de cabeza y probablemente inapetencia e incapacidad para digerir los alimentos. En ese caso recomendamos diversas medidas, farmacéuticas y físicas, no para bajar la cifra del termómetro, sino para que el paciente se sienta menos mal mientras dura la enfermedad.

352. APARTE DE SENTIRLO CALIENTE, ¿CUÁNDO SE DEBE SOSPECHAR QUE UN NIÑO TIENE FIEBRE?

Antes de que suba la temperatura, muchos niños presentan síntomas que permiten sospechar que ello va a ocurrir. Esto es lo que sucede, por ejemplo, con el niño que inesperadamente vomita todos los alimentos que ha consumido hace varias horas, como si se le hubiera indigestado la comida. La explicación de ello es que los factores que producen la fiebre y desde luego la fiebre misma, disminuyen el jugo gástrico y su contenido de ácido, que es el que hace la mayor parte de la digestión inicial. Al no producirse ésta, el píloro (músculo circular que controla el paso entre el estómago y el intestino) no se abre y los alimentos permanecen durante varias horas en el estómago hasta que por fin son vomitados. En ese caso hay que tomar las medidas contra el vómito que se detallan en otro lugar y vigilar la temperatura cada hora para ver si aparece la fiebre.

También puede ser indicio de fiebre el que el niño pierda súbitamente el apetito o el que siendo de buen dormir, inesperadamente pase una mala noche. Otro tanto sucede cuando a un niño normalmente calientico, de pronto se le ponen las manos y los pies muy fríos. También que inexplicablemente disminuya su habitual actividad.

353. ¿Cómo se lee el termómetro?

Toda persona adulta debería saber leer un termómetro: además es muy sencillo. La mayoría de los termómetros corresponden al de la columna de mercurio en una columna de vidrio. Se toma el termómetro con la mano derecha por el lado opuesto al mercurio y se le hacen movimientos pequeños de vaivén hacia arriba y hacia abajo para poder ver la columna de mercurio que brilla como metal. En todos los termómetros, el primer número que hay a la izquierda es 35 °C y entre éste y el próximo, que es el que indica 36 °C, hay diez rayitas menores. Estas rayitas, que se encuentran entre cada número, marcan las décimas de grado y permiten decir con exactitud cuántos grados y cuántas décimas tiene el niño. Frente al 37 °C hay generalmente una flecha que indica que si la columna de mercurio pasa de ese punto, puede haber fiebre. La última cifra a la derecha es 42 °C, que es la máxima temperatura que alcanza el ser humano.

Existen tiras para medir la fiebre y se basan en el cambio de color que produce en ellas la temperatura corporal, sin embargo, aunque son prácticas su exactitud no muy alta. Actualmente se puede disponer de termómetros electrónicos, de precio razonable y durables, que expresan en números la temperatura corporal. Además emiten un pito cuando la lectura de la temperatura es ya definitiva.

354. ¿Qué son los grados Fahrenheit?

En los Estados Unidos se usa medir la temperatura en grados Fahrenheit que es una escala distinta a los centígrados. Si usted tiene un termómetro de éstos, debe saber que 37 °C equivalen a 98 F, o sea, que si marca por encima de esta cifra es sospechoso de fiebre, y si quiere averiguar exactamente a cuánto asciende en términos de grados centígrados, puede hacer la siguiente operación: a los grados F se les resta 32, se multiplican por 5 y se dividen por 9. Así, por ejemplo, cuando un niño tiene 104 °F, quiere decir que está en 40 °C.

355. ¿Qué hay que hacer cuando se comprueba que un niño tiene fiebre?

La fiebre significa que hay enfermedad y por lo general, enfermedad infecciosa. Pero también indica que el niño se está defendiendo y por lo tanto hay que dejarla actuar hasta cierto punto. Puede decirse que los remedios contra la fiebre (antitérmicos) se dan más para aliviar el malestar y el dolor de cabeza que ésta trae consigo, que para bajarla. Mientras se decide si es necesario llevar el niño al médico para que defina cuál es la causa de la fiebre, se pueden tomar algunas medidas para controlarla. La más sencilla es aligerarlo de ropas e incluso desnudarlo completamente y airearle el cuerpo durante unos quince minutos. Si está muy molesto y se sospecha que le duele la cabeza, la madre está autorizada para usar una droga antitérmica. La más conocida es la aspirina, pero hay que advertir que debe dosificarse muy bien porque a pesar de que se usa con tanta libertad, cuando se da en demasía puede irritar el estómago (gastritis) o producir intoxicación, sobre todo en niños que consumen pocos líquidos o están deshidratados, pues el riñón no puede eliminar bien la droga. Las tabletas para niños contienen 100 mg. La dosis es de 10 mg por Kg de peso y se puede repetir cada cuatro horas. Esto quiere decir que hasta los seis meses el niño puede tomar media pastilla, al año puede tomar una y a los dos, una y media. Sólo a los adolescentes se les puede dar una pastilla grande de las de adultos, que contienen 500 mg. Otra droga útil en estos casos es el acetaminofén del cual hay muchas marcas en el comercio y se encuentra en forma de gotas, jarabe o tabletas de diversas concentraciones. La dosis de acetaminofén es también de 10 mg por Kg y se puede administrar cada cuatro horas, pero debido a la gran variedad de presentaciones y concentraciones de los productos comerciales, es preferible consultar al médico o por lo menos leer con cuidado la dosificación que el preparado debe traer en la etiqueta. Es, si se quiere, menos tóxica que la aspirina, pero como toda droga, puede resultar perjudicial si se abusa de ella.

356. ¿Siempre que un niño tiene fiebre hay que llevarlo al médico?

Si la fiebre es de 40 °C o más puede decirse que la respuesta es sí y pronto, lo mismo que si respira rápido, se queja, está muy irritable o somnoliento y con vómito, orina con dolor o ha tenido convulsiones en otras fiebres. De lo contrario, se puede esperar un poco, para ver si pasa sola. En efecto, hay un gran número de enfermedades, en especial las producidas por virus, que afectan preferentemente a los niños y que se curan espontáneamente sólo con el recurso de darle al paciente abundantes líquidos, ponerlo en reposo físico y manejarle el malestar de la fiebre. Para saber si se trata de una de ellas, ayuda mucho lo que se llama el dato epidémico, que consiste en averiguar si en el medio en que el niño vive, casa, jardín, guardería, colegio, hay o ha habido otros casos similares. Como regla general, toda fiebre que dura tres días o más, aunque no sea alta, debe ser vista por el médico.

357. ¿Es verdad que la fiebre alta produce meningitis?

No, no es cierto. Esta creencia, muy extendida popularmente, se origina probablemente en el hecho de que es usual que las meningitis (inflamación de las envolturas del cerebro) cursen con mucha fiebre. Se ha oído decir que un niño que estaba con mucha fiebre se agravó, lo llevaron al hospital y le encontraron meningitis; de allí se concluye ingenuamente que fue la fiebre la que se la produjo cuando fue todo lo contrario: ya tenía meningitis y ésta era la que estaba haciendo subir la temperatura. Lo que la fiebre alta le puede causar a algunos niños son las llamadas convulsiones febriles, que cuando son simples no son peligrosas.

358. ¿Cómo se sabe que una convulsión febril es simple o que no es dañina para el niño?

La convulsión febril se considera simple y no dañina para el paciente cuando:

- se presenta en niños mayores de 12 meses y menores de 5 años;
- cuando es generalizada, es decir, de todo el cuerpo y no de la mitad del cuerpo o de un solo miembro o de la mitad de la cara (éstas se llaman focales);
- cuando dura menos de diez minutos;
- cuando el paciente no padece ninguna enfermedad del sistema nervioso como epilepsia o retardo mental;

- cuando después de la convulsión el niño queda bien o sea consciente y sin ninguna parálisis, desviación de la mirada, etc.;
- finalmente, cuando no se repite en la misma enfermedad.

Sólo el 4% de todos los niños sufren este tipo de convulsiones y se deben probablemente a que su sistema nervioso no madura tan rápido como el de los demás. La maduración del sistema nervioso consiste en que cada nervio (que es como un alambre eléctrico) se recubre de una película llamada mielina (que equivale al aislante de los cables); cuando este aislante no está suficientemente desarrollado, la fiebre produce algo así como un "corto circuito" que se manifiesta por medio de convulsiones.

Por definición, la convulsión febril tiene que ser muy breve, se dice que dura menos de diez minutos pero, en la práctica, la mayoría de las auténticas convulsiones febriles no pasan de dos minutos (aunque a los padres les parezca una eternidad). Precisamente por ser tan cortas se estima que no son peligrosas, es decir, que no son capaces de matar al niño ni de ocasionarle lesiones en el cerebro. No obstante su benignidad, hay que advertir que todo niño que tenga aunque sea una sola convulsión, debe ser visto por el médico para que establezca si es simple o compleja, y para que determine la causa de la fiebre. Esta puede no ser más que una infección aguda de la garganta (angina, faringitis, amigdalitis), una inflamación del oído (otitis), o una enfermedad eruptiva; pero también puede ser una meningitis y ante la menor sospecha debe practicarse una punción lumbar para examinar el líquido cefalorraquídeo (líquido que baña el cerebro y la médula y que circula por entre sus envolturas o meninges) y descartar o confirmar la posibilidad. Cuando el médico decida practicar punción lumbar a un niño que ha sufrido convulsiones febriles, la familia no debe oponerse porque el procedimiento no suele ser peligroso, como con frecuencia la gente cree, y además está de por medio la vida o el futuro útil del paciente.

359. ¿SE LE PUEDE DAR UN ANTIBIÓTICO AL NIÑO QUE TIENE FIEBRE PARA VER SI LE BAJA MIENTRAS LO VE EL MÉDICO?

Los antibióticos (drogas que destruyen algunos microbios) no son antitérmicos, es decir, no sirven para bajar la fiebre. Lo hacen indirectamente al cabo de algunos días cuando logran curar la enfermedad que la causaba. Para poder elegir un antibiótico se necesita averiguar cuál es esta enfermedad y con qué antibiótico se puede combatir; hay que saber, además, qué dosis se debe suministrar, con qué intervalos y por cuánto tiempo. Todas estas cosas sólo las puede determinar un médico competente después de examinar y analizar al paciente. Ni la madre, ni la amiga, ni el vendedor de la farmacia están capacitados para recomendar un antibiótico cuando aún no se ha hecho el diagnóstico de la fiebre. Administrar un antibiótico a ciegas a un paciente no sólo no lo beneficia en absoluto sino que altera el cuadro clínico, dificulta el diagnóstico y negativiza exámenes de laboratorio cuyo resultado puede ser vital para el futuro del niño. Por ello en los países organizados es absolutamente prohibido vender antibióticos sin fórmula médica.

360. ¿LAS FRICCIONES DE ALCOHOL SON BUENAS PARA BAJAR LA FIEBRE?

Las fricciones de alcohol bajan la fiebre pero son peligrosas. Si el alcohol contiene metanol, el niño puede morirse o quedar ciego, pero incluso el alcohol etílico puede absorberse a través de la piel o de los pulmones (el que necesariamente se inhala), llegar a la sangre y producir una baja en el azúcar que a veces causa convulsiones. Aunque nada de esto ocurriera, como se evapora tan rápido, hace que baje súbitamente la temperatura lo cual produce un escalofrío que la hará subir nuevamente, incluso más alta de lo que estaba antes de la fricción. Además, las sustancias que se le agregan en los laboratorios para hacerlo impotable, con frecuencia producen brotes en la piel que pueden confundirse con una enfermedad eruptiva.

Por lo anterior, es completamente desaconsejable emplear fricciones de alcohol para bajar la fiebre.

361. ¿QUÉ TAN ÚTIL ES LA FRICCIÓN CON AGUA TIBIA SIN ALCOHOL?

Se le ha usado tradicionalmente y es efectiva para bajar la fiebre. Tiene el inconveniente de que si se prolonga demasiado produce escalofrío y éste hará que vuelva a subir la temperatura un rato después. Airear el cuerpo desnudo sin mojarlo es un procedimiento que se me ocurrió hace muchos años y que ha demostrado ser muy eficaz para bajar la fiebre. Tiene la ventaja de que produce un descenso gradual, no brusco, y que por consiguiente no causa escalofrío. Por otra parte, es más fácil de hacer y menos molesto para el niño que las fricciones con agua tibia. Para ello es necesario desvestirlo completamente y abanicarlo por todas partes durante unos quince minutos, al cabo de los cuales se puede volver a vestir pero con ropa ligera y holgada. Es impresionante la forma como actúa este simple procedimiento. Además evita el abuso de antitérmicos a los que hoy en día se les está tomando cierto temor.

362. ¿Se puede bañar a un niño afiebrado?

A muchas madres les causa temor, injustificado, bañar al niño con fiebre. No sólo se puede, sino que se debe seguir haciendo el baño normal de todos los días. Este debe ser corto, con o sin jabón, y con agua tibia. Cuando termine, hay que secarlo cuidadosamente y vestirlo con ropa limpia y ligera. Esto es lo mejor que se puede hacer por cualquier enfermo y con toda seguridad no le hará daño por grave que sea la enfermedad que lo aqueje. Dejar de bañar a un niño en estas circunstancias es agregar una incomodidad más a las muchas que ocasiona la enfermedad misma.

363. ¿Hay que poner al niño a dieta hasta que le pase la fiebre?

Es frecuente que el niño vomite al comienzo de cualquier fiebre, porque se sabe que tanto ésta como la infección misma perturban la digestión gástrica. En ese caso, conviene ponerlo a una dieta corta (máximo 6 horas), con líquidos azucarados. Muchas veces lo que pasa es que simplemente no quiere comer, lo cual es apenas natural si se comprende que tiene perturbada la digestión. De ser así, es inútil y muy perjudicial obligarlo. Más vale ofrecerle líquidos agradables sin forzarlo, hasta que (como ocurre pronto si no se le obliga) comience voluntariamente a pedir alimento. Y naturalmente, si quiere comer hay que dejarlo, aunque la infección y la fiebre persistan. Las dietas prolongadas conducen fatalmente a la desnutrición y ésta hace que sea más difícil combatir las infecciones.

364. ¿Cuándo debo sospechar que el niño tiene fiebre?

1. Cuando se le siente caliente al tacto (especialmente el cuello y la cabeza), mientras las manos y pies están fríos.
2. Cuando pierde súbitamente el apetito.
3. Cuando vomita la última comida habitual (un niño que no es vomitador).
4. Cuando pasa mala noche (un niño que usualmente duerme bien).
5. Cuando un niño usualmente activo, deja de moverse y jugar.
6. Cuando inexplicablemente está decaído o somnoliento de día.

365. ¿CÓMO PUEDO CONFIRMAR QUE EL NIÑO TIENE FIEBRE?

Es muy importante que toda madre sepa tomar la temperatura y leer el termómetro. Para ello, tome el termómetro con la mano derecha, por el extremo opuesto a donde está el mercurio y gírelo hacia arriba y hacia abajo para descubrir la columna plateada del mercurio. Si está por encima de 37, sacuda el termómetro hasta que descienda por debajo. En seguida proceda a tomar la temperatura.

Si el niño tiene menos de 5 años se puede comenzar tomando la temperatura en el hueco de la axila y si marca por encima de 37.2 es sospechoso de fiebre y se debe verificar con temperatura rectal. Si ésta marca más de 38, se considera que el niño tiene fiebre.

365. ¿CÓMO SE TOMA LA TEMPERATURA AXILAR?

Seque el hueco de la axila y coloque allí el extremo plateado del termómetro. Cierre la axila apretando el codo contra las costillas por cuatro minutos.

367. ¿CÓMO SE TOMA LA TEMPERATURA RECTAL?

1. Coloque el niño boca abajo con el estómago sobre sus muslos de manera que las piernas del niño cuelguen al lado.

2. Lubrique el extremo plateado del termómetro con aceite o vaselina.

3. Inserte el termómetro cuidadosamente (sin forzar) unos 2.5 cm (una pulgada o el largo de la primera falange del dedo pulgar).

4. Sostenga quieto al niño con su brazo izquierdo, mientras con su mano derecha apriételes las nalguitas para mantener en su sitio el termómetro por 2 minutos (contar hasta 120).

En niños de más de 5 años es mejor tomar la temperatura bucal.

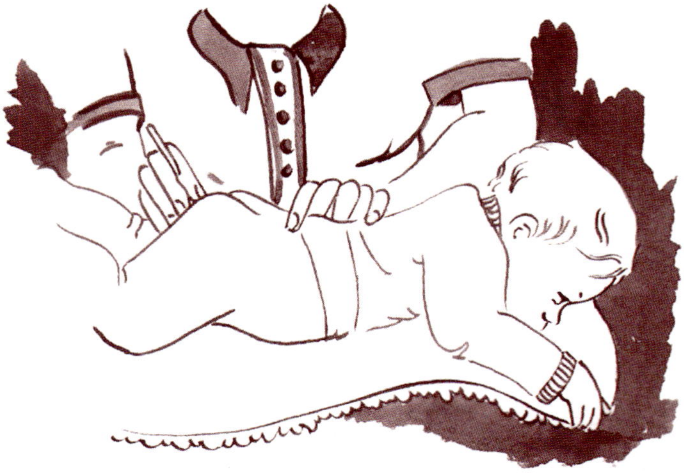

368. ¿Cómo se toma la temperatura bucal?

1. Asegúrese que el niño no haya tomado recientemente algo muy caliente o frío.

2. En los niños que colaboran, coloque el termómetro debajo y al lado de la lengua. Si se teme que lo pueda morder, es mejor colocarlo entre la mejilla y las muelas.

3. Hágale sostener el termómetro con los labios pero sin morderlo durante 3 minutos. Si el niño no puede respirar por la nariz con la boca cerrada, hay que tomar temperatura axilar.

Se considera que hay fiebre cuando el termómetro en el recto marca por encima de 38.

369. ¿Qué debo hacer cuando se confirma que el niño tiene fiebre?

Ante todo, no hay que tenerle miedo a la fiebre. De por sí es un mecanismo bueno, que la naturaleza utiliza para combatir la enfermedad. Muchos de los errores, que se cometen al intentar bajar la fiebre desesperadamente, se deben a esa "fobia" que muchas madres tienen ante el alza térmica. Toda madre debe estar capacitada para manejar inicialmente la fiebre de su hijo, pero también saber cuándo consultar oportunamente.

370. ¿Cuándo y cómo se puede bajar la fiebre?

En general sólo se debe bajar la fiebre cuando la temperatura es superior a 38.5 o cuando siendo menor, el niño está muy molesto o tiene algún dolor. Es innecesario descender la temperatura por debajo de 38.

371. ¿Qué drogas puedo usar para bajar la fiebre?

La droga preferida es el acetaminofén que se encuentra en las farmacias en forma de gotas, jarabe o tabletas según la edad del niño y con diversos nombres. La dosis es 10 mg/Kg por dosis cada 4 horas, pero para efectos prácticos las madres pueden guiarse por la dosificación que trae el producto o por la última dosis que el médico indicó para una enfermedad o para la reacción de la vacuna.

En niños mayores de 2 años puede usarse ácido acetilsalicílico (aspirina) que se consigue sólo en tabletas con diversos nombres. La dosis es igual que el acetaminofén.

Ninguna de las dos se debe dar a intervalo menor de 4 horas. Tampoco se deben usar las dos al tiempo o alternadas porque esto aumenta las posibilidades de intoxicación. Como toda droga, deben mantenerse fuera del alcance de los niños. Hay otras drogas para bajar la fiebre, pero deben ser manejadas por el médico.

372. ¿Además de las drogas, ¿qué más se puede hacer para bajar la fiebre?

Los medicamentos son un recurso adicional a las medidas que describiré a continuación. Son un segundo paso, siempre debemos intentar bajar la fiebre con estas medidas generales, antes de decidir si emplearemos los medicamentos.

Se procede a desnudar el cuerpo del niño y airearlo con un cartón o un periódico por unos quince minutos o hasta que la piel se sienta fresca. Esto también puede hacerse en los intervalos de la droga, cuando la temperatura vuelva a subir y no sea tiempo de repetirla. Este procedimiento es mejor que las viejas fricciones, baños y envolturas en sábana húmeda, que a más de ser muy desagradables para el niño, fácilmente ocasionan escalofrío que vuelve a subir la temperatura un rato después.

373. ¿Cuándo debo consultar inmediatamente por el niño febril, ya sea por teléfono o llevándolo a un servicio de urgencias?

1. Si el niño es menor de 2 meses.
2. Si la fiebre es superior a 40.
3. Si el niño llora inconsolablemente
4. Si es difícil de despertar.
5. Si está confuso o delirante.
6. Si presenta una convulsión.
7. Si tiene la nuca rígida.
8. Si tiene manchas como de sangre en la piel.

9. Si a pesar de destaparle la nariz, la respiración es difícil (se le hunden los espacios entre las costillas o le aletea la nariz) o se queja o puja rítmicamente con la respiración.

10. Si se trata de un niño francamente desnutrido o se conoce que tiene una enfermedad importante del corazón, los pulmones, los riñones, diabetes, etc.

374. ¿Cuándo debo llamar al médico por teléfono o consultar, no de urgencia sino en horas regulares porque el niño tiene fiebre?

1. Si el niño con fiebre tiene entre 2 y 4 meses.
2. Si la fiebre es entre 39.5 y 40, especialmente si el niño es menor de 2 años.
3. Si se queja de dolor o ardor para orinar.
4. Si tiene dolor de oído persistente.
5. Si se le ven placas blancas en la garganta.
6. Si a pesar de destaparle la nariz con solución salina, respira rápido (más de 50 veces por minuto).
7. Si la fiebre persiste por más de 24 horas sin que se tenga noción acerca de a qué es debida, o sea, no diarrea, ni gripa, ni tos, etc.
8. Si aún sospechada la causa, la fiebre persiste más de 3 días.
9. Si la fiebre se va por un día y retorna.
10. Si el niño ha tenido convulsión en una fiebre anterior.

375. ¿Por qué será que siempre que mi hijo tiene fiebre, vomita?

Muchas enfermedades infecciosas, sobre todo las producidas por virus, suelen iniciarse con vómito el cual es debido a una acción directa del agente infeccioso de la fiebre sobre los centros nerviosos del vómito. El vómito obliga al ayuno (a más de que las infecciones quitan el apetito) y esto hace que el organismo comience a echar mano de sus reservas de grasa como fuente de energía. Las grasas se queman al calor de los hidratos de carbono, pero como éstos también están escasos, su combustión es incompleta y origina que se acumulen en la sangre unas sustancias análogas a la acetona (cuerpos cetónicos) que a su vez actúan estimulando más vómito. Este círculo vicioso hay que romperlo pues de lo contrario el niño se deshidrata. Para ello hay que suministrar al niño un líquido azucarado (agua con azúcar o suero glucosado), una cucharadita cada 10 minutos hasta que pasen 2 horas sin vomitar y luego por copitas o vasitos por otras dos horas. Visto que no vomite, se puede reanudar la alimentación normal, fraccionada o sea en pequeñas tomas frecuentes, guiándose por el deseo del niño sin obligarlo. Para vómito solo, sin diarrea, no se debe dar el suero casero con sal ni el suero oral, porque su alto contenido en sodio (que no se está perdiendo cuando no hay diarrea), podría ser inconveniente. Tampoco se deben dar por cuenta propia, drogas contra el vómito, que sobre todo cuando se repiten, pueden causar intoxicación. Si a pesar de estas medidas el niño sigue vomitando, es urgente consultar con el médico. En niños pequeños, un cuadro de fiebre y vómito persistente es sospechoso de meningitis.

376. ¿Cómo se manifiesta la intoxicación por drogas contra el vómito?

La mayoría de las drogas contra el vómito (antieméticos), en algunos casos por susceptibilidad individual, en otros por sobredosis, actúan sobre el sistema nervioso central originando movimientos raros de la cara (gesticulaciones, boca desmesuradamente abierta con babeo), extensión de la cabeza hacia atrás (opistótonos), desviación de la mirada, miembros en extensión y retorcidos hacia adentro (pronación). A pesar de su apariencia tan dramática, este cuadro no es tan grave como parece, pero requiere consulta médica de urgencia, porque también podría tratarse de una encefalitis.

377. ¿Es cierto que los niños vomitan porque están engordando?

No, lo que es cierto es que algunos niños devuelven pequeñas porciones de alimento y sin embargo aumentan de peso. A esto es a lo que se le llama regurgitaciones del llamado reflujo gastroesofágico normal hasta los 8 meses aproximadamente. Si el niño aumenta bien de peso, no tiene tos ni llanto excesivo, no hay que preocuparse, ni cambiar la leche, ni dar drogas. Por el contrario, el reflujo se vuelve anormal cuando detiene la curva de peso del niño o bien ocasiona sofocaciones respiratorias, neumonía o asma, así como también cuando llora excesiva y permanentemente. Esto último es debido a que el jugo gástrico es muy ácido, irrita el esófago y esto es doloroso. En estas condiciones se impone la consulta médica.

378. ¿En qué se diferencian las regurgitaciones del vómito?

A diferencia de las regurgitaciones, en el vómito el alimento es devuelto con fuerza (en pluma) y es abundante. Vómitos ocasionales tampoco tienen importancia, pero cuando son reiterados, repercuten rápidamente sobre el peso y necesitan consulta médica de urgencia. Cuando se inician entre la 2ª y 4ª semana, especialmente en varoncitos primogénitos, hay que sospechar la llamada estenosis hipertrófica del píloro, que requiere cirugía.

Capítulo XII

Afecciones e higiene de la piel

Por diversas razones, las afecciones de la piel preocupan mucho a las madres e interesan en gran modo a los médicos. Pero mientras que para aquéllas los temores se fundan en el aspecto estético de las lesiones y en su fama de incurables, para el médico significa una brecha en la muralla defensiva del organismo que es la piel y con frecuencia un reflejo de problemas internos.

Las consultas telefónicas sobre dermatología son las más difíciles de resolver, pues por muy buenas que sean las intenciones del médico y su disposición para ayudar, la mayoría de las veces no es posible dar un diagnóstico sin ver la lesión. Lo único que se puede hacer en estos casos es juzgar la benignidad, importancia o gravedad del problema y aconsejar si se debe asistir o no a una consulta médica personal. Ejemplo de una situación benigna que no requiere el traslado del paciente y sobre la cual se pueden dar consejos útiles, es la "miliaria rubra" o salpullido. La madre observa la aparición de un brote que ella misma describe como salpullido, o sea papulitas rojas y vesículas pequeñitas en una zona extensa de los pliegues o del tronco. El médico preguntará si hay o ha habido fiebre, en cuyo caso es mejor ver al paciente para determinar si se trata de una enfermedad eruptiva, con mayor razón si hay embarazadas en contacto con él. Si no hay fiebre y además la madre informa que el niño ha estado en un ambiente cálido, que hace algún tiempo no lo baña o que lo ha mantenido muy abrigado, lo más probable es que realmente se trate de una "miliaria rubra", salpullido o sudamina (como también se le llama). En ese caso lo único que hay que hacer es bañarlo (sin jabón) y vestirlo con ropa holgada; habrá que advertir que a los pocos días la piel va a aparecer descamada (casposa), lo cual no debe ser motivo de preocupación. Si alguna de las ampollitas tiene color amarillo y aspecto como de pus, el médico decidirá si prescribe un antiséptico suave, como por ejemplo una solución de permanganato o aconseja acudir a la consulta para hacer el tratamiento correspondiente a una piodermitis. Al mismo tiempo, desaconsejará el uso de desinfectantes fuertes o pomada de cortisona. Se sabe que muchas enfermedades penetran al organismo por los orificios (nariz, boca, oídos, vagina y recto) o por la piel cuando ésta pierde su continuidad, ya sea porque una herida o algún tipo de afección cutánea hayan abierto una brecha en ese manto protector tan importante para la salud. Muchas enfermedades generales pueden llegar a revelarse por manifestaciones cutáneas. Por eso decimos que la piel es el espejo de lo que ocurre por dentro y por ello es tan importante que las madres estén atentas a cualquier cambio en la piel de sus hijos.

379. ¿QUÉ PUEDO HACER CON MI HIJO QUE VIVE CON LA "COLITA QUEMADA"? ¿SERÁ PAÑALITIS?

El término "pañalitis" que etimológicamente querría decir "inflamación del pañal", se ha vuelto muy popular y se le adjudica a cualquiera de las numerosas afecciones que puede sufrir la piel de los niños en la zona que permanece cubierta por el pañal. La mayoría de ellas tienen que ser vistas por el médico para que determine su causa (dermatitis seborreica, moniliasis, escabiosis, piodermitis, etc.), pero hay una que la propia madre puede identificar y combatir; se trata de la dermatitis amoniacal. Su aspecto es muy variado y podría confundirse con cualquiera de las mencionadas, aunque hay algo en su aspecto que la distingue, y es la presencia de pequeñas ulceraciones redondeadas de borde levantado. Sin embargo, lo más característico es que al quitarle el pañal al niño, especialmente si ha permanecido con él durante toda la noche, el olor a amoniaco es tal que hasta hace arder los ojos; por eso se la llama "dermatitis amoniacal". Esta es producida por unos microbios llamados bacilos amoniacales, que normalmente viven en el intestino del niño, y que utilizan como alimento la urea de la orina y la transforman en amoniaco que es el que huele e irrita la piel. El tratamiento es muy sencillo: se sumergen los pañales después de lavados en un desinfectante (que puede ser betadina en solución, 4 cucharaditas por litro de agua), se dejan allí durante unos minutos, se exprimen y se ponen a secar sin enjuagar, es decir, sin sacarles el desinfectante, precisamente para que las bacterias no puedan vivir y reproducirse en ellos. Esto se hará hasta que desaparezca completamente el olor amoniacal de los pañales por la mañana. La dermatitis se cura sola o a lo sumo aplicándose también un ungüento de betadina. Otra solución, pero más costosa, sería el uso rutinario de pañales desechables.

380. *CUANDO LE PONGO PAÑALES DESECHABLES AL NIÑO, SE LE ENROJECE LA PIEL Y DESPUÉS SE DESPELLEJA. ¿A QUÉ SE DEBE ESTO?*

Efectivamente, algunos niños tienen la piel muy sensible y reaccionan de esta manera frente a ciertas sustancias químicas que se emplean para fabricar los pañales desechables. En ocasiones, una solución puede ser cambiar de marca de pañal, pero si el problema subsiste es mejor pasarse a los tradicionales pañales de tela que son buenos y económicos aunque un poco más complicados de manejar.

381. *¿ES NECESARIO HERVIR LOS PAÑALES?*

Hervir los pañales es un desperdicio inútil de tiempo y energía. Simplemente hay que lavarlos bien (de preferencia con jabón y no con detergente) y enjuagarlos mejor. Si una vez secos se quieren esterilizar, no hay nada mejor que el simple planchado bien caliente, cuya temperatura mata cualquier microbio.

382. *¿ES CIERTO QUE LOS UNGÜENTOS Y CREMAS DE CORTISONA SON PERJUDICIALES PARA LA PIEL Y PARA EL NIÑO EN GENERAL?*

Sí, es cierto, sobre todo cuando se emplean preparados potentes por tiempo prolongado. Estos pueden atrofiar la piel, ocasionar estrías (como las de los obesos y las embarazadas) que son imborrables y desfigurantes sobre todo cuando aparecen en la cara. Por otra parte, la mayoría de ellos se absorben y producen todos los efectos indeseables de la cortisona: cara de luna llena, hinchazón por retención de líquidos, retardo de crecimiento estatural, propensión a las infecciones, descalcificación de los huesos, etc, cuando se usan irresponsablemente por tiempo superior a una semana. Por todo ello, no se debe aplicar nunca una crema o un ungüento de cortisona sin consentimiento del médico y aun así, la madre debe ceñirse a la dosis señalada y no volverla a usar sin antes consultarlo. Los sitios de mayor absorción y por lo tanto aquellos en los que resulta más perjudicial son la cara, el cuello, las axilas, las ingles y la región que cubre el pañal. Sin embargo, muchos padecimientos inflamatorios de la piel se pueden beneficiar con su uso adecuado, de ahí la importancia de seguir las indicaciones del médico.

383. *Mi médico me ha dicho que unas ronchas que le salen al niño en la cintura, brazos y piernas se deben a picaduras de pulga, sin embargo, mi casa es muy limpia y no creo que haya en ella ese tipo de insectos. Yo pienso que más bien se deben al huevo y a la leche. ¿Le suprimo estos alimentos?*

No se necesita que en una casa haya un pulguero tremendo para que el niño tenga eso que se llama "prurigo por picadura de insectos". Una sola pulga traída del teatro o del taxi, es capaz de picar numerosas veces en una sola noche y la sustancia que inocula para poder extraer la sangre es la que le hace salir ronchas a la persona alérgica. Nada se consigue, aparte de desnutrir al niño, con suspenderle por tiempo prolongado la leche y los huevos, alimentos que no tienen nada que ver en la producción de esos síntomas. Más vale creerle al médico y barrer o aspirar la alcoba y desarmar la cama para limpiar bien las hendijas (donde se refugian las pulgas durante el día); así pronto empezarán a disminuir las ronchas del niño.

Los mosquitos o zancudos (más los de tierra fría) pueden ser también responsables, pero en ese caso las ronchas se aprecian en la cara, orejas y dorso de las manos, es decir, en aquellas áreas que quedan expuestas, sin ropa. El uso del toldillo mosquitero (no los insecticidas), es la solución.

384. *¿Cómo se tratan los granos infectados?*

Los granos, muy frecuentes en los climas cálidos (sobre todo cuando el niño acaba de llegar de clima frío), son infecciones producidas por estafilococos o estreptococos. Se conoce que están infectados porque se produce hinchazón, la zona se pone de color rojo y hay presencia de pus. Pueden manejarse simplemente lavando con agua y jabón la zona afectada y retirando constantemente las costras que se van formando con la ayuda, a lo sumo, de agua oxigenada. Sin embargo, cuando el responsable es el estreptococo beta hemolítico grupo A, el niño (sobre todo después de los 5 años) puede curarse de la piel y resultar, a las 2-3 semanas, con una grave enfermedad de los riñones que se llama glomerulonefritis. Es esta la razón por la cual, aunque se trata de infecciones fáciles de curar con tratamiento local casero, es mejor que las vea el médico quien probablemente agregará penicilina oral o inyectada.

385. *EL NIÑO TIENE UN BROTE QUE LE PICA MUCHO, LOCALIZADO SOBRE TODO EN AXILAS, CODOS, MANOS Y NALGAS; MI ESPOSO Y YO TAMBIÉN TENEMOS PICAZÓN. ¿CUÁL PUEDE SER LA CAUSA?*

Lo más probable es que sea sarna o escabiosis, enfermedad producida por unos parásitos microscópicos que penetran en la piel y hacen túneles para poner sus huevos. Los adultos y niños mayores pueden tratarse con lindano, que se aplica en todo el cuerpo después de un baño con jabón y se deja durante 12 horas, después de las cuales hay que volver a bañarse. Pero este insecticida puede ser muy tóxico para niños pequeños, motivo por el cual es mejor llevarlos al médico para que elija el tratamiento más adecuado a su edad. Los adultos deben tratarse todos al mismo tiempo y la ropa interior y de cama debe ser planchada muy en caliente, para evitar infestaciones.

386. *¿POR QUÉ SERÁ QUE ALGUNOS NIÑOS TIENEN LA PIEL SECA?*

La humedad o sequedad de la piel depende del número de glándulas productoras de sudor o grasa que existan en ella y esto varía mucho de unas personas a otras. Hay algunos niños que constitucionalmente, o sea por herencia, mantienen la piel más seca que otros. También es frecuente la llamada "queratosis pilar", que más que una afección es un tipo de piel y que se caracteriza por ser áspera, como "piel de gallina" y tener papulitas con pelos en ciertas zonas. Es más frecuente en las niñas; aumenta hasta la adolescencia y disminuye en la edad adulta.

Hay una enfermedad en la piel, también constitucional, que se llama "dermatitis seborreica" en la cual se ven placas a veces extensas de piel rosada con escamitas que al tacto dan la sensación de sequedad.

Pero también hay niños que tienen la piel muy seca porque los bañan diariamente con jabones fuertes. El baño diario es recomendable pero no necesariamente tiene que ser siempre con jabón que quita la grasa natural de la piel y la mantiene seca. Si a los niños mayores a veces es necesario jabonarlos a diario porque recogen mucha mugre, a los más pequeños basta con hacerlo una o dos veces por semana. El uso de talcos, costumbre que afortunadamente tiende a disminuir, contribuye a secar demasiado la piel, además del riesgo de ser inhalados si se administran profusamente y desde cierta altura.

387. *¿QUÉ ES ESA COSTRA DE CASPA QUE TIENEN ALGUNOS NIÑOS EN LA CABEZA?*

Es la llamada (quién sabe por qué) "costra de leche", y se debe a que la piel del niño produce un exceso de grasa como consecuencia de hormonas de la madre que atraviesan la placenta. No es conveniente tratar de retirarla con aceite, como la mayoría de las personas pretenden hacerlo, porque a causa de la adición de grasa, se reproduce rápidamente. Hay que retirarla pacientemente durante el baño con la ayuda de un champú suave y si se muestra rebelde, el médico prescribirá una crema con ácido salicílico que facilita su remoción.

388. Mi hijo tiene unas lesiones de los pliegues de los brazos y las corvas, que pican intensamente, ¿qué debo hacer?

Existe una enfermedad, relativamente común en la infancia, que afecta los pliegues de la piel, como brazos, corvas, cuello, orejas, párpados, y pica intensamente. Se llama dermatitis atópica. Es importante por dos razones: tiende a ser crónica, es decir, aparece y desaparece y pica intensamente. Y en segundo lugar, porque con frecuencia se presenta en las familias donde ha habido asma o rinitis y con frecuencia es el anuncio de que se presentarán más tarde dichas enfermedades en el paciente. No dude de consultar al pediatra, no sólo para tratar la enfermedad sino también para prevenir la aparición de problemas respiratorios.

389. Mi hijo de ocho años tiene unos morados en las piernas, en las canillas, ¿será una enfermedad de la coagulación?

Por la localización de las lesiones y la edad del niño, posiblemente se trate de lesiones producidas por golpes, por ejemplo: durante el ejercicio físico, deportes, etc. No suele ser esta la primera manifestación de un trastorno de la coagulación.

390. He oído hablar de una enfermedad grave, que se llama púrpura, que aparece en la piel, ¿de qué se trata?

La palabra "púrpura" suele evocar en las madres un gran susto. Existe una púrpura, consistente en lesiones rojas, generalmente pequeñas pero que a veces pueden ser grandes porque confluyen varias, acompañando ciertas enfermedades importantes como infecciones graves por bacterias o virus, en la cual se bajan las plaquetas. Es en general una enfermedad seria que requiere pronta consulta médica.

Pero existe otra púrpura, mucho más frecuente, que se presenta en la mitad inferior del cuerpo, por ello se llama de distribución "en pantalón", de unas lesiones que se pueden sentir al tacto, porque son levantadas, que suele ser de origen alérgico y se llama "púrpura anafilactoide" o de Henoch-Schonlein (por quienes la describieron), que suele ser una enfermedad leve, pero que sin embargo amerita consultar al médico, para descartar complicaciones, como afección de los riñones.

Capítulo XIII

Retardo mental, parálisis cerebral, convulsiones

Con frecuencia, las madres se preocupan intensamente por el riesgo de transmitirle a los hijos enfermedades hereditarias y por ciertas afecciones del sistema nervioso central porque temen que puedan lesionar de una forma importante y permanente la inteligencia y las capacidades sensoriales y motoras de su hijos, convirtiéndolos en discapacitados de por vida. La preocupación es muy válida debido al riesgo potencial, sin embargo son más frecuentes los falsos temores. Para aclarar ciertas dudas razonables y disipar temores infundados revisaré ciertas preguntas frecuentes sobre enfermedades hereditarias, retardo mental, parálisis cerebral y las convulsiones.

391. ¿Qué es un cromosoma?

Es el nombre que se da a cada uno de los pequeños cuerpos en forma de bastoncillos en asa en que se divide la cromatina (sustancia básica del núcleo de las células), cada uno de los cuales se divide a su vez longitudinalmente, dando origen a dos asas gemelas perfectamente iguales. Su número es constante para cada especie, siendo en el hombre 46, y están constituidos por genes que son los que determinan los caracteres hereditarios de los seres vivos. En ellos está encerrada toda la información que se transmite a los hijos, sobre sexo, color de ojos y piel, estatura, metabolismo, susceptibilidad a padecer ciertas enfermedades, etc.

392. ¿Qué es una enfermedad genética?

Es la que puede transmitirse a la descendencia por intermedio de los genes de los cromosomas, cuya mitad se hereda de cada padre.

393. ¿Las enfermedades genéticas son frecuentes?

Aunque cada una de las enfermedades genéticas es relativamente rara aisladamente, todas sumadas son frecuentes. Así resulta que el 4% de todos los recién nacidos tienen una malformación o una enfermedad genética y aproximadamente el 25% de las muertes de niños se deben a una enfermedad de origen genético.

394. En nuestras familias no hay enfermedades genéticas. ¿Puede tenerlas un hijo nuestro?

Sí, en muchos casos de enfermedad genética, no hay antecedente de esta enfermedad en la familia del padre o de la madre. En unos casos esto se debe a que ambos progenitores son portadores de un gen anormal, aunque ellos sean perfectamente sanos. O, en casos aún menos frecuentes, porque ha ocurrido una mutación o cambio imprevisto en los genes del padre, o de la madre, o de ambos.

395. ¿Tiene curación la enfermedad genética?

Aunque no disponemos de tratamiento que corrija la enfermedad genética, muchas de ellas pueden ser tratadas para evitar el desarrollo de complicaciones como retardo mental. En otras, el diagnóstico de una enfermedad genética implica que podamos explicar a los padres los riesgos de que esta enfermedad se vuelva a repetir en otro de sus hijos. Es a esto a lo que se le llama consejería genética.

396. ¿Son todas las enfermedades genéticas aparentes al nacimiento?

No, sólo son aparentes aquéllas que producen defectos notorios. Las otras se diagnostican usualmente cuando el desarrollo del niño no corresponde a los patrones normales y entonces puede ser tarde para iniciar un tratamiento.

Actualmente es posible y fácil diagnosticar algunas de ellas, en especial trastornos del metabolismo, en un examen de sangre, generalmente tomada del talón, del recién nacido, pudiendo tratarse muy tempranamente, evitando así daños importantes del cerebro del niño. Si en el hospital o clínica donde nace su hijo existe dicho programa no dude en tomarlo, aunque represente un costo adicional, pues el diagnóstico precoz suele ser fundamental para prevenir secuelas irreversibles.

397. ¿En qué consiste el consejo genético y quién lo debe hacer?

Una vez diagnosticada con precisión una enfermedad genética en un niño, se estudia la familia y se calculan los riesgos de recurrencia. Esto constituye un conjunto de información que ayuda a la familia en sus decisiones futuras acerca de nuevos hijos. El consejo genético es un proceso educativo, no directivo ni coercitivo. El consejo genético no se limita entonces a la mención de un riesgo de recurrencia; es todo un proceso por el cual el consejero se asegura de que la pareja conozca las implicaciones de la enfermedad, la forma en que se hereda, la probabilidad de que vuelva a suceder y las alternativas que tienen para que ellos, con estos elementos, puedan elegir libremente el camino a seguir. La consejería genética la debería hacer cada especialista, pero con frecuencia es conveniente consultar un genetista. En Colombia, existe la entidad Pregen que fomenta y facilita la investigación de las enfermedades genéticas y suministra la consejería correspondiente (Avda. 9ª N° 117-20, Of. 209, Bogotá).

398. ¿Qué quiere decir deficiencia o retardo mental?

Es "un estado de desarrollo mental incompleto de tal clase y grado que el individuo es incapaz de adaptarse por sí mismo al medio ambiente, en un sentido de no poder llevar una existencia independiente, precisando control o apoyo externo". Está constituido por un grupo de "afecciones genéticas o adquiridas antes de que se complete el crecimiento y desarrollo, caracterizadas por una reducción de la capacidad intelectual que llega a impedir la facultad de aprendizaje y una correcta adecuación social".

399. ¿Cómo se reconoce que un niño es mongólico?

El mongolismo (o mejor Síndrome de Down) se caracteriza a simple vista por cráneo pequeño y aplanado, pelo áspero y escaso, ojos oblicuos al estilo de los asiáticos (de ahí el nombre antiguo de la enfermedad), separación amplia de los ojos con un pliegue (*epicantus*) a la manera de tercer párpado, esto origina una falsa apariencia de estrabismo (aunque se reconoce que el estrabismo verdadero es frecuente en los niños con Síndrome de Down), cara aplanada y nariz corta de puente bajo, lengua cuarteada parecida al escroto y maxilar inferior redondeado. Las orejas son pequeñas, prominentes y a menudo mal formadas; el pene es pequeño y con frecuencia los testículos están escondidos (criptorquidia). Las manos son cuadradas (los dedos todos iguales de largos), con el meñique curvado. En la palma, en lugar de la M habitual, existe un surco que la atraviesa

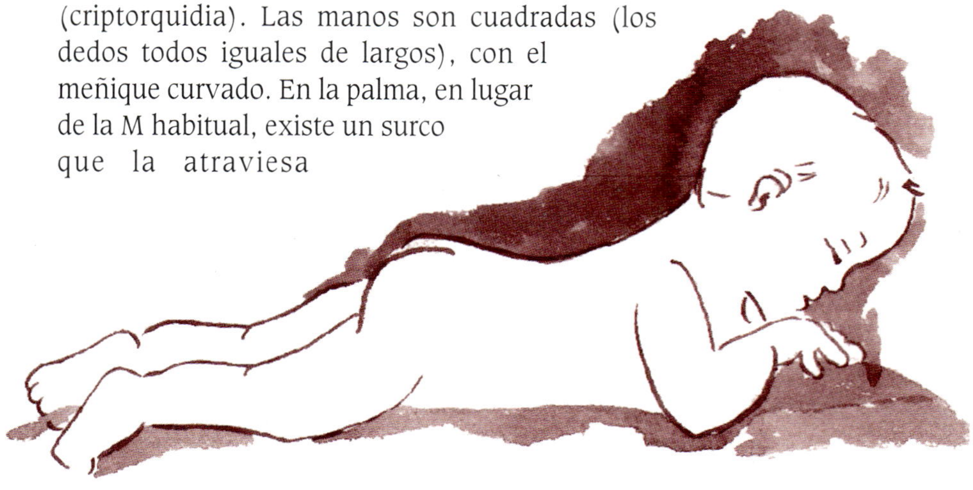

(mano simiana o de mono). El cuello es corto y con un grueso pliegue a lado y lado. Con frecuencia se asocian defectos del corazón y del intestino y también se sabe que entre ellos es más frecuente la leucemia que en la población general infantil. En el aspecto motor son inicialmente muy hipotónicos (flácidos), pero con el tiempo todos llegan a un buen desarrollo en este sentido. La talla final siempre es baja y existen variados grados de deficiencia mental. A esto contribuye que con alguna frecuencia existe asociación con hipotiroidismo (deficiencia de la glándula tiroides).

Se ha observado que el retardo mental puede disminuirse en gran parte si a muy temprana edad son estimulados adecuadamente.

400. *¿En qué consiste el mongolismo?*

La inmensa mayoría de los síndromes de Down consisten en que existe un cromosoma de más, adyacente al par N° 21, y por eso se le llama también Trisomia 21. No es frecuente que repita en la misma pareja. En una forma menos frecuente, llamada de traslocación, uno de los progenitores es portador del defecto genético y éste puede repetir en otro niño.

401. *¿Quién tiene la culpa del mongolismo, el padre o la madre?*

En estricto sentido nadie tiene la culpa del Síndrome de Down. Es mucho más frecuente en mujeres de más de 40 años, sin que se sepa exactamente por qué. Podría ser que sus óvulos habrían estado más veces expuestos a agentes nocivos como rayos X o infecciones virales, especialmente hepatitis. Se ha especulado también que los óvulos de las mujeres de edad llegarían a estar demasiado maduros cuando son fecundados debido a que la mujer nace con todos sus óvulos y podrían haberse envejecido. Podría ser también una predisposición genética aún no identificada. A pesar del hecho de que el mongolismo sea mucho más frecuente en mujeres de edad, la circunstancia de que las más jóvenes tienen más hijos hace que, globalmente, la mayoría de los mongólicos sean hijos de mujeres jóvenes.

402. *¿Qué debe y qué puede hacerse cuando un niño es diagnosticado como mongólico?*

Aunque la noticia de mongolismo es tremenda para cualquier pareja, tranquiliza saber que ésta es, si se quiere, la mejor forma de deficiencia mental. En efecto, el mongólico es simplemente un niño especial, que lo que necesita es ser aceptado familiar y socialmente y ser ayudado, con educación también especial, para subvenir a sus necesidades y que le permita valerse por sí mismo. Aceptarlo y dedicarle mucho esfuerzo a estimularlo adecuadamente es un pilar importante para su progreso individual. En varios hospitales existen ya asociaciones de padres de niños mongólicos para apoyarse, intercambiar información y experiencias.

403. ¿QUÉ ES LA PARÁLISIS CEREBRAL?

Es un conjunto de alteraciones del funcionamiento de los músculos que se manifiesta principalmente en los miembros inferiores en forma de rigidez o espasticidad que los mantiene cruzados en tijera, lo que sumado a rigidez del tronco, dificulta o impide la marcha. Con frecuencia también afecta los miembros superiores con espasticidad y movimientos anormales (atetosis) que dificultan o impiden la ejecución de obras manuales y por supuesto la escritura. Los músculos de la mandíbula, del cuello, de la cara y de la deglución también pueden estar afectados de espasticidad y atetosis, ocasionando posturas y expresiones anormales, así como babeo. Menos frecuentemente, la parálisis cerebral se manifiesta por flacidez (hipotonía) de diversos músculos y posiciones anormales cuando se va a ejecutar algún movimiento, como por ejemplo, alcanzar un objeto. La forma hipotónica de la parálisis cerebral infantil (PCI) es más grave porque con frecuencia se acompaña de retardo mental y es más difícil de rehabilitar.

404. ¿LA PARÁLISIS CEREBRAL ES ENTONCES UNA ENFERMEDAD DE LOS MÚSCULOS?

No, es una afección, como su nombre lo indica, del cerebro, cuando es objeto de agresiones de diversas clases antes de que el niño nazca, poco después o en todo caso antes de los cinco años, que es cuando el cerebro alcanza su máxima maduración. Una tercera parte de los pacientes ha tenido bajo peso al nacer. La principal agresión es la privación prolongada de oxígeno, generalmente acompañada de hemorragia; ésta también puede ser debida a traumatismo durante el parto. La destrucción de glóbulos rojos (hemólisis) debida a problemas de Rh o grupos sanguíneos, acumula en la sangre y en algunas estructuras del cerebro un pigmento (la bilirrubina) que también es capaz de dar PCI del tipo de la atetosis y frecuentemente con sordera. Más raro es que la PCI se deba a anomalías congénitas del cerebro o de sus vasos sanguíneos. Característica fundamental de la parálisis cerebral infantil (PCI) es que no sea progresiva, o sea, que el deterioro cerebral no se acentúe con el tiempo. En esto se diferencia claramente de otras afecciones genéticas que sí son degenerativas progresivamente.

405. ¿Parálisis cerebral de medio cuerpo y convulsiones en un niño pequeño, pueden ser parálisis cerebral?

Una tercera parte de todos los casos de PCI son del tipo de la hemiplejía (parálisis de medio cuerpo) espástica (contracción exagerada de los músculos), caracterizada porque el paciente camina cojeando y como barriendo con el miembro afectado, mientras del mismo lado el miembro superior permanece encogido y con la mano como torcida hacia adentro (pronación). En estos pacientes, cuando el otro lado del cerebro está totalmente preservado, su desarrollo intelectual es perfecto. Infortunadamente, también son los que con mayor frecuencia presentan convulsiones, que cuando ocurren desde un principio y no pueden ser dominadas, contribuyen a crear deficiencia mental.

406. ¿Los paralíticos cerebrales son retrasados mentales?

No, sólo aquéllos cuyas lesiones cerebrales han sido muy extensas. Aproximadamente la mitad de los paralíticos cerebrales tienen diversos grados de retardo mental, pero también la mitad de éstos son educables. El público cree que todos los paralíticos cerebrales son retardados mentales por su expresión facial y por su forma de hablar, pero entre ellos hay gente, desde mentalidad normal, hasta algunos muy brillantes.

407. ¿La parálisis cerebral tiene tratamiento? ¿Es curable?

Las lesiones cerebrales son una especie de cicatriz que no se puede modificar con ningún tratamiento. Sin embargo, el cerebro del niño pequeño tiene una gran plasticidad, de tal manera que una estimulación adecuada e intensa puede paliar esta condición. Además, la alteración funcional de los músculos sí es tratable, reduciendo la espasticidad para evitar deformaciones o mejorando el tono para permitir los movimientos y la estabilidad. Pero esto sólo se logra cuando el tratamiento de rehabilitación se inicia precozmente, supongamos antes de los dos años.

408. ¿Cómo se reconoce tempranamente al niño con parálisis cerebral?

Dada la importancia que tiene descubrir pronto al niño con parálisis cerebral, es muy importante que las madres que son las que están permanentemente con el niño, aprendan a identificar sus manifestaciones iniciales para que las hagan notar al médico. Se trata de descubrir tanto la hipotonía como la espasticidad, así como también la asimetría, es decir, las diferencias entre un lado y otro del cuerpo. Los recién nacidos normales están siempre flexionados y al colocarlos boca abajo tratan de levantar la cabeza. Los hipotónicos no hacen esto y están siempre extendidos, flojos. Además, a los tres meses, al ponerlos verticalmente dejan caer la cabeza hacia adelante o hacia atrás. A los seis meses no se sostienen sentados, a los siete meses no intentan voltearse y a los nueve meses no intentan sentarse y no gatean, y si pretenden trasladarse se reptan como lombrices sobre el abdomen. Muchos niños hipotónicos evolucionan después hacia hipertonía o rigidez.

La espasticidad se reconoce desde muy temprano porque el niño mantiene sus manos permanente y fuertemente empuñadas, incluso con el pulgar pegado a la palma. También arqueado el tronco y con la cabeza hacia atrás (opistótonos). Normalmente, un niño de más de tres meses, al tratar de sentarlo tomándolo por las manos, trata de llevar la cabeza hacia adelante y flexiona los miembros inferiores. El espástico hace todo lo contrario, echa la cabeza hacia atrás y estira muslos, piernas y pies. También al tratar de pararlos, se estiran, cruzan las piernas en tijera y se apoyan en las puntas de los pies.

En cuanto a la asimetría, cualquier madre observadora se da cuenta de que su hijo mueve más un lado que el otro. Siempre que un niño menor de un año use una mano más que la otra, sea la derecha o la izquierda, debe sospecharse la asimetría de la PCI.

409. ¿Los ojos bizcos en un niño de pocos meses pueden ser señal de parálisis cerebral?

Sí, pero no como hecho aislado sino en conjunción con las otras manifestaciones de la PCI. Dado que los globos oculares se mueven por músculos, éstos pueden participar del problema general de la PCI y desviar anormalmente uno o ambos ojos. Ojo desviado es ojo que no se usa y el desuso prolongado anula la visión (ambliopía). Hasta un 60% de las PCI se acompañan de problemas oculares, el más frecuente de los cuales es el estrabismo que debe descubrirse y tratarse pronto para que, a todos los problemas de la PCI, no se agregue deficiencia visual que perturbaría enormemente la rehabilitación.

410. ¿Cómo se conoce que un niño es bizco?

Dado que es tan importante reconocer pronto el estrabismo o bizquera para evitar la ceguera por desuso, interesa que las madres aprendan a sospecharlo. Toda desviación permanente de un ojo, en cualquier sentido y a cualquier edad, debe ser atendida por el oftalmólogo. Es un grave error esperar a que se corrija sola. La desviación ocasional se puede verificar con una prueba muy sencilla: al alumbrar los ojos del niño con una linterna, el reflejo de la luz se debe ver en el centro de las dos pupilas; si en alguno de los ojos se ve por fuera, es porque no está mirando con ese ojo y debe consultarse. Con esta prueba se descubre también el falso estrabismo, que consiste en que algunos niños con el puente de la nariz, todavía aplanado, presentan una especie de tercer párpado o sea un pliegue vertical adentro (epicanto), detrás del cual se esconde parte de la niña del ojo cuando se mira lateralmente, dando la impresión de estrabismo.

411. ¿Es frecuente que los paralíticos cerebrales tengan convulsiones?

Aproximadamente uno de cada tres paralíticos cerebrales presentan convulsiones, las cuales deben ser puestas bajo control con tratamiento anticonvulsivante para evitar mayor daño cerebral. A esto se le llama epilepsia secundaria, lo que quiere decir, resultante de una lesión. Epilepsia primaria es aquélla a la que no se le descubre un origen.

412. ¿Qué es la epilepsia?

Se dice que un niño o adulto tiene epilepsia cuando presenta ataques repetidos de convulsiones. Las convulsiones son generalmente contracciones bruscas y repetidas (convulsiones clónicas), o sostenidas (convulsiones tónicas), de todos los músculos (convulsiones generalizadas) o de algunos en particular, como por ejemplo, de la cara o de un miembro o de medio cuerpo (convulsiones focales). Casi siempre hay pérdida de conciencia y el paciente no recuerda nada del episodio.

Durante el ataque, la respiración se ve impedida y por eso el sujeto se pone azul (cianosis). Por la contracción de la mandíbula se muerden la lengua y en la caída pueden golpearse fuertemente la cara o la cabeza. Los esfínteres se relajan y por eso, en ocasiones, se defeca y se orina durante el ataque. Este tipo de ataques, que son los más frecuentes, constituyen lo que se llama el Gran Mal epiléptico.

Existe también el Pequeño Mal, que se caracteriza por pérdidas brevísimas de la conciencia, a las que se denomina ausencias. Menos frecuente es la llamada epilepsia psicomotora, en la cual el sujeto súbitamente altera su conducta psicomotora, hace y dice cosas raras y luego no recuerda nada. Hay otra forma de epilepsia, en la cual se pierde súbitamente la conciencia y el tono muscular, lo que ocasiona una caída brusca pero sin movimientos musculares, y luego el sujeto se levanta como si nada hubiera sucedido y, por supuesto, no recuerda nada.

413. ¿En qué consiste y a qué se debe la epilepsia? ¿Es cierto que siempre es hereditaria?

El cerebro es como una batería eléctrica que constantemente emite corriente, pero en forma tenue y rítmica, siendo esto prácticamente lo que mantiene la vida. En el ataque epiléptico, todo el cerebro o una zona de él, súbitamente emite excesiva corriente y esto es lo que desencadena las convulsiones.

El foco de estas descargas puede ser una lesión producida por asfixia al nacer, o por hemorragia (en el parto o por golpes), o por una infección (meningitis, encefalitis); o por un tumor, quiste o absceso; o parásito (tenia); o disturbio químico (enfermedades genéticas del cerebro). A veces se encuentra que en la familia ha habido o hay casos similares, lo que le adscribiría el carácter de genética. Son los únicos casos en que se considera hereditaria. Cuando no se encuentra absolutamente nada se dice que es idiopática, o sea, de causa desconocida.

414. ¿Por qué algunos médicos al hablar de epilepsia la llaman disritmia?

Conceptos muy antiguos sobre la epilepsia que la consideraban socialmente inaceptable (incluso hasta producto de posesión del demonio y cosas por el estilo, a más de tenerla por incurable), hacen que todavía algunos profesionales omitan llamarla por su nombre y prefieren decir "trastorno convulsivo" o "disritmia". El origen de esta última palabra es que la gran mayoría de las epilepsias se revelan en el electroencefalograma por una alteración del ritmo normal del trazado. Pero ocurre que hay un número muy grande de personas, sobre todo niños, que tienen trazados disrítmicos sin padecer ataques o con manifestaciones que no son epilepsia tales como dolores de cabeza, caídas en la misa o en los desfiles o por una impresión nerviosa (susto, noticia, vista de sangre, etc.), ni tampoco las "privadas" en el llanto o espasmo de sollozo. La mayoría de estas situaciones son síncopes debidos a disminución súbita del aflujo de sangre al cerebro y por ello su mejor manejo es colocar al sujeto con la cabeza en declive. Tampoco son epilepsias los terrores nocturnos, ni las convulsiones febriles.

Cuando se diagnostica auténtica epilepsia, es preferible que el médico emplee este término, que es el correcto, pero siempre y cuando que instruya con delicadeza a la familia acerca del verdadero significado de la enfermedad, que es tratable y que no tiene nada de vergonzoso ni debe marginar socialmente al que la padece.

415. ¿Qué se debe hacer en el momento de un ataque de convulsiones?

La atención de un ataque de convulsiones le toca hacerla casi siempre a personas que no son médicos. Es importante que todo el mundo conozca lo que hay que hacer y sobre todo lo que no se debe hacer. Lo que hay que hacer es en realidad poco. Lo principal es conservar la serenidad, con el conocimiento de que la inmensa mayoría de los ataques epilépticos son breves y cesan solos. Basta con aflojar la ropa alrededor del cuello para facilitar la respiración, y evitar que el sujeto se golpee contra algo. Colocarlo de lado para que la saliva y baba que no puede deglutirse, drene al exterior. Hay que saber que la lengua se muerde en el inicio del ataque y no tiene objeto intentar destrabar la dentadura con los dedos o con algún objeto, pues lo único que se consigue es una mordedura o romperle una pieza dentaria al paciente. Tampoco es cierto que la lengua se vaya para atrás y ahogue al sujeto. Es muy peligroso intentar dar agua o cualquier líquido a una persona inconsciente: se puede ir a los pulmones y ahogarla.

416. ¿En qué consisten los ataques o convulsiones de los niños con fiebre?

Algunos niños (4% entre los de uno a cinco años), cuando les sube fiebre, presentan convulsiones muy parecidas a las de la epilepsia. Cuando no hay antecedentes de problemas serios del recién nacido, el niño es normal en su desarrollo neurológico, no hay epilepsia genética en la familia, la convulsión es breve, generalizada, y no deja secuelas inmediatas (parálisis o perturbación de conciencia, por ejemplo), se dice que la convulsión febril es simple y no tiene ninguna relación con epilepsia. Tanto que ni siquiera se requiere la práctica de un electroencefalograma.

También puede ser un síncope o disminución de sangre en el cerebro, ocasionado por la fiebre. La mayoría de los niños sólo tienen una o dos convulsiones febriles en su vida y no requieren ningún tratamiento preventivo de las mismas porque, si cumplen con los requisitos de simples, no ofrecen ningún peligro ni para la vida ni para el futuro neurológico del niño.

Unos pocos, las presentan sistemáticamente con cada fiebre, lo cual mortifica mucho a la familia y fomenta un manejo demasiado agresivo de la fiebre, mucho más peligroso que la convulsión misma. Es en estos casos cuando el médico prescribe una droga (generalmente fenobarbital) para proteger al niño de las convulsiones durante la edad en que éstas son susceptibles de presentarse.

417. Mi niño se "priva", se pone azul y hasta presenta convulsiones cuando se le contraría o cuando se golpea aún ligeramente la cabeza. ¿Qué es esto? ¿Estará enfermo del corazón? ¿Será epilepsia?

Nada de esto, se trata simplemente del mal llamado "espasmo del sollozo" del cual existen dos tipos. En el tipo I o azul, el niño por una contrariedad o susto, comienza a llorar en forma tan prolongada que no toma aliento, se va poniendo azul, echa la cabeza y los ojos para atrás, se contorsiona, estira los brazos y los retuerce hacia adentro y en ocasiones, cuando el episodio se prolonga, llega a presentar algunos movimientos convulsivos y a emitir orina

o materia fecal por relajación de los esfínteres, o sea, muy parecido al ataque epiléptico. Se trata de una forma peculiar de llorar que algunos niños aprenden a hacer cuando a los pequeños no se les atiende adecuada y oportunamente el llanto; la espiración prolongada, enlentece el corazón al punto que no manda suficiente sangre al cerebro y esto es lo que determina el ataque. En el tipo II o pálido, ocasionado por pequeños golpes, el síncope se produce por un reflejo de la piel a los vasos del cerebro. Los dos son muy asustadores pero no son graves y el tratamiento consiste en educar a los padres y al niño para que no utilice los ataques como arma.

418. ¿PUEDE PREVENIRSE EL RETARDO MENTAL?

Hay una serie de medidas, que si se generalizaran en la comunidad disminuirían, sin duda, la incidencia en ella de niños víctimas de retardo mental e incapacidad para el aprendizaje. Tales son, por ejemplo: que toda mujer asista a una consulta pregestacional, es decir, antes de iniciar su embarazo (ver capítulo I), que toda mujer antes de casarse o quedar embarazada, se vacune contra la rubéola y el sarampión. Que al quedar embarazada sea examinada pronto por el médico para que clasifique el riesgo del embarazo, establezca atenciones especiales, si fuere el caso, y oriente hacia dónde debe ser atendido el parto, según los peligros que puedan preverse, tales como la prematurez, la asfixia, el traumatismo, la ictericia, la infección, etc. Que se averigüe su clasificación sanguínea (grupo y Rh), y se le haga una serología para sífilis, una investigación de anticuerpos contra toxoplasma, una determinación de glicemia y exámenes periódicos de orina y presión arterial para detectar diabetes y toxemia gravídica. Que se investigue en todos los recién nacidos el hipotiroidismo y la enfermedad genética. Si se toman estas precauciones, es posible evitar una serie de males que pueden llegar a dañar el cerebro del niño y ocasionar retardo mental.

419. ¿Cuando una embarazada se encuentra positiva para toxoplasma, significa que el niño sufrirá retardo mental?

Generalmente, se dice que alguien es "positivo" para toxoplasmosis cuando en un examen de sangre se le encuentran anticuerpos contra dicho parásito. En general los adultos somos positivos, es decir hemos tenido contacto con el microbio pero no tenemos enfermedad, es decir no tenemos síntomas ni necesitamos tratamiento. El caso de la embarazada es especial, en cuanto que si su primer contacto con el toxoplasma es durante el embarazo o poco antes, el feto puede afectarse seriamente. Esto ocurre en dos de siete casos de toxoplasmosis adquirida durante el embarazo, en los demás el sistema de defensas de la madre lo protegerá.

El 50% de las mujeres en edad fértil en Colombia y otros países son positivas para toxoplasma, lo cual quiere decir que en alguna época se han contagiado de la enfermedad, se han defendido adecuadamente y les ha quedado la presencia de anticuerpos. Afortunadamente, se sabe que la toxoplasmosis antigua, ya inactiva, no es peligrosa para el niño; antes bien, ha generado anticuerpos que impiden que la mujer vuelva a adquirirla. La toxoplasmosis perjudicial para el niño es la que se contrae durante el embarazo o poco antes, motivo por el cual se recomienda que, especialmente las que no han tenido contagio (o sea las que son negativas para toxoplasmosis en la sangre), no coman carne a medio asar ni tengan contacto con gatos y sus deposiciones, ni hagan labores de jardinería, que son las fuentes más conocidas de adquisición de la enfermedad.

Y durante el embarazo, el médico les pedirá periódicamente un examen de sangre para averiguar si han adquirido la toxoplasmosis para iniciar tratamiento muy pronto.

420. ¿Es verdad que la punción lumbar puede producir parálisis, retardo mental o convulsiones?

La punción lumbar, practicada usualmente para descartar o confirmar la meningitis, no tiene por qué ser peligrosa si está bien hecha. Los males que el público le atribuye no se deben a la punción misma sino a la enfermedad que indujo a su práctica, o sea, a la meningitis o a la encefalitis.

Cuando un niño tiene una convulsión febril, sobre todo si es la primera vez y previamente ha estado muy irritable, vomitando, con un dolor de cabeza exagerado (se nota en el movimiento), rigidez del tronco que le impide estar sentado, la cabeza echada hacia atrás y la fontanela (mollera) tensa, es necesario practicar una punción lumbar porque las probabilidades de que tenga meningitis son muy grandes y su futuro neurológico y mental dependen de la prontitud con que se inicie el tratamiento. En estas condiciones los padres no deben, sobre la base de infundados temores, impedir que la punción se lleve a cabo lo más pronto posible.

421. ¿CÓMO ES EL DOLOR DE CABEZA PRODUCTO DE UN TUMOR CEREBRAL?

Es tan intenso y persistente como para despertar al niño por la noche. Se acompaña de vómitos reiterados y alteraciones visuales o de la marcha. Este cuadro demanda consulta urgente de pediatría y neurología.

422. ¿QUÉ RELACIÓN EXISTE ENTRE ABANDONO Y RETARDO PSICOMOTOR?

Para que las células del cerebro sean capaces de interconectarse y realizar sus funciones, no sólo necesitan de ácidos aminados y grasos, sino también de estímulos psicosensoriales, visuales, auditivos, táctiles, etc., de los que suelen carecer los niños que llegan a padecer desnutrición. La madre que da pecho a su hijo, por naturaleza e instinto, lo colma constantemente de estos estímulos. Pero cuando, por desgracia, es destetado prematuramente, cesan bruscamente todos estos estímulos y el desarrollo del cerebro se perjudica notoriamente. La situación es peor cuando, además del destete, la madre tiene que abandonarlo durante todo el día para irse a trabajar, pues por lo general las personas que cuidan niños a sueldo sin haber sido preparadas para ello, se limitan a alimentarlos y a cambiarlos sin motivarlos con ningún tipo de estímulo. Por esta razón es tan importante que el personal que trabaja en guarderías y jardines infantiles esté enterado de la importancia de la estimulación y haya sido entrenado para ello.

Así mismo las madres que ya no dan el pecho o las abuelas o tías que las reemplazan, deben prepararse para esta misión, sabiendo que al niño hay que hablarle y sonreírle, mostrarle cosas de colores y en movimiento, jugarle, hacerle escuchar música, movilizarle los brazos y las piernas, estimularlo a erguir la cabeza, a sentarse, a gatear y a caminar. Antiguamente se decía que estas cosas no había que enseñarlas, como no se hace con los animales. Sin embargo, hoy en día sabemos que los niños estimulados queman rápidamente las etapas motoras, y que pasan del habla al lenguaje y se comunican mucho antes de lo esperado. No es cierto que haya que esperar a los seis años para empezar a enseñarles cosas. Se puede hacer desde el nacimiento y los resultados son sorprendentes. El niño no sólo necesita comida sino afecto y estímulos; cualquiera de los dos que falte, altera su crecimiento y desarrollo.

Experiencias realizadas en Chile y otros países mostraron el caso de muchos niños desnutridos que en el ambiente del hospital, aun con excelente alimentación, no mostraban ninguna mejoría, pero que en cambio se recuperaron maravillosamente cuando se les instaló en una casa rodeados de estímulos y afecto. Muchos huérfanos alemanes de la postguerra que fueron enviados a instituciones especiales atendidas por frías enfermeras que se limitaban a darles de comer, bañarlos y vestirlos resultaron a la postre con talla más baja que sus progenitores y con multitud de problemas de conducta y psicológicos. Hoy se ha comprobado químicamente que en cierta región del cerebro, bajo el impulso de estímulos afectivos y psicosensoriales, se producen sustancias que incrementan la hormona de crecimiento.

Capítulo XIV

Prevención de accidentes y primeros auxilios

Los profesionales de la salud nos alegramos cuando en la comunidad que asistimos disminuyen las enfermedades infecciosas, así como las muertes innecesariamente causadas por ellas. Pero con frecuencia este contento se ve opacado por la tristeza de ver cómo aumentan paralelamente las muertes e invalideces por accidentes e intoxicaciones. Es frecuente que esto ocurra en los países llamados "en vías de desarrollo", porque en ellos los triunfos contra las enfermedades infecciosas son producto de acciones estatales directas, tales como la instalación de agua potable, la eliminación de desechos (saneamiento ambiental) y la educación en materia de salud. Pero es evidente que la comunidad seguirá siendo subdesarrollada en este campo mientras no sea capaz de prevenir los accidentes más elementales.

Es bien sabido que un niño en edad escolar suele tener una gran fortaleza física y los problemas de salud que padece son casi exclusivamente por accidentes y la inmensa mayoría de estos accidentes hubieran podido prevenirse. Un porcentaje muy importante de esos accidentes ocurren en el hogar. Por ello este capítulo le ofrece instrucciones sobre cómo prevenirlos, en especial en casa.

423. Nunca deje a un niño solo en ninguna parte

Contra los factores amenazantes, siempre presentes aunque no sea en forma evidente, existe una regla de oro que si se tuviera en mente y se practicara, evitaría la mayoría de los accidentes; nunca deje a un niño solo. En la inmensa mayoría de los casos el accidente ocurre en un segundo y este segundo hace parte del minuto que la madre pensó que lo podía dejar solo.

Lógicamente, cuando se insiste en que el niño debe estar siempre acompañado y asistido, se sobreentiende que debe serlo por una persona con un mínimo de sentido común. Un niño que se cae de la parrilla de una motocicleta, no estaba solo, lo acompañaba una persona tremendamente irresponsable e imprevisiva. Uno que se echa encima una sartén llena de aceite hirviente que la madre ha dejado con el mango hacia afuera, mientras prepara otra cosa, tampoco está solo, lo acompaña una persona que nunca ha oído decir (y además no intuye) que eso es terriblemente peligroso.

Ejemplos como éstos podrían multiplicarse al infinito. Sin embargo, no todos los accidentes son tan obvios y si se quiere tener una casa, unas calles y unos sitios de recreo relativamente seguros, es necesario leer e informarse en materia de prevención de accidentes, pues hay muchos detalles importantes que son menos evidentes.

424. Los niños al cuidado de niños

En esto de que el niño debe estar acompañado por una persona con sentido común y medianamente informada sobre prevención de accidentes y primeros auxilios, hay que hacer mención de una realidad de la vida moderna que adquiere caracteres dramáticos en los sectores más pobres de la población: el caso de la madre trabajadora que tiene que dejar a sus hijos bajo llave en una covacha, a lo sumo encomendados a hermanitos de menos de diez años (o sea, todavía ellos mismos en la "edad de los accidentes"), si además están obligados a cocinar utilizando los peligrosísimos (aun para los adultos) quemadores de gasolina, las consecuencias pueden ser desastrosas. En los países desarrollados existen penas para aquellos adultos que dejan niños solos en casas aún relativamente seguras; pero en un medio como el nuestro esas penas son inaplicables, pues, de la ausencia de la madre depende el sustento diario de los niños. La única solución a este problema sería que el Estado cumpliera a cabalidad con las obligaciones que le competen en materia de salud, y las guarderías, hogares sustitutos de barrio, o como se les quiera llamar, estuvieran abiertos sin condiciones para todos los hijos de madres trabajadoras.

425. El papel de los abuelos

Las abuelas y los abuelos, que tanta importancia tienen actualmente en la atención primaria infantil, merecen un comentario especial. Es importante saber, antes de encomendarles el cuidado de un niño, si conservan el uso de todas sus facultades (reflejos, sentidos, perspicacia, etc.), porque de lo contrario su papel de prevención de accidentes y en la administración de primeros auxilios puede resultar muy deficiente, por no decir peligroso. Se sabe cuando no está en capacidad de hacerlo porque ellos mismos son dados a sufrir a menudo caídas, quemaduras, cortadas, etc., y además, se atemorizan y se descontrolan en presencia de sangre o ante

cualquier suceso sin importancia. Hay que saber también si son precavidos o si, contraviniendo las recomendaciones de los padres, sirven alimentos hirvientes, dejan colgando el cordón de la plancha caliente, el cigarrillo encendido al borde de la mesa de noche o ponen sus numerosas medicinas (algunas muy activas) al alcance de los niños.

426. *El ejemplo de los mayores*

Este asunto es muy poco tratado en las publicaciones sobre la materia, pero estimo que tiene enorme interés práctico. Conviene recordar que los niños aprenden por imitación y que repiten lo que hacen los mayores sobre todo sus padres o la persona que los sustituye. Si la madre se pone agujas y ganchos en la boca mientras cose, la niña también lo hará y un mal día se le irán a las vías digestivas o respiratorias; si usa cuchillas de afeitar para cortar cosas, el niño las empleará también; si le saca punta a un lápiz dirigiendo la navaja hacia sí mismo, el niño adoptará esta misma técnica; si el padre compra pólvora, prende volcanes y echa voladores en Navidad, el niño esperará ansioso el momento que le den la oportunidad de hacerlo él solo.

Así mismo, si el padre conduce velozmente y hace zigzag con el automóvil, adelanta por la derecha y se pasa semáforos en rojo, el día en que el muchacho aprenda a manejar, ignorará (como lo hacía su padre) todas las normas del tráfico, hasta que un accidente lo deje en silla de ruedas o lo mande al cementerio. Si la madre toma de la mano al niño y lo hace cruzar la calle por la mitad, “toreando” temerariamente los automóviles, en vez de usar las zonas demarcadas y los puentes peatonales, cuando éste vaya solo al colegio hará lo mismo porque “a mi mamá nunca le ha pasado nada”.

En una palabra, mientras subsista esa total ignorancia de los adultos acerca de la prevención de accidentes, la accidentalidad seguirá siendo “hereditaria”.

427. *Accidentes imprevisibles*

Es cierto que hay accidentes absolutamente imprevisibles como son los producidos por rayos, terremotos y algunas inundaciones e incendios, pero aun así se pueden tomar medidas que al menos disminuyan la gravedad de sus consecuencias. Decimos “algunas” inundaciones e incendios porque, con buena ingeniería o precauciones elementales, que no es del caso detallar aquí, se podrían evitar muchos de ellos.

428. *Los accidentes del deporte*

Con frecuencia se oye decir que los accidentes deportivos son inevitables y de ello dan fe los médicos traumatólogos que a diario los atienden. La equitación, por ejemplo, es un deporte que entraña peligros: un caballo aparentemente manso que se encabrita por quién sabe qué razón o que cae de bruces al tratar de saltar una valla, puede dejar seriamente lesionado al jinete. La natación entraña riesgos pero se considera un aprendizaje indispensable para todo el mundo. Además, con buenas precauciones y sobre todo una vigilancia constante, sus accidentes pueden ser obviados casi por completo. Del boxeo puede decirse que es el único deporte que deliberadamente produce lesiones y si a esto le agregamos el significado primitivo de agresión mutua entre hombres, lo aconsejado será hacer todo lo posible por no fomentarlo entre los muchachos. Ni qué decir de la lucha libre, que personalmente considero grotesca (más aún cuando, como se está usando ahora, se practica entre mujeres). Otra cosa son los deportes de defensa personal (tipo karate, judo, tekondo, etc.), que, técnicamente enseñados y practicados, no suelen ocasionar traumatismos importantes y sí pueden ser de utilidad en el medio ambiente de violencia y agresión en que vivimos. Del más popular de los deportes, el fútbol, no se puede prescindir sin correr el riesgo de marginar socialmente al niño, a sabiendas de que son inevitables las fracturas y luxaciones de los miembros inferiores, sobre todo en los que hacen de porteros y defensas. Una recomendación importante es no cabecear sin previo entrenamiento pues se ha dado el caso de conmociones cerebrales serias por el golpe de un balón fuertemente impulsado. El fútbol americano afortunadamente no se juega entre nosotros, pues al igual que el boxeo, es un deporte para agredir y lesionar. El béisbol, practicado sin ninguna dirección técnica, ha ocasionado no pocos traumatismos oculares importantes y fracturas del cráneo y tórax. El basquetbol y el voleibol son tal vez menos traumáticos, aunque no faltan lesiones de dedos y manos de discreta gravedad.

Sin embargo, sería absurdo que por temor a accidentes se limitara a los niños en una actividad tan sumamente importante como es la deportiva. Lo que se quiere señalar es que todos los deportes tienen sus riesgos, y que quienes los enseñan y los practican deben conocerlos en detalle y, sobre todo, tener en cuenta las recomendaciones que siempre existen para aminorar sus potenciales peligros.

429. *No confiar en que el niño no es capaz de...*

La segunda regla de oro para la prevención de accidentes es la siguiente: nunca piense que el niño todavía no es capaz de... Todos los días se caen niños de pocos meses de la cama de los padres porque la madre los dejó allí pensando que "todavía" no eran capaces de voltearse. Un niño de cuatro años le introdujo por la boca a su hermanito recién nacido un cascabel metálico que se le engarzó en la epiglotis y le rebanó la mitad de ella, lo que obligó a alimentarlo por sonda durante tres meses, al cabo de los cuales murió por un accidente aspirativo; la madre los dejó solos porque jamás se imaginó que su hijito mayor "fuera capaz" de hacerle eso al hermanito. Una niña de tres años, hija única de un matrimonio que había sufrido diez años de esterilidad, bebió soda cáustica que alguien insensatamente había puesto en una botella de gaseosa, y que la madre había dejado por "un minuto" en el piso del baño mientras lo desmanchaba; más tarde explicó que no creía que a esa edad su hija "fuera capaz" de beber líquido a pico de botella. A consecuencia del veneno se le quemó y estrechó el esófago a la niña, fue sometida a numerosas operaciones y dilataciones, en una de las cuales se rompió su esófago, se produjo una mediastinitis y la niña falleció. Este matrimonio no pudo volver a tener hijos; todo por un error de apreciación, una imprudencia y un mínimo descuido.

430. *El niño en la prevención de accidentes*

La tercera regla de oro es creer que los niños son tontos, que no entienden nada y que por tanto no hay que perder tiempo en darles explicaciones. La edad de los cuatro años, por razones obvias, se ha llamado "la edad de los accidentes" a pesar de que se ha demostrado que para ese momento los niños están en capacidad de comprender infinidad de cosas a las cuales siempre les quieren encontrar explicaciones. Si a un niño se le dice autoritariamente que no puede salir a la calle y que si lo hace será castigado, sin explicarle que es porque los automóviles son muy peligrosos, no descansará hasta averiguar por qué no puede hacerlo. En el folleto *El niño y la prevención de accidentes domiciliarios*, el doctor Arenas relata el caso de un pequeño al que se le había prohibido salir a la calle y apenas pudo se escapó, con tan mala suerte que, por estar mirando para atrás a ver si la madre venía a pegarle, fue atropellado por un carro.

El peligro de lo caliente y de lo que echa humo lo aprenden los niños desde muy tierna edad, la mayoría de las veces a consecuencia de una pequeña experiencia dolorosa con un fósforo, una vela o un cigarrillo. Por eso hay que ser tan cuidadoso con las planchas, las parrillas y las resistencias eléctricas que no delatan su peligrosidad hasta que se las toca.

Más difícil de inculcar es el temor al agua, que con su plasticidad y su frescor resulta tan inocente y provocativa. Son innumerables los niños que se han ido de cabeza y se han ahogado en una simple pileta cuando ponían a flotar (estando solos) un barquito de papel. En realidad, son mucho más peligrosas las piscinas

para niños (y ha habido más accidentes en ellas) que las normales y las olímpicas, a las cuales éstos instintivamente les tienen miedo. Claro que también se pueden ahogar en una piscina grande si, por ejemplo, caen accidentalmente en ella y no hay nadie quien los auxilie; o si todavía no saben nadar bien, toman agua, se asustan y empiezan a patalear desordenadamente hasta que se hunden. Es frecuente el accidente del niño, incluso buen nadador, que al tirarse al agua o bajar por un deslizador, se golpea la cabeza, queda inconsciente y no hay nadie quien lo auxilie.

El peligro escondido del agua es lo que ha originado la sana recomendación de que los niños aprendan a nadar lo más pronto posible. Incluso se ha llegado al entrenamiento de menores de un año. Además de lo que mencionamos en el capítulo X, sobre el riesgo de que adquieran giardias o que sufran convulsiones por intoxicación hídrica, es cuestionable la utilidad de este entrenamiento tan precoz, porque la mayoría de accidentes en niños tan pequeños se producen cuando caen de cabeza en cisternas de poco fondo, donde de nada les sirve saber nadar.

También el temor a la altura puede inculcárseles desde muy temprano. Estadísticamente, las escaleras son los sitios donde más ocurren caídas graves, no tanto porque los niños se accidenten bajándolas o subiéndolas por sus propios medios (cosa que se debe enseñar metódicamente desde los dos años), sino porque no están protegidas adecuadamente con buenas barandas, ya sea laterales o en la parte superior. Además, la altura siempre los ha tentado y cuando ven una escalera portátil, no importa que esté desvencijada, sienten el impulso de subirse por ella e ir a la azotea, o pasar a la casa vecina a jugar con los amigos. Estas escaleras han sido la causa de muchas contusiones y fracturas de diversa gravedad. También les gusta subirse a los árboles sin reparar dónde ponen los pies y muchas veces la delgadez de una rama cede a su peso y la caída puede llegar a ser grave. Sin embargo, el remedio no está en impedirles que lo hagan. Personalmente pienso que quien de muchacho no haya trepado árboles no ha tenido infancia. La superprotección no puede ser llevada al extremo de prohibirles los deportes, asistir al colegio o salir a la calle por temor a los accidentes. El niño pequeño necesita protección total, pero a medida que crece hay que irle enseñando los rudimentos de la prevención de accidentes, porque llegará el día en que tendrá que salir solo a la calle, cruzar la calzada, practicar deportes, encender fuego, manejar cuchillos y tijeras, etc.

El respeto por lo filudo y puntiagudo es cosa que debe inculcársele desde muy temprano. Como es obvio, no se le prohibirá el uso de lápices, pero sí correr con ellos en la mano o, peor aún, en la boca. Las navajas, cuchillos y tijeras son muy peligrosos, pero también necesarios, de donde lo pertinente es enseñarle a manejarlos.

Finalmente debe aprender que una calle sólo se cruza por las zonas demarcadas (cuando las hay) y a falta de éstas, únicamente por las esquinas; que para hacerlo tiene que esperar a que el semáforo peatonal (si existe) lo indique o al menos que el que señaliza el tránsito de vehículos esté en rojo; que de todas maneras debe fijarse bien, porque no faltan los irresponsables que intentan pasárselo. Hay que enseñarle también que con alguna frecuencia los vehículos que doblan la esquina no respetan al peatón. A pesar de que nuestro tráfico es por la derecha y bastaría mirar a la izquierda para cruzar la calzada, se debe también mirar a la derecha, pues alguien puede venir en contravía. Nuestros conductores de buses, además de que se detienen en cualquier parte, lo hacen en medio de la calzada, y obligan a los pasajeros a cruzar uno o dos carriles. La mayoría de los casos de politraumatizados que llegan a los hospitales infantiles se originan en esta criminal infracción de tránsito. Como ya lo mencionamos, el buen ejemplo es crucial cuando se trata de enseñarle a los niños a prevenir accidentes. El niño manejará los elementos naturales (fuego, agua, altura, etc.) y los artificiales (instrumentos, vehículos, drogas, etc.), en la misma forma como lo ha visto hacer a sus padres y maestros. De nada servirá que por la televisión se predique acerca de cómo cruzar bien las calles, si la madre o la maestra lo hacen mal.

431. Caídas

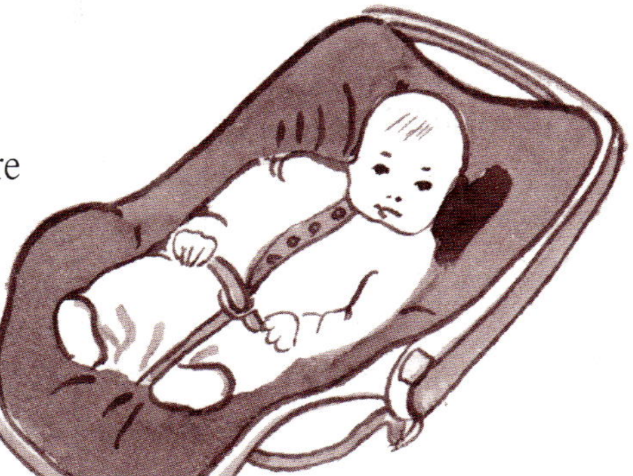

La ley de la gravedad amenaza al hombre desde que nace (o antes de nacer, cuando la que se cae es la embarazada) hasta la vejez. Después del nacimiento y en la primera infancia los niños se caen de los brazos de su madre, de la cuna sin baranda o de la cama de los padres. El traumatismo es generalmente leve pero también he visto, a causa de ellos, fracturas de cráneo producidas por golpes sobre suelo duro.

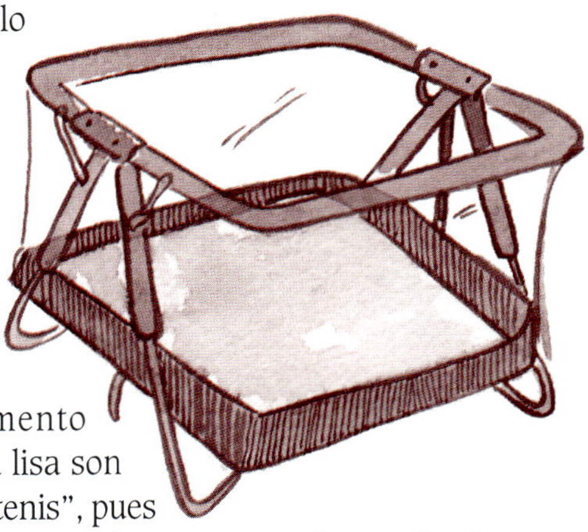

Cuando gatean corren el riesgo de rodar por escaleras sin barreras en los accesos. Cuando se paran y comienzan a andar las caídas son inevitables, pero pueden disminuirse si el piso no está encerado y si no hay tapeticos resbaladizos o juguetes con ruedas, abandonados. El calzado es otro elemento importante; los zapatos de cuero con suela lisa son inconvenientes, resultan más prácticos los "tenis", pues son más blandos, confortables y seguros. Estas caídas son generalmente benignas, aunque con frecuencia lo que se golpea es la cabeza. Muchas madres temen las posibles consecuencias y se les puede decir que si no ha habido conmoción cerebral, pueden estar tranquilas. Esta se reconoce porque en el momento del golpe el niño no llora, lo cual significa que pierde la conciencia, y en las horas subsiguientes hay somnolencia, vómitos, parálisis, convulsiones, etc. Si nada de esto ocurre, no hay por qué preocuparse. Muchas madres quieren que se le tomen radiografías al niño cada vez que se golpea la cabeza, lo cual es a todas luces inconveniente e innecesario. Sólo está indicado hacer radiografía (y no con carácter urgente), cuando el golpe determina la formación de un hematoma que se reconoce por la presencia, generalmente a los lados (hueso parietal), o atrás (hueso occipital), de un abultamiento de consistencia blanda (como la mejilla). Lo más común, sobre todo a nivel de la frente (hueso frontal) son los chichones duros, que casi nunca denotan fractura y por tanto no requieren radiografía. Hay que censurar, por otra parte, la costumbre muy extendida de tratar de desvanecer los chichones sobándolos, para lo cual se ha utilizado, incluso, la cacha de un cuchillo. Además de innecesario, puede resultar peligroso, pues si debajo del chichón llega a haber una fractura, se corre el riesgo de hundir astillas de hueso en la masa cerebral.

Las caídas de altura son las que generalmente ocasionan los traumatismos craneanos más serios. Es importante saber que puede haber lesiones cerebrales muy graves, sin fractura, o sea que, en presencia de un golpe fuerte en la cabeza, es más importante la observación del paciente que la radiografía. Hay que vigilar sobre todo el estado de conciencia. La mayoría de estos golpes producen cierto grado de somnolencia que debe respetarse como expresión de necesario reposo. Pero lo que es peligroso es dejar dormir indefinidamente al sujeto sin verificar si conserva o no la conciencia, pues éste puede pasar del sueño a un estado de coma sin que se tomen las medidas necesarias. Quizás radica en esto la mala fama y el temor que se le tiene a dejar dormir a los traumatizados de cráneo. Lo indicado en estos casos es permitir al niño que duerma pero despertarlo cada hora, por lo menos durante las doce horas subsiguientes al golpe, y verificar que efectivamente se despierte; los pequeños lloran y miran a su alrededor y a la persona que los despierta; los que ya hablan deben contestar preguntas sencillas como su nombre, y dónde están, así como también reconocer a los presentes. Muchas veces, si acaban de comer, vomitan profusamente. Por una vez que lo haga no hay motivo de preocupación y a lo sumo habrá que ponerlo a dieta líquida durante unas horas. Si persiste el vómito, incluso de líquidos, puede haber lesión interna en el cerebro y al igual que la somnolencia notoria y la alteración de la conciencia, demandan el traslado del paciente a un centro hospitalario. En general, los niños que caen de alturas considerables, aunque no presenten ningún síntoma, deben ser objeto de observación médica metódica durante 12-24 horas.

Ejemplo de la absoluta imprevisión de nuestra gente en materia de accidentes, es el caso ya famoso en el Hospital Infantil de una familia que vive en una casa a medio terminar. Hasta el momento varios de sus hijos se han venido abajo desde la azotea y han sufrido graves fracturas y sin embargo, todavía no le han instalado ninguna protección.

Ni qué hablar de los niños, insensatamente disfrazados de Batman u otros personajes voladores, que en su infantil ingenuidad y fantasía se han arrojado de pisos altos y han encontrado la muerte o gravísimas lesiones con frecuencia invalidantes de por vida.

432. Accidentes automovilísticos

Los traumatismos más graves de cráneo son los originados en accidentes y atropellos de vehículos, porque con frecuencia presentan fracturas abiertas con hundimiento de esquirlas y hasta salida de masa cerebral. Todo lo que se puede hacer en este caso, es cubrir la parte afectada con la tela más limpia disponible y transportar al herido en las mejores condiciones a un servicio de urgencias. Aunque parezca increíble, en ese momento lo más importante no es la cabeza, sino la respiración, el corazón o las heridas sangrantes, y es por eso que, para salvarle la vida al paciente, las medidas más indicadas son la respiración artificial, la reanimación del corazón y la compresión de los sitios sangrantes, que se deben poner en práctica mientras se transporta al accidentado (véase más adelante).

En todo traumatismo múltiple, ya sea por una caída o por un accidente de vehículo hay que pensar en la posibilidad de que haya habido fractura de la columna vertebral, de las costillas o de los miembros. La mejor recomendación es no cambiar los miembros de posición y transportarlo tal como se lo encuentra, sobre una superficie lisa que puede ser una tabla ancha o una puerta, a falta de una camilla especial.

Cualquier niño que sea atropellado por un vehículo y lanzado a distancia, aunque aparentemente no haya sufrido ningún daño, debe ser mantenido en estrecha observación médica entre 12 y 24 horas, pues las hemorragias internas son muy traicioneras. Se ha dado el caso de accidentados que como no tienen ninguna fractura son enviados a la casa, y que luego mueren víctimas de una hemorragia aguda porque se les ha estallado el bazo o el hígado, o asfixiados por un pulmón roto que llena de aire la pleura (neumotórax a tensión).

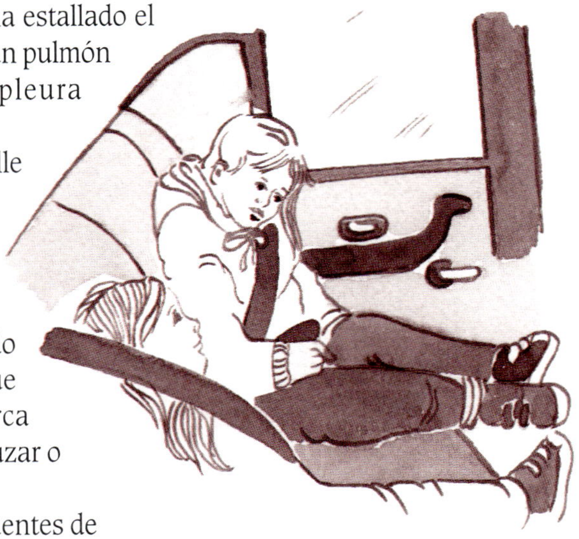

No se necesita cruzar la calle para ser atropellado por un vehículo. Por eso una buena recomendación cuando se va por la acera con un niño de la mano es no llevarlo nunca del lado de la calle. Además, no hay que pararse en el borde de la acerca cuando se está esperando para cruzar o a que pase un autobús.

Los niños son víctimas frecuentes de accidentes dentro de los vehículos porque no se toman las debidas precauciones para fijarlos y evitar que se golpeen en caso de frenadas y choques. Los más pequeños deben ser colocados en canastas o "abuelitas" pero en el piso y no en los asientos, y menos en el de adelante. A los que ya se sientan, conviene llevarlos en asientos especiales fijados firmemente al espaldar. En los vehículos de servicio público (taxis y buses) deben ir siempre sobre las piernas de la persona que los acompaña. Hay que enseñarles además a no quitar los seguros de las puertas, a no abrir las ventanas y mucho menos sacar las manos o la cabeza por fuera de ellas cuando el vehículo está en movimiento. Los adultos deben usar de rutina los cinturones de seguridad para dar buen ejemplo a los niños.

En nuestro medio es frecuente que, a falta de patios y parques, los niños se vean obligados a jugar en garajes y parqueaderos, y no son pocos los que han sido grave o mortalmente atropellados por sus propios padres que mueven el auto sin verlos. Este factible y terrible accidente debe ser siempre tenido en mente por toda persona que ponga en marcha un vehículo estacionado.

433. *Heridas y machucones*

Los golpes en la cabeza contra filos o puntas, o las pedradas, no fracturan el cráneo pero causan heridas que por lo general sangran profusamente. Al igual que con cualquier otra herida sangrante, hay que serenarse, lavar con agua limpia y comprimir por intermedio de una gasa estéril o, en su defecto, un pañuelo o tela limpia por lo menos durante cinco minutos continuos o hasta que cese la hemorragia. Luego, si es necesario, se lleva al niño a que le suturen la herida. Hay que saber que los consultorios pediátricos, en general, no están equipados para hacer pequeña cirugía y lo mejor es ir directamente a un servicio de urgencias donde le pongan puntos en buenas condiciones. Por lo demás, el niño debe ser observado tal como se recomendó para los traumatizados de cráneo.

Las heridas de los miembros causadas por instrumentos cortantes, vidrios, latas, alambres de púas, etc., deben ser lavadas con agua limpia, ojalá a chorro. No hay que aplicarles antisépticos, ni grasas, ni café, ni siquiera el jabón que ha sido tan usado. Los cirujanos plásticos dicen con mucho juicio: "No pongas en una herida nada que no pondrías en tu ojo"; la razón de ello es que cualquier cosa que se aplique distinta de agua, dificulta la labor del cirujano y altera seguramente la cicatrización.

434. *Hemorragias*

Las hemorragias de las heridas se controlan por compresión directa sobre la misma, por intermedio de una gasa o en su defecto un pañuelo limpio. La compresión debe ser continua, sin levantar la gasa durante por lo menos 5-10 minutos, al cabo de los cuales, si no cede, se comprimirá fuertemente con un dedo por encima de la herida por donde se supone corre la arteria que causa la hemorragia. El uso de torniquetes, por personas no entrenadas, puede ser peligroso pues si se interrumpe completamente la circulación durante cierto tiempo, se puede gangrenar el miembro.

Las hemorragias nasales, causadas o no por traumatismo, se controlan de la siguiente manera: primero hay que sentar al paciente con la cabeza inclinada hacia adelante, pues estando acostado boca arriba o con la cabeza hacia atrás (como se acostumbra hacer) la sangre se va al estómago y luego se vomita; además, no se puede saber si continúa o no la hemorragia. Lo segundo es hacer un taponcito, de preferencia con papel higiénico (pero puede ser gasa, tela o algodón) que debe introducirse un centímetro en la fosa nasal que sangra, de manera que quede más bien apretado, dejando suficiente porción afuera para retirarlo luego. Acto seguido se procede a comprimir con un dedo el ala de la nariz hacia la línea media durante cuatro minutos continuos como mínimo, a fin de obturar los vasos sangrantes que suelen ser los que hay en la porción anterior del tabique nasal. Si esto no da resultado, se puede reemplazar el tapón por otro empapado en gotas de las que se usan para destapar la nariz y se repite la compresión otros tres minutos.

435. *Traumatismos de las manos*

Los traumatismos brutales de las manos como los que produce el estallido de un artefacto de pólvora, o la polea de una máquina en movimiento, requiere transporte urgente a un servicio de emergencia, previo lavado con agua corriente limpia y comprimiendo los puntos sangrantes durante el viaje. La mano se debe colocar en posición de reposo en flexión, lo cual se consigue montándola sobre un rulo grueso de peluquería o en su defecto un cartucho de papel higiénico envuelto en gasa o tela limpia y manteniendo el brazo en alto para aminorar el edema y la hemorragia.

436. Heridas hechas con instrumentos punzantes

Estas heridas, aun cuando sean profundas, no suelen sangrar, lo que hace que muchas veces se descuiden. Por regla general, es bueno hacerlas ver siempre de un médico, pues puede haber lesiones internas de tendones, nervios o vísceras, o en todo caso, para la prevención del tétanos.

437. El peligro del tétanos

Los familiares del herido deben estar en capacidad de informar al médico con exactitud si éste ha sido vacunado contra el tétanos y cuándo, para que de esta manera se pueda determinar si necesita o no refuerzos de la vacuna o si debe aplicarse antitoxina. La vacunación suele dejar una inmunidad que dura cerca de diez años (véase capítulo IV).

438. Mordeduras de animales

Por su frecuencia y gravedad merecen consideraciones especiales. Las heridas por mordeduras de rata, que lamentablemente todavía ocurren, deben ser lavadas con agua y, esta vez sí con jabón, y el niño debe ser llevado a un hospital donde, si es necesario, se hará una sutura y se vacunará contra rabia y tétanos.

En cuanto a las mordeduras de perro, hay que recordar ante todo que "el perro es el mejor amigo del amo" y no "del hombre" como se suele decir. Por lo tanto, al niño hay que enseñarle a desconfiar de todos los perros que no sean el suyo. Debe aprender que a un perro, así sea el propio, no se le debe molestar halándole la cola, por ejemplo, y menos aún si éste está comiendo o durmiendo. Es bueno que los niños mayores de dos años, sobre todo cuando no tienen hermanitos, se acompañen de un perrito que les dé afecto y en quien ellos lo depositen. Pero el animal debe ser pequeño y ojalá de razas nobles como la *poodle* o la *fox terrier*. Los perros grandes no sólo tienen el inconveniente de que crecen demasiado rápido, sino que además son potencialmente peligrosos, sobre todo los pastores alemanes y los doverman.

Las heridas por mordedura de perro (o de gato) deben ser lavadas con agua y jabón y aunque sean pequeñas, conviene que el médico las vea y decida si necesitan vacuna o suero antirrábico. Entretanto, el perro debe ser puesto en observación, ojalá con la ayuda de un veterinario, durante por lo menos seis días. Naturalmente si se trata de un perro callejero, hay que capturarlo. Cualquier alteración en el comportamiento del animal (no come, no bebe, está triste, no se para, baja la cola, babea, muerde a otras personas), debe ser comunicado al médico. Si muere o alguien lo mata, es necesario enviar el cadáver al Instituto Nacional de Salud o a algún laboratorio en el que se pueda determinar si tenía rabia. En todos los centros de salud (mejor que en los consultorios particulares) están preparados para atender integralmente este tipo de accidente.

La mordedura de serpiente (que no picadura, porque lo que tiene es dientes, no ponzoña ni pico), es mejor tratarla siempre como si el animal fuera venenoso; lavar con agua y jabón, succionar con la boca (si no se tienen heridas en ella), no permitir que la víctima camine sino colocarla en posición horizontal y transportarla al puesto de salud más cercano. Entretanto, se procurará capturar al animal vivo o muerto, para que alguien entendido en la materia diga si es venenoso o no; pero repetimos, si hay dudas, el caso debe manejarse como si la serpiente fuera venenosa.

Las picaduras de animales ponzoñosos tales como alacranes, escorpiones, arañas, avispas, siempre deben ser atendidas por un médico.

Los niños, sobre todo en el campo, pueden ser víctimas de diversos animales: se han visto lesiones graves del ojo producidas por picaduras de gallo; traumatismos con frecuencia severos de cabeza, tórax o abdomen ocasionados por coces de ganado, mulas o asnos, o por topes de cabros o carneros aparentemente inofensivos. Conocí el impresionante caso de una yegua que le arrancó el labio inferior a un pequeño que quiso acariciarle su potrico; y el de un muchachito al que un cerdo le cercenó los genitales. Todo esto es para decir que a los niños, tanto citadinos como campesinos hay que inculcarles temor y recelo por todos los animales, y que nunca hay que dejarlos solos en presencia de ellos.

439. El peligro de las puertas

Son muy frecuentes los accidentes ocasionados por puertas. Una puerta abierta con fuerza puede golpear de grado variable la cabeza o levantar las uñas de los pies; en este sentido son particularmente peligrosas las batientes. Además, son frecuentes los machucones y heridas diversas de las manos cuando se cierra una puerta de la casa o del automóvil sin prestar atención. Para prevenir estos accidentes, lo más fácil es que el niño sea consciente de ellos. A veces las madres cargan a sus hijos de tal manera que al pasar por una puerta la cabeza se les golpea contra el marco. Este es otro accidente que se puede evitar aprendiendo a alzarlos adecuadamente.

440. Quemaduras térmicas

No hay nada más traumatizante y frustrante para un médico que atender quemaduras; el sufrimiento del niño, el dolor de las curaciones, la infección inevitable, el peligro de muerte, las desfiguraciones e invalideces que resultan, los costos de atención, etc., afectan al niño, a la familia, a los médicos, a las enfermeras y a los hospitales (el quemado es el paciente que más le cuesta a un hospital; con lo que se gasta en un quemado grave, se atienden 20 bronconeumonías o deshidrataciones). Por ésta y muchísimas otras razones, se trata de un accidente que no debería presentarse nunca pues, además, hay muchas maneras de evitarlo; no dejar platos o tazas con líquidos calientes al borde de una mesa y menos si ésta tiene mantel colgante que el niño pueda halar; no poner nunca ollas o vasijas con agua caliente en el suelo; no hacer vaporizaciones en ollas abiertas y de fácil acceso; no cocinar con gasolina y si hay que hacerlo por necesidad, mantener alejados a los niños. Estadísticamente se ha demostrado que la cocina es el sitio más peligroso de la casa.

Hay que tener también cuidado con las fogatas, pues es fácil que por cualquier descuido se encienda la ropa. Si esto sucede, no se debe echar a correr porque así se aviva el fuego, sino cruzar los brazos, tirarse al suelo y dar botes en uno y otro sentido para sofocarlo. Entretanto, alguien acabará de apagar la llama con agua.

Otro factor importante de quemaduras es la pólvora. Si ésta es peligrosa hasta para los polvoreros, expertos en manejarla, ¿que no lo será para las personas sin experiencia? Entre ellas se encuentran, desde luego, los niños quienes con el ejemplo de los mayores se animan a prender volcanes, echar voladores y mantener en sus manos esas bombas de tiempo que se llaman "velas romanas". He visto hasta quemaduras graves en los ojos, producidas por inocentes luces de bengala de torpe fabricación. Y en diciembre, son numerosos los casos de crisis de asma en niños predispuestos a ella, que noche tras noche se exponen al humo de la pólvora. A todo esto se agrega la gravísima intoxicación por fósforo blanco de los llamados "totes", "martinicas" o "diablitos"; los niños los chupan porque saben dulce y uno solo basta para causarles la muerte.

Todos los años, al producirse la primera explosión de rudimentarias polvorerías o cuando a los hospitales empiezan a llegar niños con las manos estalladas, las caras desfiguradas o los cuerpos enteros abrasados, las autoridades se acuerdan de "prohibir el expendio de pólvora", pero los polvoreros demandan el decreto con el argumento de que, si se aplica, morirán de hambre no sé cuántas familias.

Ultimamente se ha pretendido sustituir la pólvora por los globos, que además de ser antiecológicos, pues han sido causa de muchos incendios forestales, son peligrosos tanto para el que los eleva como para los que lo contemplan, pues muchas veces, al ascender, dejan caer sobre los espectadores chorros de combustible ardiente.

Otro fatídico sustituto de la pólvora es la quema masiva de llantas con que se acostumbra celebrar ciertas festividades. Aparte de la preocupante contaminación ambiental que generan, son ya numerosos los casos de niños que han caído accidentalmente en medio de ella y que cuando no han muerto absolutamente calcinados, se han visto afectados por gravísimas quemaduras.

441. Quemaduras eléctricas

Entre las quemaduras eléctricas más frecuentes están las derivadas de la consabida curiosidad infantil por los enchufes. Es común ver a un niño tratando de introducir en ellos artefactos metálicos tales como llaves, tijeras, destornilladores y ganchos de pelo o jugando con un tomacorriente. A veces intentan cortar con tijeras un cable eléctrico, o se entretienen en morder pacientemente un cable hasta que logran pelarlo. Como es natural, en cualquiera de estos casos están expuestos a sufrir una descarga eléctrica que puede ser fatal o dejar lesiones permanentes desfigurantes.

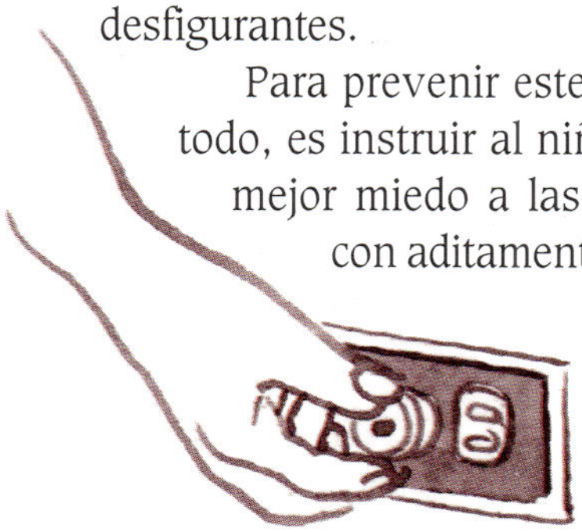

Para prevenir este tipo de accidentes lo que hay que hacer, ante todo, es instruir al niño desde temprano para que le tenga respeto o mejor miedo a las instalaciones eléctricas; obturar los enchufes con aditamentos especiales que ahora se consiguen fácilmente o a falta de ellos, recostar muebles pesados contra los tomacorrientes que no se usan; y si nada de eso es factible, al menos no dejar nunca a un niño solo en lugares en los que exista este tipo de peligro.

442. Quemaduras químicas

Resultan de la ingestión de cáusticos como los que se usan para destapar cañerías o blanquear baldosas (soda, potasa, "diablo rojo", etc.). La mayor parte de las veces la causa de este accidente es la insensata costumbre de guardarlos en botellas de gaseosa, pues el niño puede confundirse fácilmente y beber su contenido. Por esta razón una de las normas básicas para prevenirlo es no envasar nunca sustancias corrosivas en botellas o recipientes de bebidas o alimentos. Es importante señalar que a diferencia de lo que se recomienda para la mayoría de los envenenamientos, que es inducir vómito, cuando se sabe que lo ingerido fue un cáustico (alcalino o ácido), esta maniobra está totalmente contraindicada porque equivale a repetir la quemadura sobre el esófago. Tampoco se debe dar una sustancia antagónica como sería un ácido contra la potasa o la soda o un álcali contra un ácido como el muriático, porque

estas combinaciones generan calor y agravan la quemadura. Todo lo que hay que hacer es dar agua para diluir la sustancia cáustica y recurrir inmediatamente al médico.

443. *Asfixia*

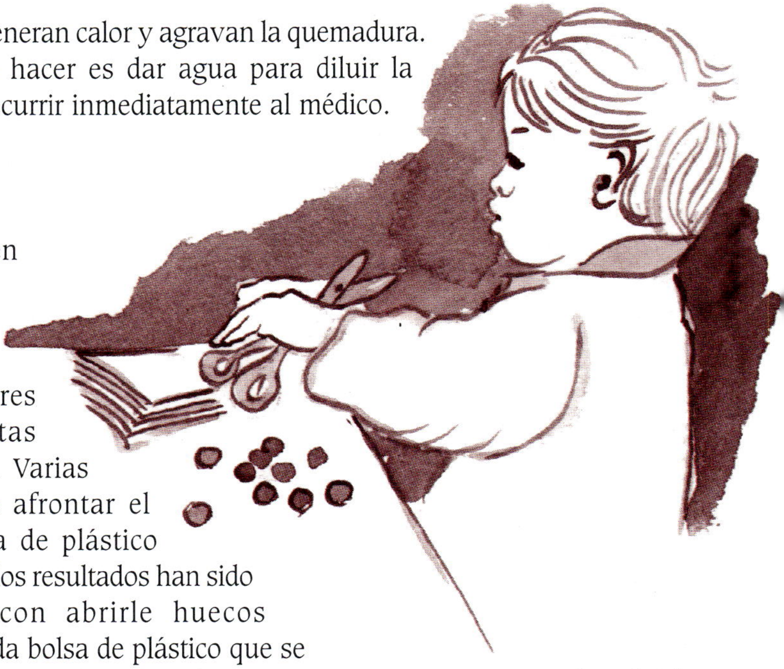

Muchos niños mueren asfixiados mientras juegan al escondite y se introducen en neveras o congeladores fuera de uso, maletas grandes, baúles, etc. Varias veces he tenido que afrontar el accidente de la bolsa de plástico metida por la cabeza y los resultados han sido fatales. No basta con abrirle huecos sistemáticamente a toda bolsa de plástico que se tenga en la casa, pues una porción relativamente pequeña es capaz de ocluirle completamente la respiración a un niño. Lo mejor es enseñarles desde muy temprano este peligro y no dejar bolsas a su alcance.

Otro accidente muy frecuente es el producido por una combustión en ambiente cerrado. Por eso hay que tener cuidado con las estufas sin chimenea y no dejar encendido un vehículo en un garaje sin ventilación. Cualquier escape de gas es altamente peligroso, pues no sólo expone a la intoxicación sino a la explosión en caso de que el ambiente se sature y se encienda un fósforo. Para evitar esta eventualidad es conveniente vigilar que los "pilotos" de seguridad estén siempre encendidos. Lo que hay que hacer frente a una víctima de asfixia es sacarla al aire libre, aflojarle los vestidos y si no está respirando, darle respiración boca a boca (véase más adelante) sin interrupción, hasta que venga una ambulancia con ayudas respiratorias o se arribe a un centro asistencial.

Cuando se cocina con gas propano, la cocina debe ser un lugar ventilado pues cualquier escape de gas puede causar acumulación de este material tan inflamable y luego producir una explosión de características fatales.

444. *Cuerpos extraños*

Los niños tienen una tendencia natural a explorar con su boca todo lo que esté a su alcance y es inútil, imposible y hasta contraproducente impedírselo o prohibírselo. El error está en dejar a la mano objetos pequeños que puedan ingerir voluntaria o accidentalmente, porque existe el riesgo que obstruyan el tubo digestivo o, lo que es peor, el aparato respiratorio. Sería interminable hacer la lista de los más peligrosos, pero puede decirse que todos los que pasen por la boca lo son. Especial riesgo tienen por lo común las monedas, los garbinches o maras, los dulces pequeños o las semillas de frutas, entre las que se destaca el mamoncillo que constituye un verdadero reto para los endoscopistas por las dificultades que ofrece para atraparlo con las pinzas y extraerlo. Es relativamente común el accidente del niño (o adulto) que mientras come mamoncillos, mira hacia el árbol para elegir cuáles más alcanzar y se les va una pepa a la glotis, y lo atora y asfixia.

El hueso en la sopa, tan socorrido, merece especial mención, pues nutritivamente no tiene ningún valor y en cambio ha sido la causa de muchas muertes por asfixia o por perforación del esófago y hasta de la aorta. Hace un tiempo conocí el caso de un niño que mantuvo un grave problema de obstrucción respiratoria alta por una cáscara de huevo que oscilaba en la glotis como la válvula de un carburador de carro. Sin embargo, es menos grave que el objeto se vaya por la vía digestiva; la mayoría de las veces no pasa nada y todo lo que hay que hacer es esperar hasta que el propio organismo lo elimine. Es increíble la habilidad del intestino para defenderse de cuerpos puntiagudos, tales como alfileres o agujas, que llegan a evacuarse por el ano sin causar daño en ninguna parte. En esos casos es un error dar purgantes o laxantes porque éstos aumentan las contracciones intestinales y podrían fomentar una perforación. Pero si al cabo de tres días no se ha eliminado el objeto, hay que consultar al médico pues es importante localizarlo.

Cuando el cuerpo ingerido es grande puede quedarse atragantado en el esófago, lo cual se reconoce porque, después del accidente, el niño es incapaz de pasar sólidos o los devuelve sistemáticamente. Si esto sucede, naturalmente, es necesario acudir al médico.

Si el niño se pasa una batería de las que se usan para relojes, calculadoras, audífonos, etc., la consulta médica debe ser inmediata, porque existe la posibilidad de que ciertas sustancias que contiene perforen el esófago. En esos casos, no se recomienda hacerlo vomitar porque es preferible que la batería esté en el estómago, donde no resulta tan perjudicial. En un principio se temió que el mercurio que algunas traen fuera tóxico, pero ese peligro está descartado.

En materia de cuerpos extraños, lo más grave que puede ocurrir es que se alojen encima de las cuerdas vocales, entre ellas o un poco más abajo en el trayecto de la tráquea, porque de esta manera se interrumpe completamente la respiración y la persona puede morir si no hay nadie cerca que sepa auxiliarla.

445. *Maniobras para desatorar*

Cuando un niño se atora, lo que instintivamente se le ocurre a cualquiera es ponerlo con la cabeza hacia abajo y golpearle la espalda; esta maniobra fue incluso recomendada por la Academia Americana de Pediatría. Sin embargo, recientemente se ha desaconsejado, pues podría empujar el cuerpo extraño hacia las vías respiratorias. Tampoco se debe introducir el dedo para tratar de extraerlo, porque lo único que se consigue es introducirlo más y ocluir la vía respiratoria.

Maniobras para desatorar

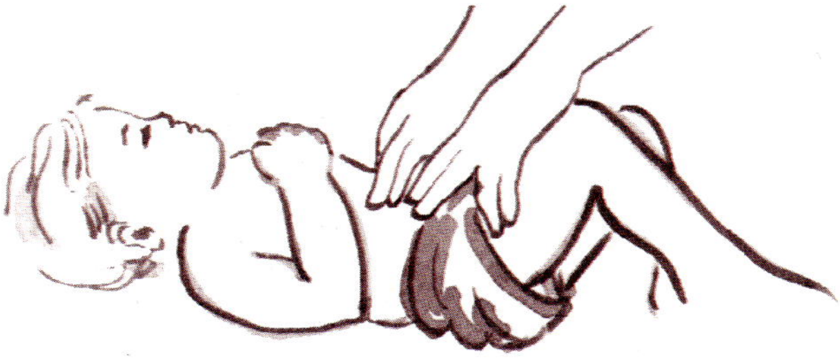

Por esta razón, lo más recomendado es utilizar la llamada maniobra de Heimlich, que según parece ha salvado la vida de más de 300 niños en Estados Unidos. Consiste en lo siguiente: si el niño atorado es pequeño, se coloca sentado sobre las piernas de la persona que lo atiende y de espaldas a ella; con los dedos índice y medio, se hace una presión sostenida en la boca del estómago, por debajo de las costillas como si se quisiera empujar el cuerpo extraño de abajo hacia arriba. También se puede, si se prefiere, colocar al niño boca arriba para hacer la maniobra. En niños mayores o adultos, resulta más fácil abrazarlos por detrás o comprimir con las dos manos la boca del estómago, por debajo de las costillas, empujando hacia arriba con firmeza.

Si el cuerpo extraño es expulsado, se hace necesario revisarlo para cerciorarse de que esté completo (trocito de salchicha de perro caliente, dulce redondo, uva, etc.) y si parece fragmentado, aunque aparentemente el niño esté recuperado y respirando bien, debe ser llevado al médico para practicar exámenes especiales. Si se desatora pero no respira bien o hace ruido al inspirar hay que llevarlo acostado boca arriba (procurando moverlo con mucha delicadeza) a un centro médico donde, con una buena técnica, puedan proceder a la extracción del objeto o fragmento. No siempre los elementos que se van a las vías respiratorias causan sofocación y acceso de tos, como podría esperarse. Es sorprendente el número de niños a quienes se les encuentran cuerpos extraños en los bronquios, que les ocasionan aparentemente asma o bronconeumonía crónica, y que nunca les produjeron un atoro súbito. Por esta razón, si un niño padece tos crónica, se debe meditar si la dolencia empezó después de un atoro sin importancia.

Hay que recordar, por otra parte, que los niños tienen tendencia a introducirse los más diversos objetos en la nariz, los oídos y hasta la vagina. Si se advierte que el pequeño empieza a oler mal y le sale sanguaza fétida por una fosa nasal, o flujo vaginal sanguinolento, hay que sospechar que en algún momento se introdujo algo. En ese caso no se debe intentar extraerlo por cuenta propia pues lo único que se consigue es introducirlo más, traumatizar al niño y dificultar la labor del médico que es quien debe hacerlo. Por eso es mejor concurrir de una vez a un servicio de urgencia que es donde tienen experiencia y equipo para esta pequeña operación.

446. Cuerpos extraños en los ojos

Si por alguna razón cayeran en los ojos líquidos calientes o cáusticos, debe actuarse de inmediato lavándolos con agua a chorro; y luego acudir al médico. Y si entra algún cuerpo extraño no es conveniente tratar de sacarlo con palillos, aplicadores o cualquier otro instrumento, porque pueden causar más daño que beneficio. Si el cuerpo no sale con el lavado, para transportar a la víctima hay que ocluirle el ojo con una gasa o tela limpia de modo que impida el traumatismo del parpadeo o que el niño se lo restriegue y pueda lesionarse la córnea.

447. *ENVENENAMIENTO POR INGESTIÓN*

Siempre, absolutamente siempre, el responsable del envenenamiento de un niño es el adulto, que deja sustancias tóxicas a su alcance. A partir del año, los niños están constantemente expuestos a envenenarse porque por instinto se lo llevan todo a la boca. Después de los dos años disminuye esta tendencia, pero comienza la curiosidad, la imitación y el espíritu investigador.

Todo lo que no se debe comer o beber se considera sustancia tóxica. Las habrá inofensivas, como unos sorbos del agua de la bañera con jabón, pero para efectos prácticos hay que considerar como tóxica o potencialmente tóxica toda sustancia que el niño ingiera y que no sea alimento conocido. Digo "conocido" porque se sabe que hay productos vegetales idénticos y hasta más atractivos que los alimenticios, que resultan altamente perjudiciales, como la frutica del "borrachero", tan común en los lotes enmontados. Y ya que hablamos de ello, otra planta que abunda y puede llegar a ser peligrosa es el papayuelo, éste deja caer al suelo sus provocativas frutas que no son tóxicas y de hecho se usan para preparar exquisitos dulces, pero que cuando se consumen con todo y semilla, se apretujan en el recto y causan oclusión intestinal que necesita desimpactación muy dolorosa y extremadamente desagradable para quien tiene que hacerla. Hay que saber además que existen hongos venenosos, que por su parecido con los comestibles han sido causa de numerosas intoxicaciones. Se sabe también que la papa nacida y la cáscara de yuca sin cocinar son tóxicas, pero por no ser atractivas, los niños raras veces por no decir nunca, se envenenan con ellas. Dado que en la naturaleza y con mayor razón en el trópico, hay infinidad de frutas y semillas que pueden ser nocivas, lo mejor es enseñar al niño a no comer frutas silvestres sin antes mostrárselas a un adulto.

Otra recomendación importante es lavar a chorro cualquier alimento vegetal antes de prepararlo, o consumirlo, pues puede estar contaminado con microbios, parásitos, insecticidas o fungicidas de los que tanto se usan ahora en agricultura. Hay que ser muy cuidadoso además en el transporte y almacenamiento de alimentos, pues si se colocan cerca de sustancias tóxicas, pueden llegar a contaminarse.

448. *ALIMENTOS MAL CONSERVADOS*

Todos los alimentos pueden volverse tóxicos cuando son conservados sin refrigeración o cuando se los guarda tibios por varias horas en el horno; si después de esto, el alimento no se calienta bien de modo que el calor destruya las posibles toxinas, pueden causar, pocas horas después, una intoxicación que se manifiesta con vómito, dolor de estómago y diarrea.

449. *ENLATADOS*

Hay que tener cuidado también con los alimentos enlatados doméstica o industrialmente: latas abolladas, sopladas o que expelan gas al abrirlas, deben ser desechadas. Existe una gravísima intoxicación llamada botulismo, frecuente precisamente en este tipo de alimentos. En Estados Unidos se han registrado casos por consumo de miel de abejas contaminada en el bacilo botulínico, cuya toxina produce parálisis intestinal y respiratoria. Por esta razón es prudente comprar sólo miel de abejas de marcas responsables, y no la callejera, de dudosa higiene. A todo esto es a lo que yo le he llamado "biointoxicación alimentaria" (para distinguirla de la quimio-intoxicación por contaminación de los alimentos con sustancias tóxicas), y la menciono aquí para hacer énfasis en la importancia que tiene la higiene de los alimentos, y la refrigeración de los mismos.

450. *Artículos de limpieza casera*

Entre las intoxicaciones más graves y frecuentes, se encuentran las causadas por aquellos productos que se utilizan en las casas para limpiar, desmanchar, pintar, destapar cañerías, matar insectos o ratones, etc. Aunque en la etiqueta no diga nada (como suele suceder) o aunque indique que la sustancia es "poco tóxica", hay que recordar que los niños son pequeños y a ellos una mínima cantidad puede resultarles fatal. Un caso muy frecuente refuerza esta afirmación: cuando se quiere sacar gasolina del tanque de un vehículo, lo primero es aspirarla con una manguera para que empiece a fluir y en esta operación es muy fácil que el que la realiza se acabe tomando unos tragos que no le causen ningún daño. Sin embargo, a un niño esa misma cantidad de gasolina puede ocasionarle una neumonía generalmente difícil de tratar.

Entonces, sobre la base de que todas en una u otra forma son tóxicas (o cáusticas como se vio a propósito de quemaduras químicas), hay que mantenerlas siempre bajo llave o, en todo caso, fuera del alcance de los niños. Sobre todo no se debe envasar jamás en recipientes de alimentos o bebidas. Está demostrado que las tres cuartas partes de las muertes por envenenamiento pueden ser evitadas con esta simple precaución.

Otro peligro que acecha siempre al menor son las drogas dejadas a su alcance. La industria farmacéutica se ha inventado "tapas de seguridad" que a los adultos les resultan muy difíciles de quitar pero que los niños con sus hábiles deditos retiran sin mayor problema. Si además el frasco está lleno de atractivas pastillitas, coloreadas y edulcoradas como las hay tantas, no tardarán en consumir su contenido. La aspirina es la principal causa de intoxicación en Estados Unidos, pero no entre nosotros (aunque aquí se consume, si se quiere más aspirina que allá), por la sencilla razón de que nuestra industria no expende la aspirina en frascos sino en sobres y no son muchos los niños que tienen la suficiente paciencia para abrir veinte o más sobres. La mesa de noche o del comedor y la cartera de la madre son los sitios donde con mayor frecuencia encuentran las medicinas. Y no olvide, todas son potencialmente tóxicas.

Es importante educar a los niños con un cierto temor hacia los medicamentos, por ejemplo: los padres que suelen consumir medicamentos sin necesidad justificada, antiácidos, analgésicos, vitaminas, etc., con su ejemplo están incitando al niño a consumirlos.

Además de la intoxicación por ingestión accidental de drogas, existe la deliberada cuando la madre, por consejo de amigas o parientes, le da al niño medicinas que a otro le han servido, sin saber que todos los organismos y todas las enfermedades son diferentes y que lo que a un paciente le hizo bien a otro puede hacerle daño. Un solo ejemplo de los muchos que hay, basta para ilustrar este concepto: a menudo los niños con infección intestinal presentan, además de la diarrea, un vómito muy tenaz que puede causar deshidratación. Si la madre, en lugar de darle suero oral, que es lo indicado y autorizado, le da gotas contra el vómito de las muchas que hay en la farmacia, aunque la dosis no sea excesiva, el niño presentará unas contracciones y convulsiones que semejan meningitis o encefalitis ya que, a causa de la deshidratación, el hígado y el riñón no trabajan bien. Para prevenir este accidente por intoxicación medicamentosa, existe una sola recomendación: no dar medicinas que no hayan sido aconsejadas por el médico o por una enfermera específicamente autorizada.

Infortunadamente no hay aún leyes que prohíban la automedicación, lo cual evitaría muchas intoxicaciones por medicamentos.

451. Manejo de las intoxicaciones por ingestión

Cuando la sustancia ingerida no es un cáustico o un derivado del petróleo lo indicado, frente a una intoxicación, es hacer vomitar al niño aunque no se sepa si la sustancia que ingirió es o no tóxica. Para ello se le da a beber agua o cualquier líquido que le guste, excepto leche; en seguida, colocándolo sobre las piernas con la cabeza hacia abajo, se le introduce un dedo a los más pequeños. O el mango de una cuchara a los más grandes, hasta la parte posterior de la lengua. Una vez conseguido que vomite es conveniente comunicarse con el médico para que él decida si hay que trasladarlo a un servicio de urgencias donde le puedan lavar el estómago. Si, por cualquier razón, no se consigue que devuelva lo ingerido, hay que llevarlo sin pérdida de tiempo a un hospital. Ahora bien, si el niño es pequeño y se ha tomado apenas un poquito de gasolina o petróleo, no es recomendable acudir al vómito, pues se le puede ir a los pulmones y causarle la temida neumonía por kerosene. Desde luego tampoco hay que hacer vomitar a niños que hayan bebido cáusticos como lejía o ácidos fuertes, porque con ello, se repite la quemadura del esófago.

En Estados Unidos se ha logrado educar a la comunidad para que en las casas en las que hay menores, se tenga siempre un frasco de jarabe de Ipeca, que ayuda a producir vómito. Al niño de un año o más se le da una o dos cucharadas soperas de este jarabe, seguidas por una taza de agua, se le pide que se mueva y a los veinte minutos aproximadamente se producirá el efecto. Si no ocurre así, se puede repetir la operación, pero no más de una vez.

Siempre que se consiga hacer vomitar al niño que se presume intoxicado, conviene llevar lo expulsado en un recipiente al servicio de urgencias para los exámenes toxicológicos a que haya lugar.

452. *Intoxicación por unturas en la piel*

La más conocida y grave, aunque afortunadamente no muy frecuente, es la producida por alcohol metílico del que se emplea para quemar en reverberos, taponar muebles y muchos otros usos industriales y domésticos. Basta un poquito de algodón empapado en este alcohol, colocado debajo de las axilas o friccionado sobre el tronco para matar al niño o dejarlo ciego. Dado que muchas medicinas se absorben por la piel, lo más sensato es no aplicarlas, sobre todo a los niños, sin prescripción médica.

Por este peligro, no se recomienda usar fricciones con alcohol para bajar la fiebre.

453. *Intoxicación por agua*

Cuando a un niño se le pone una lavativa con agua pura (sin sal ni azúcar como debe ser) o cuando un bebé toma mucha agua en una piscina puede suceder que, unas cuantas horas después, se presenten convulsiones por "intoxicación hídrica".

454. *Respiración artificial*

En una comunidad bien educada en materia de salud, toda persona mayor de doce años debe saber practicar respiración artificial con la boca. Entre nosotros, inexplicablemente no ha sido posible introducir esta disciplina en los colegios.

Toda persona que deja de respirar, sea por accidente o enfermedad, debe ser sometida a ella de inmediato. Sin entrar en mayores explicaciones acerca de por qué se debe hacer así, el procedimiento que todos deben saber de memoria es el siguiente:

1. Se le abre al paciente la boca y se le retira con los dedos cualquier materia que se vea a simple vista (alimentos, flemas, sangre, vómito, etc.). Si se sospecha o se sabe que el paro respiratorio ha sido producido por un cuerpo extraño que no se ve o que está muy atrás, no se debe tratar nunca de extraerlo con los dedos porque lo único que se consigue con ello es consumirlo más. En este caso debe procederse a la maniobra de Heimlich, que describimos anteriormente a propósito de cuerpos extraños. Hace algún tiempo se recomendaba que a los ahogados por sumersión, antes de darles respiración artificial se les practicara esta maniobra para sacarles el agua del estómago; sin embargo hoy se desaconseja por el peligro de hacer pasar el agua del estómago (donde no hace mayor daño) a los pulmones. Además se sabe que en los ahogados, el agua que pasa a las vías respiratorias en el accidente mismo no es mucha y no impide la respiración artificial.

2. Con la víctima acostada boca arriba, con una mano se le lleva hacia adelante la mandíbula y con la otra colocada sobre la frente se le echa la cabeza hacia atrás.

3. Acto seguido se aplica la boca del operador sobre nariz y boca al mismo tiempo (en niños pequeños) sólo sobre la nariz manteniendo la boca cerrada, en los mayores y adultos.

4. Se sopla impulsando el aire y mirando el pecho de la víctima para ver si se eleva. Comprobado esto, se retira la boca y se deja que los pulmones expelan el aire, cosa que ocurre siempre pasivamente, sin necesidad de ayuda, gracias a la elasticidad pulmonar. Esta misma operación debe repetirse sin descanso a un ritmo aproximado de veinte por minuto, hasta que llegue una ambulancia con ayudas respiratorias o hasta que el paciente empiece a respirar por sus propios medios. Es importante conservar la calma y no aumentar la velocidad de la respiración porque con ello no se obtiene ningún beneficio. En los niños muy pequeños no hay que emplear la fuerza respiratoria de los pulmones del operador, porque se puede hacer estallar los de la víctima; basta emplear la presión de las mejillas y discretamente la del pecho, vigilando que el tórax del paciente se eleve en cada insuflación. Conviene igualmente poner con cierta frecuencia la oreja sobre el pecho del niño para saber si el corazón está funcionando; si no se oyen los latidos hay que hacer masaje cardíaco externo (véase más adelante) cinco compresiones por cada insuflación pulmonar.

455. *Reanimación cardíaca (masaje cardíaco)*

Con la víctima colocada boca arriba, si se trata de un niño pequeñito, basta colocar los dedos índices y medio en mitad del esternón y hacer compresiones rítmicas dirigidas hacia la espalda, a un ritmo de 80 a 100 veces por minuto. En niños un poco más grandes, se puede usar el talón de la mano sobre la porción inferior del esternón, comprimiendo con ella fuertemente hacia la espalda y retirando inmediatamente, a una velocidad de 50 a 60 veces por minuto. En niños mayores y adultos, se hace necesario usar las dos manos y hasta utilizar el peso del cuerpo para hacer más efectiva la compresión. La reanimación cardíaca debe prolongarse sin descanso hasta obtener éxito, hasta que lleguen ayudas mecánicas y de oxígeno, o hasta que un médico declare que la víctima está muerta. Lo ideal en materia de prevención de accidentes sería educar a la gente para que tomara conciencia de los sitios en los que suelen presentarse, propendiendo al máximo de seguridad en la casa, en la escuela, en el patio, en el automóvil, en la calle, etc. Será fácil descubrir peligros obvios, no así los ocultos que están siempre presentes y que son los que obligan a poner en práctica la máxima regla en la prevención de accidentes, no dejar al niño solo en ninguna parte.

Capítulo XV

Preguntas de Padres

Al comienzo del libro se explicó que el título "Preguntas de madres" se debía a que aún son las madres quienes más se ocupan de la crianza y quienes generalmente preguntan. De ninguna manera podemos desconocer la enorme importancia de esa otra figura tutelar: el padre. Todas las anteriores preguntas han podido ser hechas también por ellos, en especial ahora que los roles de las madres y los padres se han hecho muy semejantes.

Culturalmente, a pesar de que la mujer quiere cada vez menos reducir su actividad al hogar, su responsabilidad en la crianza es muy grande. Sin embargo, no debemos desconocer el gran papel del padre. La madre ha salido un poco del hogar a buscar su realización personal y profesional y los padres están entrando a la casa, participan en la crianza, en las labores domésticas, en mayor proporción que nunca antes en la historia. Antes la función paterna apenas se mencionaba en los libros de crianza, ahora la paternidad está llenándose de sentido, está apareciendo un fuerte énfasis en la importancia de "paternar" bien los hijos.

Con este cambio los beneficiados no son solamente los hijos. Ser padre trae para el varón un crecimiento, que los investigadores mencionan como "engrossment" (crecimiento, maduración). Uno cambia, descubre aspectos nuevos, crece interiormente, al tener contacto con su hijo. La crianza es de doble vía, cuidar de un niño nos permite además de realizar nuestra paternidad, nuestra generatividad, superar antiguos conflictos de nuestra infancia dormida. Al aprender a cuidar las necesidades del hijo, el padre aprende sobre sí mismo.

456. ¿CUÁL ES LA FUNCIÓN DEL PADRE EN LA CRIANZA, SOMOS MADRES SUSTITUTAS?

De ninguna manera. Existe un rol específico, propio de ser padre. Aunque ahora nuestros roles de padre y madre se parezcan, somos diferentes y esa diferencia beneficia a los niños. Ambos somos necesarios en la crianza.

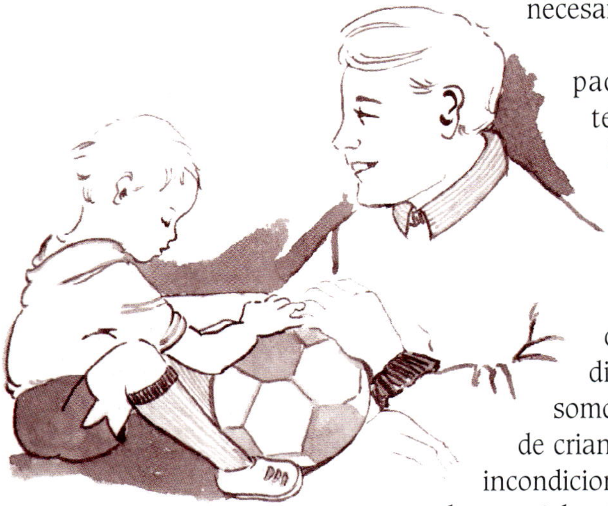

En las últimas generaciones los padres cambiamos pañales, damos teteros, bañamos a los hijos, los llevamos al médico, preparamos la cena, funciones que fueron tradicionales de las madres. Nuestra función no es ser más afectuosos, ni más cálidos, ni más protectores que las madres, simplemente somos diferentes y ambos, padre y madre, somos importantes como figuras tutelares de crianza. El amor de madre suele ser más incondicional, el de padre incita a realizaciones, a logros. Además, otra de las funciones importantes es ser un modelo para la identidad sexual, como identificación en el caso del hijo varón, como objeto de deseo para la hija.

457. QUIERO PARTICIPAR EN EL CURSO PSICOPROFILÁCTICO Y PRESENCIAR EL PARTO, ¿ES CONVENIENTE?

Es importante la presencia del padre en el curso psicoprofiláctico, el hijo es también suyo y no debe estar ausente en el momento del parto. Pero para que su presencia sea positiva es necesario que su actitud lo sea así. El curso le permitirá informarse adecuadamente, tener tranquilidad y trasmitírsela a la madre. Igualmente es importante su presencia en el parto y tener un contacto físico muy temprano con el cuerpo del niño. Estos hechos crean un apego fuerte entre padre e hijo.

458. RECUERDO A MI PADRE COMO UN SER AMABLE PERO DISTANTE, YO EN CAMBIO QUIERO ESTABLECER CON MI HIJO UN CONTACTO MUY CERCANO, ¿CÓMO HACER?

El contacto cálido se inicia muy tempranamente, es muy importante que el hijo que llega a nuestra casa no sólo sea esperado, sino jubilosamente acogido. El hijo siente ya desde el vientre materno el estado anímico de la madre, cuyo ánimo suele sintonizar con nuestro entusiasmo paterno. Se menciona como muy conveniente hablarle desde esta etapa intrauterina. Al parecer el feto oye voces, por lo menos desde el sexto mes de embarazo, y posiblemente oye mejor la voz grave del padre que se transmite más fácilmente en el medio líquido que es el útero. Luego debes estimularlo desde los primeros días de vida, existen excelentes libros prácticos sobre cómo estimularlo con el tacto, con los sonidos, con el masaje, etc. Se sabe que la estimulación que le brinda el padre es distinta de la de la madre. Los niños se benefician al recibir diferente forma de estimulación. El niño forma su autoimagen según las actitudes de aceptación o rechazo que origina en las personas que lo cuidan. Así como son fundamentales las caricias maternas, lo son las paternas. Nuestros hijos crecerán con mayor seguridad en sí mismos si son bien "paternados".

Es muy importante compartir, hacer cosas juntos, pasar el tiempo libre en su compañía. La convivencia va creando hilos invencibles que nos unirán a padre e hijo.

459. *Cuando nació el primer hijo, durante un tiempo me sentí excluido, me preocupa que pase lo mismo con el segundo hijo, ¿qué opina?*

En realidad es frecuente que esto ocurra. En la sexualidad hay elementos físicos como mentales. Muchas mujeres no vuelven a estar totalmente preparadas para el contacto sexual hasta varios meses después del nacimiento. Algunos mencionan que la naturaleza programa una temporada para que seamos padres.

Es necesario armarse de paciencia para ir reconstruyendo el interés sexual de ella en ti. El hijo no debe ser visto como un rival que te quita la atención que tú también mereces. Estas etapas te permitirán también disfrutar luego una vida sexual más madura en un matrimonio más profundo.

460. *Mi mujer es adicta al niño, duerme en nuestra cama, vive pendiente de él, creo que le falta cortar el cordón umbilical, ¿es ello sano?*

Se observa actualmente, que a diferencia de la generación anterior, ahora los hijos ocupan el lugar central en la vida familiar. Hay algunas señales que muestran que hemos ido demasiado lejos, somos sumisos ante nuestros hijos. Un ejemplo, muchos niños permanecen en la cama de los padres después de los 3 a 4 años de edad. Ser padres debe ser nuestra segunda prioridad, la primera es "ser pareja". Además debemos dejar al niño ser él. No se trata de descuidarlo, sino de ofrecerle un afecto que no oprima. Esta cierta "adicción" al hijo se observa también en los padres actuales. El hijo no debe colocarse como un elemento intermediario en la relación de pareja. Desde el comienzo

debemos ser conscientes que "los hijos no son nuestros, sino de la vida. Pasan a través de ti, pero no son tuyos" (Gibrán).

461. Mi hijo varón está muy apegado a su madre, ¿influirá en su futura orientación sexual?

No. Es más frecuente que los padres se preocupen en mayor medida de la identidad sexual de los hijos varones que las madres. Hay estudios que muestran que los problemas relacionados con la identidad sexual se deben más a lo que deja de hacer el padre que a lo que hace la madre. La homosexualidad es más común en las familias con un padre débil y una madre dominante, sumado a una relación débil entre marido y mujer. Es conveniente que el padre demuestre una oferta adecuada de afecto hacia el hijo, que incluye también contacto físico. Ser una figura adecuada de crianza es lo que se denomina "paternar". La ausencia real o esas ausencias a pesar de estar presentes, cuando nos enfrascamos en el periódico, en el televisor, etc., en vez de dedicar el tiempo a compartir con nuestro hijo, no son convenientes para su desarrollo psíquico.

462. Por razones de trabajo debo viajar con frecuencia, ¿estas ausencias pueden afectar al niño?

La presencia de ambos padres es muy importante para el desarrollo psicoafectivo del niño, en especial durante los primeros cinco años. Es por ello que deben evitarse las ausencias prolongadas innecesarias. Cuando la ausencia es inevitable, debemos mitigarla, se aconseja por ejemplo: Dejarle fotografías suyas, llamarlo por teléfono con frecuencia, quizás mejor en la noche antes de acostarse, contarle un cuento por teléfono, algunos padres dejan cintas grabadas, por ejemplo con canciones, traerle un pequeño obsequio, que la madre le hable del padre en su ausencia, etc.

463. Mi padre imponía la disciplina familiar, creo que en mi familia actual tengo una autoridad débil, ¿no será perjudicial?

En el actual cambio familiar, la autoridad paterna ha bajado del pedestal. La familia avanza a una democracia, aunque algo especial. Dice Bettelheim: "No participamos en la vida familiar como iguales, pues no lo somos, sino como socios igualmente importantes en la empresa común y más importante de nuestras vidas: vivir en familia". En esta naciente democracia se necesitan unas normas mínimas, llenas de sentido, dialogables, concebidas según el bien común y no según el capricho del adulto.

Se ha comprobado que la excesiva normatividad impide el desarrollo de la creatividad del niño. Tampoco es posible una convivencia sin una mínima cantidad de normas indispensables. No se trata de tener una autoridad fuerte o una débil, sino de encontrar un justo medio de una disciplina adecuada.

464. *Creo que es hora de tener una conversación sobre temas sexuales con mi hijo adolescente, pero no sé cómo empezar.*

Anteriormente se insistía en la importancia de tener una conversación con el hijo adolescente "de hombre a hombre". Más importante que las palabras son las emociones que se comparten. Los niños sintonizan con nuestro inconsciente, las palabras pueden ser apenas máscaras o reales puentes. Nuestra función de educadores sexuales dentro de la familia no es delegable en los maestros. Y con seguridad hemos empezado desde hace tiempo, sin darnos cuenta. Nuestra actitud ante el propio cuerpo y ante el cuerpo del niño, las emociones que él siente que existen en la relación de pareja de sus padres, nuestra actitud ante el sexo, etc., son la piedra fundamental en la educación sexual. Pero también nuestras palabras cuentan, y además de los conocimientos sobre el cuerpo, deben transmitir con autenticidad, la verdad sobre nuestros sentimientos sobre el amor, la pareja, el sexo, la familia.

Glosario

ACETAMINOFEN. Droga que baja la fiebre, o sea, antitérmica, que se usa cuando no se puede emplear aspirina*. Ingerida accidentalmente es tóxica para el hígado. Como todas las drogas, no debe dejarse al alcance de los niños.
ACIDO. Lo contrario de alcalino. La acumulación de sustancias ácidas en la sangre se denomina acidosis y, cuando son muchas, puede ocasionar la muerte.
ADENOIDES. Masa de tejido ganglionar, situada entre las fosas nasales y la faringe*. Se le llama también amígdala faríngea. Cuando se crece, por infección crónica, por ejemplo, obstruye el paso del aire por la nariz y obliga al niño a respirar por la boca.
AGALACTIA. Total falta o notoria disminución de la secreción de leche por la glándula mamaria, después del parto.
ALBUMINA. Proteína* que existe en casi todos los tejidos animales y en muchos vegetales. Es el principal constituyente de la sangre, donde, cuando se baja por falta de proteínas en la alimentación (desnutrición) o porque se pierde por los riñones a causa de la enfermedad llamada nefrosis*, ocasiona edema* generalizado.
ALCALINO. Lo contrario de ácido; compuestos que forman sales con los ácidos.
ALERGIA. Es la capacidad que desarrollan algunos sujetos para reaccionar en demasía ante determinadas sustancias que se inhalan, se ingieren o se ponen en contacto con la piel: de ello resultan afecciones tales como el asma*, la rinitis*, la urticaria*, el eczema*.
AMIBA o AMEBA. Ser vivo formado por una célula que se mueve. Cuando es del tipo histolítica*, es capaz de ulcerar el intestino y da origen a la colitis amibiana, que a su vez puede complicarse con abscesos en el hígado, en el pulmón o en el cerebro.
AMNIOTICO, LIQUIDO. Líquido contenido en el amnios, que es la membrana que rodea al feto* dentro del útero, en el cual nada la criatura. Normalmente el feto deglute y respira líquido amniótico.
ANOXIA. Es la falta de oxígeno en la sangre y los tejidos, que cuando se prolonga, los destruye y ocasiona la muerte de las células y del organismo.

El asterisco (*) indica que la palabra se encuentra explicada en otro lugar del glosario.

ANTIBIOTICO. Drogas que destruyen microbios* y que se derivan de sustancias biológicas. La penicilina por ejemplo, es un antibiótico que se deriva de un hongo.
ANTICUERPO. Sustancia que se desarrolla en los animales como consecuencia de la introducción de un antígeno* y que luego se vuelve contra él. La producción de anticuerpos constituye la base de las vacunas* y en general, de la defensa de los organismos contra las enfermedades infecciosas.
ANTIGENO. Sustancia, bacteria, virus o toxina que al ser introducida a un organismo animal vivo, determina la formación de anticuerpos que serán capaces de combatir u oponerse al antígeno que lo formó. Es el fundamento de la prevención de enfermedades por medio de vacunas*, o antitoxinas*.
ANTISEPTICO. Sustancia química que destruye los gérmenes infectivos y por tanto impide la infección o la putrefacción*.
ANTITERMICO. Droga (como la aspirina o el acetaminofén) o medida (como el airear el cuerpo desnudo) destinada a bajar la fiebre.
ANTITOXINA. Sustancia proteica* que normalmente desarrolla el cuerpo como consecuencia de la introducción de una toxina* y que actúa como neutralizante de ésta. Las antitoxinas derivadas de animales o de hombres que han padecido cierta enfermedad, se usan para prevenir esa enfermedad cuando el sujeto se ha expuesto recientemente a ella, por ejemplo, la antitoxina tetánica cuando hay heridas contaminadas.
AREOLA. Zona de color oscuro que rodea el pezón de la glándula mamaria.
ASCARIDES. Lombriz que parasita el intestino y consume alimentos. Cuando son numerosos pueden ocluirlo.
ASFIXIA. Es la supresión de la función respiratoria que impide el ingreso de oxígeno* y la salida del gas carbónico*. La acumulación de éste en la sangre y los órganos ocasiona rápidamente la muerte.
ASMA. Enfermedad caracterizada por ataques en los que hay dificultad para expeler el aire de los pulmones (disnea* espiratoria), debido a obstrucción de los bronquios por espasmo, edema de su pared y acúmulo de secreciones. En los niños casi siempre tiene un componente alérgico*. En algunos niños el asma puede ser tos crónica o fatiga fácil con el ejercicio, como únicos síntomas.
ASPIRINA. Es el Acido Acetil Salicílico (ASA) que constituye el antitérmico* más antiguo y mejor conocido. Es muy útil, pero como toda droga, tiene sus limitaciones y peligros, sobre todo cuando es ingerido accidentalmente por los niños. No debe darse en presencia de varicela o influenza*.
ATOPIA. Es equivalente a Alergia*, tiene carácter hereditario, o sea, que suele presentarse en varios miem bros de la misma familia.
ATRESIA. Oclusión de un tubo natural tal como el esófago, el intestino, el recto o las vías biliares.
BACILO. Microbio* en forma de bastoncillo.
BACTERIA. Organismo microscópico, constituido por una sola célula y que comprende a la mayoría de los gérmenes que causan infecciones en el hombre y los animales.
BILIS. Es la secreción que el hígado vierte en el intestino para digerir las grasas y evitar la putrefacción* intestinal.
BIOLOGICO. Relativo a la biología que es la ciencia que estudia los seres vivos en sus relaciones entre sí y con el medio que los rodea.
BIOPSIA. Examen de un organismo vivo, que consiste en tomar un fragmento del órgano supuestamente enfermo para examinarlo al microscopio.
BOTULISMO. Intoxicación alimenticia causada por la toxina del bacilo botulínico.
BRONCONEUMONIA. Inflamación de los bronquios y los pulmones, debida a bacterias*, virus*, hongos* o parásitos.
BRONQUIOLITIS. Inflamación de los bronquios más finos (bronquiolos), producida por un virus*; es exclusiva de niños pequeños y les ocasiona notoria disnea*. Con frecuencia deja secuelas, como una tendencia a desarrollar asma posteriormente.
BRONQUITIS. Inflamación de los bronquios gruesos y medianos.
CALORIA. Es una unidad de calor y representa la cantidad de éste necesaria para elevar un grado centígrado la temperatura del agua.
CANCER. Tumor o enfermedad resultante de la multiplicación exagerada y desordenada de células anormales, que tiene carácter maligno en el sentido de que si no se trata a tiempo, determina la muerte de quien lo padece.
CARIES DENTAL. Es la disolución y desintegración del esmalte y de la dentina, con posterior putrefacción* de la pulpa, produci-

da por bacterias de la "placa bacteriana"*, que genera ácidos*.
CELULA. Elemento fundamental de los tejidos organizados y de la sangre, que tiene vida propia. Consta de una masa o protoplasma y de un núcleo.
CELULOSA. Hidrato de carbono* insoluble en agua, que constituye la envoltura (hollejos) y el esqueleto (fibra) de muchos alimentos vegetales. El ser humano no la digiere y no es por tanto alimento o nutriente*, pero su consumo es muy necesario para estimular el movimiento intestinal, es decir, para evitar el estreñimiento*. Se la llama por eso la "escoba del intestino".
CIANOSIS. Coloración azul o lívida de la piel y de las mucosas debida a oxigenación insuficiente de la sangre.
CIEGO. Es la primera porción del intestino grueso o colon. Se encuentra al lado derecho del abdomen y en él se implantan el apéndice cecal donde se origina la apendicitis. La inflamación del ciego, que puede ser producida por amibas* o tricocéfalos* se llama tiflitis.
CIRCUNCISION. Operación que reseca el prepucio (piel que recubre el glande) con el objeto de facilitar su higiene. Practicada como rito por los hebreos y otras comunidades antiguas. Hoy en día no se justifica porque se sabe que el 97% de los varones dilatan su prepucio espontáneamente antes de los seis años de edad.
CLORO. Es un constituyente mineral del organismo cuya deficiencia o exceso es en extremo importante para el equilibrio hidroelectrolítico* y por tanto para la vida. Como agente químico se emplea para hacer potable el agua, una vez filtrada.
COLECHO. Dícese del hecho de dormir el niño con un adulto en la misma cama, especialmente con sus padres.
COLICO. Dolor abdominal* ocasionado por la contracción espasmódica de los músculos de las vísceras huecas como son el intestino, las vías biliares, los uréteres, la vejiga, etc.
COLITIS. Inflamación del colon o intestino grueso. La más conocida es la colitis producida por amibas*.
COLON. Porción del intestino grueso que se extiende desde el ciego hasta el recto*.
COMA. Pérdida prolongada de la conciencia en la que el paciente no reacciona ni aun ante los estímulos más dolorosos.
COMPLEJO B. Constituye un grupo de sustancias del tipo de las vitaminas* que se obtienen de la alimentación o que son fabricadas por la flora* intestinal. Son nutrientes esenciales* para la salud y la vida; su deficiencia acarrea enfermedad y muerte. Son solubles en agua y sensibles al calor, por lo cual están ausentes de los alimentos muy cocidos. Se adquieren de alimentos frescos como las frutas y hortalizas.
CONGENITO. Particularidad o enfermedad que existe desde el nacimiento, bien sea heredada (innata*) o adquirida durante el embarazo o el parto.
CONJUNTIVITIS. Inflamación de la conjuntiva, o sea, la delicada y transparente membrana que cubre por dentro los párpados y la porción anterior del ojo.
CONSTIPACION. Es la retención de la materia fecal con extrema dureza de la misma, popularmente llamada "dureza de estómago" o estreñimiento.
CONSTITUCION. Es la estructura, organización o modo de funcionar de un individuo. Se la llama también genotipo.
CORNEA. Disco transparente que forma la parte anterior del globo ocular. Su opacidad por enfermedad (queratitis, lesión traumática o química) determina ceguera. Hoy en día puede reemplazarse con trasplante de donantes voluntarios.
CORTISONA. Es la hormona* que producen las glándulas suprarrenales*, que como tal, es indispensable para la vida. Como droga se emplea en numerosas enfermedades, generalmente graves, pero tiene muchos efectos indeseables, tanto tomada por tiempo prolongado como aplicada en la piel o inyectada, por lo cual se insiste en que no sea usada por el público sin receta médica. Actualmente se emplea en forma inhalatoria para tratar el asma y la rinitis con excelentes resultados y mínimos efectos indeseables.
CONVULSIONES. Contracciones bruscas o involuntarias de los músculos, bien sea de todos los del cuerpo en cuyo caso se llama generalizada o de un grupo solamente, denominándose entonces, focal. Si es sostenida se llama tónica y, si es con movimientos rítmicos, clónica.
CRECIMIENTO. Es el aumento de la masa del cuerpo, especialmente en estatura y peso.
CROMOSOMA. Nombre de los pequeños cuerpos en forma de bastoncitos en que se fragmenta el núcleo de la célula* cuando se

divide para reproducirse y que contienen toda la información necesaria para su crecimiento, mantenimiento y reproducción. Cada especie tiene un número que le es propio: en el hombre son 46. Los cromosomas están constituidos por genes*.
CRUP. Dícese de la obstrucción de la laringe* por membranas (como en la difteria) o por edema* y espasmos* (como en el *crup* nocturno). Debido a la gran dificultad respiratoria que causa suele requerir atención médica de urgencia.
D.P.T. Es la abreviatura de la vacuna contra la difteria*, tos ferina* (pertusis) y tétanos*. Se la llama también la "triple vacuna".
DECIDUAL. Dientes de leche o primera dentadura.
DERMATITIS. Toda inflamación de la piel.
DERMATOLOGIA. Rama de la ciencia médica que estudia las enfermedades de la piel.
DESARROLLO. En medicina infantil es la adquisición, por parte de los órganos y sistemas, de la capacidad de funcionar para lo que están destinados. El desarrollo está íntimamente condicionado al crecimiento*.
DESHIDRATACION. Disminución del agua de los tejidos*, de las células y de la sangre, como consecuencia de tener mayores pérdidas que ingresos al cuerpo. El ejemplo más típico en pediatría* es la deshidratación por diarrea y vómito de las enteritis.
DESNUTRICION. Enfermedad de la nutrición, que resulta de un ingreso inadecuado de alimentos o nutrientes* en cantidad o calidad o por incapacidad del organismo para digerirlos, asimilarlos o utilizarlos. En el primer caso, se habla de desnutrición primaria, carencial o simplemente hambre, que es la que predomina en los países pobres. En el segundo caso, se habla de desnutrición secundaria a otra enfermedad. A la desnutrición se le llama también distrofia pluricarencial.
DIABETES, MELITUS o SACARINA. Es la perturbación del metabolismo de los hidratos de carbono*, hereditaria o adquirida, que se caracteriza por aumento del azúcar (glucosa*) en la sangre y en la orina. Puede matar por coma* o con el tiempo (si no se trata), lesionar las arterias, enfermar el corazón, los ojos, etc.
DIAFRAGMA. Músculo plano y grande que separa el tórax* del abdomen* y que es el encargado de ejecutar buena parte de los movimientos respiratorios.
DIPIRONA. Droga para bajar la fiebre. Es tóxica: no debe usarse en los niños.
DISNEA. Dificultad para respirar.
DISPLASIA DE CADERA. Anomalía del desarrollo de la articulación de la cadera (coxofemoral) que cuando no se trata oportunamente, permite la salida (luxación) de la cabeza del fémur, que produce acortamiento del miembro inferior y, por consiguiente, cojera. Es importante diagnosticarla y tratarla antes de que el niño camine para evitar secuelas.
DUODENO. Primera porción en forma de U, que sigue al estómago y se continúa en el yeyuno. Allí desembocan las vías biliares que traen la bilis del hígado y el conducto pancreático que drenan los jugos digestivos, fabricados por esta víscera.
E.C.G. Abreviatura de electrocardiograma que es el registro de la actividad eléctrica del músculo cardíaco; hoy en día es indispensable para el diagnóstico de la mayoría de las enfermedades del corazón.
E.E.G. Abreviatura de electroencefalograma que es el registro de la actividad eléctrica del cerebro, que permite diagnosticar diversas enfermedades, entre ellas la epilepsia. Sólo los médicos están autorizados para ordenar e interpretar E.E.G.
ECOLOGIA: Es la rama de la biología que estudia el modo de vida de los animales y las plantas, así como su relación con el medio ambiente. Nos muestra que todos los seres vivos estamos interrelacionados y que dependemos entre sí para la supervivencia.
EDEMA. Acumulación de agua (o mejor, líquido seroalbuminoso) en los tejidos, entre las células o dentro de ellas. Obedece a múltiples causas y puede ser generalizado a todo el cuerpo (anasarca) o localizado.
ELECTROLITOS. Sustancias que, disueltas en agua, tienen actividad eléctrica que les permite salir o entrar en las células* (por ejemplo, el sodio, el cloro, el potasio, etc.).
EMBRION. En el hombre designa al producto de la concepción, desde que ésta se produce hasta el tercer mes, cuando toma el nombre de feto*.
ENCEFALITIS. Inflamación de la masa cerebral (encéfalo) producida por diversos agentes microbianos o tóxicos, que con frecuencia deja secuelas (convulsiones, parálisis, retardo psicomotor).
ENCOPRESIS. Hacer deposiciones en la ropa, por incontinencia o voluntariamente.

ENDOSCOPIA. Examen o inspección directa de una cavidad o conducto del cuerpo (esófago, bronquios, estómago, vejiga, peritoneo, etc.) valiéndose de instrumentos ópticos, adecuados en su forma y tamaño, al lugar objeto de la inspección. Endoscopistas son los profesionales entrenados en esas maniobras que permiten no solo ver, sino tomar fotografías y hasta películas y, además, obtener muestras (biopsias)*.
ENTERITIS. Inflamación del intestino. Se aplica a la diarrea aguda, aunque no siempre haya inflamación propiamente dicha.
ENURESIS. Orinarse en la ropa o en la cama. La hay diurna y nocturna.
EPIGASTRIO. Parte superior del abdomen*; popularmente se le llama "boca del estómago".
EPIGLOTIS. Lámina cartilaginosa, situada encima de la laringe o glotis y que se cierra al paso de los alimentos, para impedir que éstos penetren a la vía respiratoria.
EPILEPSIA. Enfermedad del cerebro que se caracteriza por convulsiones tónicas* o clónicas*, generalmente con pérdida de la conciencia o trastorno de la actividad normal, de aparición súbita y con tendencia a repetir crónicamente. Se acompaña casi siempre por una alteración del ritmo del trazado electroen-cefalográfico.
ESCABIOSIS. Enfermedad de la piel producida por un parásito microscópico (*Sarcoptes scabiei*) que penetra la piel, hace túneles y pone huevos, y ocasiona gran picazón. Es muy contagiosa y casi siempre se la encuentra en varios miembros de la misma familia o en instituciones.
ESCORBUTO. Es la enfermedad resultante de la carencia de vitamina C o ácido ascórbico, caracterizada principalmente por hemorragia y facilidad para las infecciones. En el trópico no es frecuente porque abundan los alimentos (como los cítricos) que la contienen.
ESCROTO. Bolsa de piel arrugada y más oscura, que sirve de envoltura a los testículos.
ESFINTER. Banda o anillo de fibras musculares que abre o cierra un orificio natural, tal como la vejiga, el recto, el píloro*.
ESOFAGO. Porción del tubo digestivo que va desde la faringe* hasta el estómago*.
ESPASMO DEL SOLLOZO. Dícese de los niños que se privan (pierden la conciencia) y se ponen rígidos y azules o pálidos cuando se les contraría y lloran, o bien, cuando reciben un pequeño golpe o experimentan un susto. No tiene nada que ver ni con la epilepsia ni con las enfermedades del corazón.
ESPASTICIDAD. Hipertonía de los músculos del esqueleto, que dificulta y entorpece su utilidad. Se debe a lesiones del sistema nervioso central, como las que se observan en la parálisis cerebral*.
ESPERMATOZOIDE. Célula sexual masculina que consta de una cabeza, una porción intermedia y una cola que es la que le permite moverse para buscar el óvulo*. Una sola eyaculación del hombre puede contener hasta 500 millones de espermatozoides.
ESTAFILOCOCO. Bacteria que penetra por la piel, donde produce piodermitis*, y por las fosas nasales, desde donde puede pasar a cualquier órgano vital como pulmones, cerebro o meninges para dar bronconeumonías y meningitis extremadamente graves. Sin embargo, se considera normal encontrarlo en la nariz, garganta o piel de sujetos sanos, y si no hay enfermedad, no está indicado atacarlo con antibióticos*.
ESTERILIDAD. Dícese de la incapacidad, por diversos motivos, del macho para fecundar y de la hembra para concebir. Véase impotencia*, que es apenas una de sus múltiples causas.
ESTIMULO TEMPRANO. Movimientos a los músculos y estímulos a los órganos de los sentidos, tendientes a fomentar el desarrollo*. Estos estímulos multisensoriales son muy útiles cuando se aplican tempranamente a niños que muestran cierto retardo.
ESTOMAGO. Es la porción más dilatada del tubo digestivo, situada entre el esófago* y el duodeno*. Su contenido es muy ácido y allí es donde se inicia propiamente la digestión de los alimentos.
ESTREÑIMIENTO. Es igual a constipación* o "dureza de estómago".
ESTREPTOCOCO. Bacteria* que afecta preferentemente la piel o la garganta, dando piodermitis*, angina* o escarlatina, enfermedades que en sí mismas tienen moderada importancia, pero que en algunos sujetos se complican con fiebre reumática* o glomerulonefritis*.
ESTRONGILOIDES. Gusano que penetra por la piel (por andar descalzo) y se aloja en el duodeno*, y causa dolores abdominales, diarrea y anemia.
EXANTEMATICA. Dícese de las enfermedades infecciosas, llamadas también eruptivas,

que producen brotes que se borran con la presión del dedo (a diferencia de la púrpura*). Las principales son el sarampión, la rubéola, la roséola y la escarlatina.
FARINGITIS. Inflamación de la faringe, que es la porción del tubo digestivo comprendida entre la boca y el esófago. A sus lados están las amígdalas, que si también se inflaman dan origen a la enfermedad llamada faringoamigdalitis, generalmente producida por estreptococo* o por virus*.
FETO. Es el producto de la concepción, en el período de tiempo comprendido entre el final del tercer mes y el parto.
FIEBRE REUMATICA. Complicación de las infecciones producidas por estreptococo que afecta las articulaciones (artritis)*, las válvulas del corazón (carditis), o el sistema nervioso (corea). Su diagnóstico es esencialmente clínico y no debe confundirse con la infección estreptocóccica que es apenas su origen.
FLORA. Se refiere a las bacterias que residen en algún sitio del organismo. Por ejemplo, la flora intestinal, que en condiciones normales defiende al organismo de la agresión de bacterias patógenas*.
FONTANELA. Espacio sin osificar en la parte superior del cráneo de los niños. Normalmente, se cierra del todo a los dieciocho meses. Popularmente se le conoce como "mollera". Su depresión significa deshidratación* y su prominencia o tensión aumentada, hipertensión endocraneana, que es lo que ocurre en las meningitis*.
GAMAGLOBULINA. Proteína* de la sangre que interviene en la defensa contra las infecciones. Se obtiene de dadores de sangre humanos y se usa para prevenir la hepatitis en sujetos contagiados recientemente. También es útil en algunos inmunodeficientes* por deficiencia de esta globulina. No debe aplicarse indiscriminadamente pretendiendo evitar con ella infecciones respiratorias, porque no sirve y puede ser contraproducente.
GANGRENA. Muerte y putrefacción* de una zona del cuerpo por falta de riego sanguíneo, debido a obstrucción de las arterias*.
GAS CARBONICO. Llamado también bióxido de carbono o anhídrido carbónico, es el producto de la utilización por los tejidos* del oxígeno que respiramos. Su acumulación en la sangre, por no poderlo expeler, puede causar la muerte si no se atiende oportunamente al paciente. Es el responsable del color azul (cianosis)* de las personas asfixiadas. No debe confundirse con el monóxido de carbono*.
GASTRITIS. Inflamación de la mucosa del estómago, generalmente ocasionada por problemas nerviosos o neurológicos*, o por drogas como la aspirina*. Puede producir úlcera del estómago mismo o del duodeno. Es apenas una de las múltiples causas de dolor abdominal*.
GASTROENTERITIS. Dícese de la diarrea aguda o infección intestinal.
GENE. Porción ultramicroscópica del cromosoma*, que lleva o transmite los caracteres hereditarios.
GENETICO. Dícese de lo que se tiene por herencia. Genética es la ciencia de la reproducción, de la herencia y de los caracteres de la descendencia.
GENOTIPO. Se refiere a lo que se hereda, es decir a la información contenida en los genes.
GERMEN. Equivale a microbio, sobre todo tratándose de bacterias.
GIARDIA. Parásito de una sola célula* que se adquiere por las manos y el agua sucia, se aloja en el duodeno y produce diarreas, dolores abdominales, inapetencia y hasta urticaria*.
GINGIVITIS. Inflamación de las encías. Como enfermedad aguda, se la ve en la estomatitis herpética*. Como enfermedad crónica, que se llama periodontitis, es producto de mala higiene bucal y responsable, a la larga, de la pérdida de toda la dentadura.
GLICEMIA. Concentración de azúcar (concretamente glucosa) en la sangre. Su exceso es una de las características de la diabetes.
GLOMERULONEFRITIS. Enfermedad de los riñones que se caracteriza por la presencia de sangre y albúmina en la orina, así como hipertensión arterial* y edemas*. Puede resultar como consecuencia, después de algunas semanas, de infecciones de garganta o escarlatina, así como de piodermitis* producidas por estreptococo*.
GLOTIS. Espacio comprendido entre las cuerdas vocales. Su obstrucción es mortal si no se atiende pronto.
GLUCOSA. Es la forma como los tejidos utilizan los hidratos de carbono. Resulta de la digestión de los almidones y los azúcares de la alimentación. Su exceso en la sangre es la característica de la diabetes*.
GONOCOCCIA. Enfermedad, generalmente de los genitales, adquirida por contacto sexual,

que produce secreción uretral* en los hombres y flujos* en las mujeres. Puede afectar al recién nacido en los ojos y hacerle perder la vista (oftalmía *neonatorum*).
GRASAS. Nutriente que puede ser de origen animal o vegetal, fuente de energía (9 calorías* por gramo). Deben constituir el 35% de la dieta normal.
HALITOSIS. Mal aliento. Obedece a muchas causas, pero en los niños las principales son la mala higiene bucal, que ocasiona caries* profundas y gingivitis*, y la lengua sucia o saburral*.
HELMINTOS. Gusanos y lombrices.
HEMATOMA. Colección de sangre en cualquier parte del cuerpo. Resultan generalmente de traumatismos, pero también por enfermedades de la coagulación como la hemofilia*.
HEMOFILIA. Deficiencia de la coagulación que ocasiona hemorragias y hematomas. Es propia de los hombres, pero la transmiten hereditariamente las mujeres.
HEMOLITICA. Dícese de lo que destruye los glóbulos rojos. Ejemplo, la anemia hemolítica del recién nacido es la que resulta de incompatibilidad del Rh o de los grupos sanguíneos.
HEPATITIS. Inflamación del hígado producida por diversos virus. Su síntoma principal es la ictericia*. La de tipo A se contagia persona a persona y por consumo de aguas o alimentos contaminados con heces fecales humanas. La B, por transfusiones, jeringas mal hervidas o contacto sexual. Para esta última, ya hay vacuna.
HERPES. Virus que ocasiona vesículas rodeadas de un halo rojo. El tipo 1 es el responsable de los "fuegos" y de "estomatitis"*. El tipo 2 ocasiona una grave enfermedad venérea*.
HIERRO. Mineral que se encuentra primordialmente en las carnes y que es esencial para la elaboración de la sangre. Su deficiencia acarrea anemia.
HIPER. Prefijo que denota exceso o elevación de algo. Ejemplo, hipertensión significa elevación de la presión arterial.
HIPERTROFIA. Aumento del tamaño de un órgano, por incremento del tamaño de las células, sin aumentar su número (lo que se denomina hiperplasia).
HIPO. Prefijo que denota deficiencia o baja de algo. Ejemplo, hipotiroidismo significa disminución del funcionamiento de la glándula tiroides.
HIPOACUSIA. Disminución de la facultad de oír. Muy importante descubrirla en el primer año de vida, porque es la causa de muchos trastornos del lenguaje y del aprendizaje.
HIPOFISIS. Glándula endocrina situada en la base del cerebro, alojada en la silla turca, que por medio de sus hormonas* gobierna a todas las demás y actúa sobre muchos otros órganos. Por ejemplo, secreta la prolactina* que es la que hace producir leche a la glándula mamaria, y la occitocina que la hace salir.
HIPOGLICEMIA. Baja de la glucosa* en la sangre. En los recién nacidos puede determinar convulsiones y hasta lesiones cerebrales cuando no se atienden oportunamente. En los niños grandes y adultos, ocasionalmente puede dar desvanecimientos y hasta pérdida de conciencia. Pero de este diagnóstico se ha abusado en exceso, se mortifica con dietas a muchas personas que no las necesitan.
HIPOTIROIDISMO. Deficiente funcionamiento de la glándula tiroides* que cuando es congénito* ocasiona retardo mental y de crecimiento que sólo puede ser evitado si la enfermedad se descubre en los primeros días de vida.
HIPOXIA. Disminución del oxígeno en la sangre y en los órganos. Las personas asfixiadas están hipóxicas y necesitan pronta ayuda so pena de morir. El extremo máximo de la hipoxia es la anoxia*.
HONGOS. Vegetales microscópicos que invaden la piel (micosis) y diversos órganos. En los niños es muy importante la moniliasis*.
HORMONA. Sustancia segregada por las glándulas endocrinas* o de secreción interna, que van por la sangre y actúan a distancia sobre muchas funciones de células y sistemas. Por ejemplo, la hormona de crecimiento se produce en la hipófisis* y actúa sobre los cartílagos de crecimiento de los huesos.
ICTERICIA. Color amarillo de la piel y de las mucosas (conjuntival, bucal), que significa que está ocurriendo hemólisis* o que el hígado no es capaz de metabolizar o excretar la bilis.
IMPOTENCIA. Incapacidad del hombre para realizar el coito.
INFLUENZA. Enfermedad de tipo gripal que se presenta por brotes que recorren el mundo periódicamente. Se originan, generalmen-

te, en Asia y por eso algunas muy famosas se llamaron la asiática, la de Hong-Kong. No debe confundirse con el resfriado común o gripe corriente.

INMUNODEFICIENCIA. Escasez o ausencia de uno o varios de los mecanismos que tienen las células o la sangre para combatir las infecciones.

INNATO. Lo que se tiene por herencia. Todo lo innato es congénito*, pero no todo lo congénito es innato.

INSUFICIENCIA CARDIACA. Incapacidad del corazón para mover la sangre que le llega del resto del cuerpo y enviarla a los distintos órganos. Se caracteriza, fundamentalmente, por cianosis*, edemas*, dificultad respiratoria, crecimiento del hígado y del corazón mismo, etc.

LARINGE. Organo hueco, situado en la parte superior de la tráquea, y que contiene las cuerdas vocales que son las que emiten la voz.

LARINGOTRAQUEOBRONQUITIS. Inflamación de la laringe*, la tráquea* y los bronquios. Hace parte de la llamada Infección Respiratoria Aguda que tanta importancia tiene en la morbilidad* y mortalidad* infantil.

LAXANTE. Droga que aumenta la cantidad y fluidez de las deposiciones. Hoy en día muy poco se usan por considerarlos innecesarios ya que el intestino, en condiciones normales, se limpia solo.

LEUCEMIA. Enfermedad maligna en la cual la médula* de los huesos, que es la que produce los elementos de la sangre, es invadida por un tejido anormal que no desempeña esa función vital. Hasta hace poco se la consideraba siempre mortal, pero ahora, gracias a la quimio y radioterapia, se están consiguiendo numerosas supervivencias, siempre y cuando que se la diagnostique y trate a tiempo.

LIQUIDO AMNIOTICO. El que rodea al feto* y sale al romperse las membranas (amnios) anunciando el parto. Cuando contiene meconio* es porque el niño ha estado sufriendo asfixia*.

LIQUIDO CEFALORRAQUIDEO (LCR). El que está dentro (ventrículos) y alrededor del cerebro y de la médula, contenido en las envolturas del sistema nervioso (meninges). Para examinarlo hay que practicar una punción lumbar, que debe hacerse en todo niño en el que se sospeche meningitis* y que bien practicada no tiene riesgos y puede salvarse la vida o el futuro útil del niño.

M.M.R. Sigla inglesa que identifica a la vacuna contra el sarampión (*measles*), las paperas o parotiditis (*mumps*) y la rubéola (*rubella*). Se la llama también "trivalente viral".

MALIGNO. En oncología*, dícese de las enfermedades o tumores que en lugar de permanecer en su sitio se extienden a los vecinos o a órganos distantes, o sea, que ocasionan metástasis* que hacen presumir muerte a corto plazo.

MARASMO. Forma de desnutrición* que se caracteriza por pérdida casi completa del panículo adiposo (grasa) y que da a los niños que la padecen un aspecto de viejos.

MASTITIS. Inflamación de la glándula mamaria. Se inicia por estancamiento de la leche (por no poner el niño al pecho) y se manifiesta por medio de vetas rojas dolorosas. Puede llegar a la supuración que requiere drenaje quirúrgico.

MEATITIS. Inflamación del orificio de salida de la orina o meato urinario. Ocurre a niños que se circuncidan* muy pequeños, cuando todavía la orina desarrolla amoniaco que es muy irritante para la piel.

MEDIASTINO. Espacio y conjunto de órganos situados entre los dos pulmones. Comprende el corazón, la aorta, la arteria pulmonar, el esófago, la tráquea, el timo, etc.

MEDULA ESPINAL. Porción alargada del sistema nervioso contenida dentro de la columna vertebral y de la cual parten todos los nervios que van al organismo.

MEDULA OSEA. Material de apariencia grasosa que se encuentra dentro de los huesos y donde se elaboran la mayoría de los elementos de la sangre.

MENINGITIS. Inflamación de las envolturas del cerebro (meninges). Cuando no se descubre y trata oportunamente, causa la muerte o la invalidez definitiva del sujeto.

METABOLISMO. Proceso biológico* por el cual los organismos incorporan a su propia materia viva, las sustancias que toman del medio ambiente.

METASTASIS. Aparición de focos de enfermedad (cáncer, por ejemplo) en órganos alejados del sitio primitivo. Significa que el tumor es maligno*.

MICOSIS. Dícese de las infecciones producidas por hongos.

MICROBIO. Organismo animal o vegetal que no se puede ver a simple vista, sino con microscopio. Los hay normales, e incluso, necesarios para la vida tal como ocurre con la flora* intestinal normal, y dañinos, como son todos los que producen enfermedades bacterianas, virales* o micóticas*.

MICROSCOPICO. Que es tan pequeño que no puede verse a simple vista sino con la ayuda del microscopio. Es el caso de las bacterias, los hongos, las amibas, las células, los glóbulos rojos o blancos, etc.

MILIARIA RUBRA. Es el mismo salpullido o brote producido por el sudor. Se le llama también sudamina*.

MINERALES. En términos de nutrición, comprenden las sustancias inorgánicas que intervienen en la composición y funcionamiento de los órganos, tales como el hierro, el calcio, el potasio, el sodio, el cloro, el magnesio, el zinc, etc.

MIXEDEMA. Es un edema* de la piel de la cara y las extremidades debido a la acumulación de un líquido semejante al moco y que es propio del hipotiroidismo. Se diferencia del edema corriente en que al presionarlo con el dedo no deja huella, no se deja deprimir.

MONILIASIS. Infección producida por el hongo* llamado monilia o *Candida albicans*. En la boca de los niños pequeños forma coagulitos como de leche, adheridos a la mucosa. El recién nacido la adquiere de la vagina de la madre en los partos naturales, porque frecuentemente causa en ella flujos. En la región anogenital se presenta como un brote grueso que se extiende rápidamente. La persistencia de la moniliasis puede ser síntoma de ferropenia y de inmunodeficiencia*.

MONOXIDO DE CARBONO. Gas mortífero que se produce por la combustión de sustancias orgánicas en un medio pobre de oxígeno. Es la causa de accidentes muy graves cuando se dejan braseros o estufas encendidas en habitaciones mal ventiladas.

MORBILIDAD. Se refiere a la presencia de enfermedad en una comunidad.

MORTALIDAD. Se refiere a los índices de muerte que ocasionan las enfermedades.

MORTALIDAD INFANTIL. Es el número de niños que mueren antes de cumplir un año, por cada mil nacidos vivos. Es un buen reflejo del estado de salud o enfermedad de una comunidad.

NECROPSIA. Examen de los cadáveres, en oposición a la biopsia* que es el examen de fragmentos de las vísceras en el vivo.

NEFRITIS. Inflamación de los riñones. Puede ser infecciosa bacteriana como en la pielonefritis o secundaria o infección estreptocóccica en otra parte, como es el caso de la glomerulonefritis*.

NEUMONIA. Inflamación del tejido pulmonar, o sea, de los alvéolos y su alrededor. Se dice también neumonitis.

NEUMOTORAX. Acumulación de aire en la cavidad pleural*; esto colapsa el pulmón y dificulta la respiración. Puede ser muy grave y hasta mortal, cuando es consecutivo a un traumatismo del tórax.

NEUROLOGO. Médico especialista en enfermedades del sistema nervioso (epilepsia, parálisis, tumores de SNC). Muy distinto del psiquiatra, que atiende las enfermedades mentales y los disturbios emocionales.

NUTRIENTE. Dícese de toda sustancia que ayuda al crecimiento y desarrollo de un organismo y cuya carencia produce enfermedad o muerte.

O.M.S. Es la sigla que identifica a la Organización Mundial de la Salud, que es una dependencia de las Naciones Unidas.

OXITOCINA. Hormona* producida por la hipófisis* que hace eyectar la leche de la glándula mamaria, así como contraer el útero para que deje de sangrar y vuelva a su tamaño normal, después del parto. La succión del niño sobre el pezón y la aréola estimula su secreción.

ONCOLOGIA. Rama de la medicina que se ocupa del estudio de los tumores.

ORQUITIS. Inflamación del testículo*. La más frecuente es la consecutiva a las paperas y deja atrofiado el órgano para la fertilidad. Por esta razón, y aunque el otro lo reemplaza, esta enfermedad debe prevenirse por medio de la vacuna correspondiente.

OSMOTICA. Tratándose de diarrea, es el paso de agua de los tejidos a la luz del intestino, debido a que en éste existen sustancias disueltas a mayor concentración que en ellos.

OTITIS. Inflamación del oído. Se llama media, cuando afecta al oído medio y es complicación de infecciones respiratorias. Externa, cuando afecta al conducto auditivo y es el resultado generalmente de baños prolongados en piscinas.

OVULO. Célula* sexual femenina que se desprende del ovario, circula por las trompas y si encuentra un espermatozoide* se une a él y como óvulo fecundado se anida en el útero para dar origen a un nuevo ser (embrión)*.

OXIGENO. Es el gas que constituye el 20% del aire que respiramos y que, absorbido por los pulmones, va a los tejidos. Es el más abundante y ampliamente distribuido de los elementos de la corteza terrestre y esencial para la vida de la mayor parte de plantas y animales.
OXIURO. Gusano del intestino que vive en el recto y sale al exterior a poner sus huevos, y causa gran picazón en el ano.
PANCREATITIS. Inflamación del páncreas. Es algunas veces complicación de las paperas.
PARALISIS CEREBRAL. Trastorno del movimiento y el tono de los músculos (espasticidad)* consecutivo a lesiones cerebrales de tipo traumático, infeccioso o por privación de oxígeno*, ocurridas en niños pequeños, especialmente en el momento del parto o poco después. Algunos tienen además problemas convulsivos, de los sentidos o retardo mental. Pero muchos paralíticos cerebrales son muy inteligentes y útiles a la sociedad. Ahora se prefiere, para esta afección, un término más acorde con sus manifestaciones como es "enfermedad motriz infantil".
PATOGENO. Que causa enfermedad.
PEDIATRIA. Rama de la medicina que estudia la prevención y tratamiento de las enfermedades infantiles, así como el crecimiento de los niños, o sea, la puericultura.
PERTUSIS. Es el nombre del bacilo que causa la tos ferina, pero también se aplica a las toses en accesos, parecidos a los de ésta.
PIELONEFRITIS. Infección de las vías urinarias y del rinón mismo.
PILORO. Canal de comunicación entre el estómago y el duodeno*, accionado por un músculo circular. La hipertrofia de este músculo ocasiona, alrededor del mes de edad y sobre todo en los varones (estenosis pilórica), vómitos muy intensos que requieren cirugía. También sufre espasmos que ocasionan vómitos.
PIODERMITIS. Infección de la piel. Se la llama también impétigo.
PLACA BACTERIANA. Película que se forma sobre el esmalte y que permite la formación de las caries*.
PLACENTA. Cuerpo plano, carnoso, que conecta al feto* con la madre y que da paso a los nutrientes* para el niño, a la vez que filtra algunas sustancias nocivas.
PLEURA. Membrana que cubre la cara interna de la cavidad torácica y los pulmones para formar la cavidad pleural.
POTENCIALES EVOCADOS. Moderno procedimiento de registro eléctrico que permite conocer, entre otras cosas, el grado de agudeza visual o auditiva de niños muy pequeños que aún no hablan.
PROLACTINA. Hormona* de la porción anterior de la hipófisis, que gobierna la secreción de leche por la glándula mamaria. Su producción se estimula por la succión del niño sobre el pezón y la aréola.
PROTEINA. Sustancia orgánica que contiene nitrógeno y forma parte integrante de las células, de la sangre y de la linfa. Se trata de un nutriente esencial que debe estar en la dieta en una proporción del 15%.
PROTESIS. Reemplazo de un órgano o parte de él por un artefacto.
PROTOZOARIOS. Animales microscópicos constituidos por una célula que tiene vida y movimientos propios. Algunos son patógenos para el hombre, como por ejemplo, la amiba* y la giardia*.
PRURIGO. Afección de la piel que se manifiesta por pápulas duras. El más conocido es el producido por alergia* a la picadura de insectos.
PRURITO. Término médico para denominar las comezones o picazón.
PURGANTE. Sinónimo de laxante. Popularmente se le asimila a vermífugo*.
PURPURA Hemorragia intradérmica que causa manchitas que no se borran a la presión.
PUTREFACCION. Acción de pudrirse, o sea, descomposición, especialmente de las proteínas que generan mal olor.
QUIMIOTERAPIA. Literalmente se aplica al tratamiento por sustancias químicas que comprendería prácticamente a toda la farmacoterapia. Pero por costumbre se aplica a la nueva terapia del cáncer por medio de drogas, en contraposición al tratamiento por rayos X o radioterapia.
QUIRURGICO. Tratamiento por medio de cirugía.
RABIA. Inflamación del cerebro producida por un virus* que se adquiere generalmente por mordedura de animales infectados por el mismo. Es invariablemente mortal a pesar de cualquier tratamiento.
RADIACION. En relación con la fiebre, indica uno de los mecanismos por los cuales un organismo pierde calor irradiándolo fuera de sí. Se aplica también a la exposición de los RX durante radiografías y tratamientos radioterápicos.

RAQUITISMO. Enfermedad de los huesos, que los deforma, debido a falta de vitamina D y calcio en la dieta, a falta de sol o a un deficiente metabolismo* de los mismos. La desnutrición puede acompañarse de raquitismo, pero no son la misma cosa, como popularmente se cree.
RECTO. Parte terminal del intestino grueso o colon. Su inflamación (rectitis) ocasiona deposiciones frecuentes con moco y mucho dolor.
RETARDO PSICOMOTOR. Se refiere a la no aparición o aparición tardía de los signos de desarrollo motor, del lenguaje y personal, social o adaptativo.
RINITIS. Inflamación de la mucosa nasal. Puede ser debida a alergia*, infección o por contaminación ambiental. Ocasiona obstrucción nasal, que si no es aliviada, obliga al niño a introducir por la boca, directamente a los bronquios, aire frío, seco y contaminado, que seguramente lo enferma.
SABURRAL. Dícese especialmente de la lengua, cuando está cubierta por una capa blanquecina, frecuente en niños con fiebre, deshidratados o que simplemente respiran por la boca. Con frecuencia determina halitosis*.
SALMONELLA. Bacteria que causa enteritis (diarrea), fiebre tifoidea*, septicemia* o artritis séptica.
SEPTICEMIA o SEPSIS. Dícese de toda infección generalizada, que va por la sangre y es generalmente causada por bacterias*.
SIGNO. Lo que se encuentra al examen físico del paciente.
SINDROME. Conjunto de signos y síntomas que aparecen juntos y pueden obedecer a diversas causas.
SINTOMA. Lo que el paciente siente.
SUDAMINA. Brote ocasionado por el sudor.
SUERO FISIOLOGICO o SÓLUCION SALINA NORMAL. Es agua con sal (cloruro de sodio) en una proporción de 9/1.000, que es la que se encuentra en los diversos líquidos orgánicos (por eso se llama fisiológica).
TAQUICARDIA. Aumento de la velocidad de los latidos cardíacos.
TEJIDO. Agregado de células de la misma naturaleza, ordenadas con regularidad y que desempeñan una misma función. Ejemplo, tejido nervioso, tejido hepático, etc.
TETANOS. Enfermedad neuromus-cular causada por el bacilo tetánico, que ocasiona violentos espasmos musculares que detienen la respiración y con frecuencia matan al paciente, sobre todo si se trata de un recién nacido, que la adquiere por contaminación del ombligo. Los mayores y los adultos la sufren por contaminación de heridas. Puede prevenirse con vacuna* y con antitoxina*.
TIFOIDEA. Dícese de la infección intestinal y general producida por una *salmonella**.
TIMO. Glándula muy prominente en el feto y el recién nacido, situada en el mediastino* y que tiene mucha importancia en el desarrollo de la inmunidad.
TIROIDES. Glándula colocada por delante del cuello que gobierna buena parte del metabolismo.*
TOXEMIA GRAVIDICA. Afección que se presenta en el último trimestre del embarazo, debida a diversos factores y que se caracteriza por edemas*, hipertensión* y albúmina en la orina. Puede evolucionar hacia la eclampsia con convulsiones y coma. Con frecuencia obliga a la interrupción del embarazo y al nacimiento de niños prematuros, que requieren cuidados especiales. Generalmente se presenta en mujeres jóvenes y durante el primer embarazo.
TOXINAS. Dícese de sustancias orgánicas elaboradas principalmente por bacterias, que pueden causar enfermedad y que son capaces de desarrollar la formación de anticuerpos*.
TRAQUEITIS. Inflamación de la tráquea. Es una manifestación de infección respiratoria aguda y origina una tos seca y muy sonora, y con frecuencia dolorosa.
TRICOCEFALO. Gusano en forma de pelo, que parasita el colon* y cuando es abundante ocasiona diarrea crónica con sangre y prolapso rectal (salida del recto al exterior).
UNICEF. Sigla que identifica al Fondo de las Naciones Unidas para la Infancia, que propende por la salud de los niños en todo el mundo.
UNCINARIA. Gusano del intestino que entra por la piel y se aloja en el duodeno*, se adhiere a la mucosa para chupar sangre, en cantidad hasta de 1/2 cc diario, lo cual origina la anemia conocida como "anemia tropical". Es frecuente en climas cafeteros, donde los campesinos andan descalzos por las tierras húmedas donde viven las larvas cuyos huevos han sido depositados allí por las personas que hacen deposición a campo abierto.

URTICARIA. Edema localizado en forma de ronchas en la piel, muy pruri-ginoso, cambiantes, causado generalmente por infecciones virales, alergia a alimentos, medicamentos o parásitos intestinales como la giardia*.
VACUNA. Preparado a base de bacterias o virus atenuados o muertos o fragmentos de ellos que, administrados por diversas vías, brindan protección contra las enfermedades que, en condiciones naturales, ellos mismos producirían.
VIRUELA. Enfermedad infectocon-tagiosa en extremo grave, caracterizada por ampollas y pústulas en todo el cuerpo, que azotó por siglos a la humanidad, pero que ahora se encuentra totalmente erradicada, gracias a la vacunación masiva de que fue objeto por todos los países miembros de la OMS*.
VIRUS. Agentes infecciosos que, a diferencia de las bacterias, pasan los filtros porque son más pequeños que ellas y causan numerosas enfermedades. Los antibióticos comunes no actúan contra ellos.
VITAMINAS. Factores dietéticos distintos de los nutrientes esenciales que adquiridos en cantidades muy pequeñas, intervienen en el mantenimiento de las funciones metabólicas normales, para lo cual son imprescindibles; por eso reciben su nombre relacionado con "vital".
Varias de las definiciones han sido tomadas y adaptadas al lenguaje popular del *Diccionario Médico Biológico University*, Editorial Interamericana, S.A., México. 1966.

Indice Analítico